CAPTURE ONE PRO GUIDEBOOK

사진가를 위한
캡쳐원
가이드북

저자 박무웅, 홍명희

YoungJin.com Y.
영진닷컴

사진가를 위한 캡쳐원 가이드북

ISBN : 978-89-314-6976-9

독자님의 의견을 받습니다.

이 책을 구입한 독자님은 영진닷컴의 가장 중요한 비평가이자 조언가입니다. 저희 책의 장점과 문제점이 무엇인지, 어떤 책이 출판되기를 바라는지, 책을 더욱 알차게 꾸밀 수 있는 아이디어가 있으면 팩스나 이메일, 또는 우편으로 연락주시기 바랍니다. 의견을 주실 때에는 책 제목 및 독자님의 성함과 연락처(전화번호나 이메일)를 꼭 남겨주시기 바랍니다. 독자님의 의견에 대해 바로 답변을 드리고, 또 독자님의 의견을 다음 책에 충분히 반영하도록 늘 노력하겠습니다.

파본이나 잘못된 도서는 구입처에서 교환 및 환불해드립니다.

이메일 : support@youngjin.com
주   소 : (우)08507 서울특별시 금천구 가산디지털1로 128 STX-V타워 4층 401호
등   록 : 2007. 4. 27. 제16-4189호

STAFF
저자 박무웅, 홍명희 | **책임** 김태경 | **진행** 성민 | **표지·내지 디자인** 김소연
영업 박준용, 임용수, 김도현, 이윤철 | **마케팅** 이승희, 김근주, 조민영, 김민지, 김도연, 김진희, 이현아
제작 황장협 | **인쇄** 제이엠

"사진가 여러분! 캡쳐원 마법이 준비되셨습니까?"

아메리칸 갓 탤런트라는 재능 경연 프로그램에 출연한 마법사가 현란한 마술로 심사위원과 시청자의 혼을 빼놓는 장면을 보았습니다.

'저 기술을 연마하기 위해 얼마나 많은 피땀을 흘렸을까?'

순식간에 넋이 나간 채 감탄하는 제 모습을 보며, 프로 사진가들이 촬영 현장에서 이 마법사처럼 멋진 촬영과 프레젠테이션을 매끄럽게 펼친다면 '클라이언트가 얼마나 만족할까?!'라는 상상을 해보게 되었습니다.

'캡쳐원이라면 멋진 마법이 가능하지 않을까?'

촬영 현장에서 클라이언트는 사진가에게 많은 요구사항과 기대를 하기 마련입니다. 패션 인물 촬영이던, 제품 촬영이던, 사진가가 촬영한 감각적인 사진을 클라이언트에게 즉석에서 능수능란하게 프레젠테이션하는 여러분의 모습을 상상해 보셨나요?

하지만 필자가 많은 사진가로부터 캡쳐원 사용 소감을 들었을 때 적잖은 충격을 받았습니다.

'저는 늘 쓰던 것만 써요.'

의외로 많은 사진가가 '촬영 → 간단한 보정 → 변환'이라는 늘 쓰던 '단순한' 작업 구조에만 머무르고 있다는 사실을 알게 되었습니다. '이 기능은 이 분야에서 활용하면 정말 뛰어난 기능인데...' 유무선 테더링, 실시간 라이브 공유, 카탈로그를 이용한 사진 자산 관리와 검색, 가상 복제, 스타일 촬영, 각종 스마트 기능, 모바일 캡쳐원, AI 마스킹 등 수많은 혁신적인 기능들이 끊임없이 추가됨에도 불구하고 제대로 활용하지 못하는 현실을 보면서 캡쳐원의 모든 기능을 체계적으로 정리하고, 유용한 사용 팁을 소개해야겠다는 결심을 하게 되었습니다.

하루가 다르게 급변하는 패러다임과 무한경쟁 속에서 캡처원을 사용하는 사진가 여러분이 앞서 갈 수 있도록 더 많은 무기를 제공해 드리고 싶은 욕심이 계기가 되었습니다. 더욱더 완벽한 학습을 돕기 위하여 중요한 기능마다 필자가 직접 제작한 동영상 강좌와 QR 코드를 제공하며, 캡처원을 직접 다루면서 이해할 수 있도록 필요에 따라 원본 예제 파일의 다운로드를 제공합니다.

여러분이 주인공입니다. 부디 본 도서를 통해 여러분의 작업에서 영감을 얻고, 뛰어난 통찰력으로 멋진 작품 활동과 훌륭한 사업으로 이어지기를 간절히 기원합니다. 끝으로 캡처원 도서 제작을 위해 많은 격려와 애정을 보내주신 사진가 여러분, 그리고 프로페셔널한 지원으로 꼼꼼하게 챙겨주신 영진닷컴 관계자 여러분, 마지막으로 열심히 응원해 준 가족에게 깊이 감사드립니다.

저자 박무웅/홍명희

[기본편] 설치, 시작(가져오기 & 테더링 촬영), 보정, 내보내기

캡쳐원의 기본 개념부터 설치 방법, 화면 구성, 사진을 카탈로그와 세션으로 구분하여 가져오고, 테더링 촬영 및 기본 보정 후 내보내는 방법까지 일련의 작업 과정을 순차적으로 배워볼 수 있도록 구성했습니다.

[활용편] 실전에서 유용한 캡쳐원 활용 방법

사진의 보정값을 일괄 적용한다거나, 클라이언트에게 보여줄 멋진 A컷을 빠르게 선택하고 분류하는 방법, 스튜디오에서 많은 작업자들과 캡쳐원으로 커뮤니케이션하는 방법 등 [기본편]에서 간단하게 알아본 캡쳐원의 기능들을 실무에서 제대로 활용할 수 있는 방법들을 소개합니다.

[사용팁] 사진가의 캡쳐원 노하우

'패션 잡지에 실린 인물 사진의 피부톤은 어떻게 보정할까?!', '입체적인 풍경 사진을 위해서 캡쳐원에서는 어떤 레이어 작업을 진행하는 걸까?!'와 같이 실제 현업에서 프로 사진가나 취미로 사진 생활을 즐기고 있는 아마추어 사진가들이 어떻게 캡쳐원을 활용하고 있는지 소개합니다.

[부록편] 아이폰/아이패드용 캡쳐원/컬러 차트로 카메라 프로파일 만들기

PC와 연동하여 사용할 수 있는 애플 아이패드/아이폰 전용 캡쳐원 앱이 개발되어 사진가의 이동성을 확장하여 더욱 편리하고 유연한 작업을 돕습니다. 아이패드와 아이폰으로도 유무선 테더링 촬영 및 앨범 생성, 사진 편집과 다양한 내보내기 기능을 활용할 수 있습니다. [부록편]에서는 이러한 내용을 간단히 짚어보는 시간을 갖습니다.

[FAQ] 자주 묻는 질문

캡쳐원 정품 라이선스 등록 문제 발생 시 해결 방법, 테더링 인식 및 안정성과 관련된 문제 해결, 사진 저장 방식 등과 같이 캡쳐원 사용 시 겪게 되는 다양한 문제의 해결 방법을 소개합니다.

┤ 이 책 미리 보기 ├

설치, 시작
(가져오기 & 테더링 촬영),
보정, 내보내기

캡쳐원을 익히기 위한
기초 학습 과정

기본편

PART 1 캡쳐원 설치 및 인터페이스
PART 2 캡쳐원 시작하기 - 가져오기
PART 3 시작하기 - 테더링 촬영(연결 촬영)
PART 4 편집 - 사진 보정
PART 5 내보내기

[기본편]·[활용편]·[사용팁]·[부록편]·[FAQ]
총 5개의 카테고리로 구분하여 캡쳐원의 기본 기능부터 프로 사진가들의 활용 노하우까지
모두 학습할 수 있도록 구성했습니다.

프로그램의 특성상 본문 학습에 필요한 모든 사진을 제공하지는 않지만, 필수 샘플 사진의 경우 영진
닷컴 홈페이지(www.youngjin.com)의 [고객센터]–[부록 CD 다운로드]–[IT도서/교재]에서 도서명으로
검색한 후 압축 파일을 다운로드하여 사용하면 됩니다.

❶ **소제목** : 상황별 주제를 엄선하여 학습할 내용을 간단히 소개합니다.

❷ **QR 코드** : 해당 학습에 도움이 되는 관련 동영상을 시청할 수 있는 QR 코드입니다.

❸ **따라하기** : 본문의 내용을 따라하기 방식으로 소개합니다.

❹ **Tip** : 학습에 유용한 내용이나 주의 사항을 소개합니다.

❺ **사용팁** : 캡쳐원의 기능을 어떻게 사용하는지 팁 형식으로 간단히 소개합니다.

목차

사용팁 ▶
사진가의 캡쳐원 노하우

FAQ
자주 묻는 질문

설치, 시작
(가져오기 & 테더링 촬영),
보정, 내보내기

기본편

캡쳐원을 익히기 위한
기초 학습 과정

캡쳐원 설치 및 인터페이스

캡쳐원의 기본 개념부터 설치 방법, 화면 구성, 각종 아이콘과 다양한 툴의 기능 등 전반적인 인터페이스를 익히고 캡쳐원의 작업 흐름에 대해서 알아봅니다.

01 캡쳐원에 대하여

중형 디지털 카메라 브랜드로 유명한 덴마크의 페이지원(PHASE ONE)에서 개발한 캡쳐원은 아름다운 색상과 놀라운 디테일로 최고의 이미지 품질을 제공하는 강력한 RAW 변환 소프트웨어입니다.

단순히 연결 촬영 기능을 뛰어넘어 보정값을 즉시 적용하고, 촬영과 동시에 저장되는 최첨단의 테더링 촬영, 카탈로그와 세션 방식을 통한 강력한 디지털 자산 관리, 컬러와 톤 보정을 포함한 광범위한 조정 툴, 모든 툴의 위치와 아이콘에 대한 맞춤형 사용자 정의가 가능한 작업 공간 저장을 통해 유연한 작업 환경을 제공합니다.

시스템 요구 사항

시스템 요구 사항은 가장 최신 버전에 따라 계속 변경되므로 제작사 홈페이지(captureone.com)에서 버전별 Release Note를 참고해 주세요.

Microsoft® Windows® 최소 요구 사양

- 2코어의 Intel 또는 AMD CPU
- 8GB RAM
- 10GB 하드 디스크 여유 공간
- 1280*800, 96dpi에서 24비트 해상도의 보정된 모니터
- Windows 8.1® 64—bit, Windows 10® 64—bit, Windows 11®
- Windows 10은 1607에서 빌드 21H2까지 지원됩니다.

Apple® Macintosh® 최소 요구 사양

- Intel® Core™ i3(1세대)
- 8GB RAM
- 10GB 하드 디스크 여유 공간
- 1280*800, 96dpi에서 24비트 해상도의 보정된 모니터
- MacOS 10.15, MacOS 11, MacOS 12
- MacOS 12는 최대 12.4까지 지원됩니다.

권장 시스템 요구 사양

고해상도 이미지 작업 및 계산량이 많은 작업이 필요한 경우 다음과 같이 권장합니다.

- 4코어 이상의 Intel CPU
- 16GB 이상의 RAM
- SSD 하드 디스크 사용(Solid State Disk)
- 8GB 이상의 RAM(또는 동급)이 있는 NVIDIA 또는 AMD GPU
- Calibrated monitor with at least 1920*1200, 24-bit resolution at 96dpi
- 최소 1920*1200, 96dpi에서 24비트 해상도의 보정된 모니터

4K / 5K 모니터

4K/5K 모니터를 사용하는 시스템은 상당한 오버헤드 계산량으로 인하여 위의 권장 사양(GPU 및 CPU 성능 모두) 외에 추가 리소스가 필요할 수 있습니다. 프로페셔널 작업 환경에서는 이러한 구성에 대해 위의 사양을 최소한 두 배로 늘리는 것이 좋습니다.

캡쳐원의 장점

- 사실적인 컬러와 자연스러운 톤을 얻을 수 있는 강력한 컬러 처리 엔진
- 완벽한 이미지 품질을 얻기 위한 RAW 변환 알고리즘
- 세계에서 가장 빠른 테더링 촬영 속도
- 600개 이상의 카메라와 다양한 렌즈 프로파일 지원
- 작업의 유연함과 이동성을 제공하는 PC, 아이패드, 아이폰 지원 및 호환성
- 언제 어디서나 실시간 공유와 협업이 가능한 라이브 기능 지원
- 사진 가져오기, 테더링 촬영, 사진 편집, 내보내기의 전 과정에 대한 직관적인 인터페이스
- 다양하고 세부적인 기능을 통한 작업의 효율성

캡쳐원 버전별 대표 기능

- **캡쳐원 8** : 고성능 테더링 엔진, 카메라 설정 툴
- **캡쳐원 9** : 키워드 기능, 컬러 에디터 기능 확장, 새로운 톤 보정 엔진, DNG 지원, 내보내기 레시피 기능 향상
- **캡쳐원 10** : 선명도 툴, 출력 교정, PSD 지원, 후지 RAW 지원
- **캡쳐원 11** : 주석 기능, 가져오기 중복 검사, 마스크 레이어 기능 확장, 카탈로그 메커니즘 개선, 표준화 툴, 스타일 레이어 생성
- **캡쳐원 12** : 새로운 인터페이스, 새로운 단축키 관리, 루마 레인지 마스킹, 직선/원형 그라데이션 마스크 툴, 플러그인 기능 확장, 새로운 그리드 툴, 오버레이 툴 향상
- **캡쳐원 20(v13)** : 스크롤 툴, 기본 컬러 에디터, 다양한 편집 툴 기능 향상, 힐링 브러시, 보정 전후 비교, 새로운 Nikon ICC 프로파일
- **캡쳐원 21(v14)** : 스피드 에디트, 디헤이즈, HEIF 지원, ProStandard 카메라 프로파일 제공, 라이카/시그마 테더링 지원, 스타일 브러시, 매직 브러시, 내보내기 뷰어 개선, 캡쳐원 라이브
- **캡쳐원 22(v15)** : HDR 병합, 파노라마 스티칭, 무선/LAN 테더링, 자동 키스톤, 테더링 동시 저장(캐논), 매직 지우개, 아이패드용 클라우드 전송
- **캡쳐원 23(v16.0)** : 스마트 조정, 컬링 및 가져오기 업그레이드, 스타일의 레이어, 캡처 시간 변경, 라이브에서 리뷰 관리 기능
- **캡쳐원 23(v16.1)** : Apple ProRaw 지원, 배경 조정값을 새 레이어로 이동
- **캡쳐원 23(v16.2.0)** : 일부 Fujifilm 카메라 무선 테더링 지원, 컬링 & 가져오기의 얼굴 초점, 자동 먼지 제거(베타), 사용자 지정 단축키(스타일 & 연결 프로그램), Frame.io 통합, 캡쳐원 아이패드, 캡쳐원 아이폰 출시로 모빌리티 확장성 추가

'테더링 촬영은 커뮤니케이션이다'

테더링 촬영은 카메라로 촬영한 파일을 실시간으로 컴퓨터에 전송하는 기능입니다. 테더링 기능을 이용하면 더욱 안전한 파일 저장, 원본 이미지를 실시간으로 100% 확대하여 품질과 초점을 확인하면서 촬영할 수 있으므로 촬영 프로젝트의 완벽한 성공을 보장합니다.

특히 사진 업계에서 가장 빠른 테더링 속도와 섬세한 캡쳐원 테더링 촬영 기능은 촬영장의 모든 스탭과의 원활하고 정확한 커뮤니케이션을 돕습니다. 촬영과 동시에 보정값이 그대로 적용되는 촬영 기능, 여러 가지 아날로그 필름의 느낌을 즉석에서 창조적으로 연출하거나 촬영에서 곧바로 적용하는 스타일 기능, 다양한 느낌을 즉석에서 동시에 비교하는 기능 등으로 사진가나 클라이언트가 원하는 느낌을 좀 더 쉽게 찾아갈 수 있습니다.

단순한 연결 촬영의 기능을 넘어서 테더링 촬영에 도움이 되는 캡쳐원의 다양한 기능을 익힌다면, 인물 촬영이든 제품 촬영이든 프로 사진가의 다양한 분야와 촬영 현장에서 클라이언트와의 적극적인 교감을 통해 프로젝트의 완벽한 성공을 보장받을 것입니다.

02 캡쳐원 설치

캡쳐원은 제작사 홈페이지(captureone.com)에서 버전별 다운로드를 제공하며, 또한 일정 기간 무료로 모든 기능을 제한 없이 사용할 수 있는 시험판을 제공합니다. 시험판은 캡쳐원을 구매하기 전에 내 카메라의 정상적인 테더링 촬영과 촬영 목적에 맞는 편집 기능과 이미지 품질을 확인해 볼 수 있는 좋은 기회가 됩니다. 또한 제작사 홈페이지의 Support 메뉴에서 'Release Note'를 클릭하면 캡쳐원 최신 버전의 컴퓨터 설치 환경과 카메라 호환성, 새로운 기능 등의 모든 확인이 가능합니다. 캡쳐원은 윈도우, 맥 모두에서 지원되며, 한글, 영문 등 사용 언어에 맞게 지원됩니다.

무료 시험판 다운로드 및 설치 방법

1 제작사 홈페이지(captureone.com)에 방문한 후, [Download free trail]을 클릭합니다.

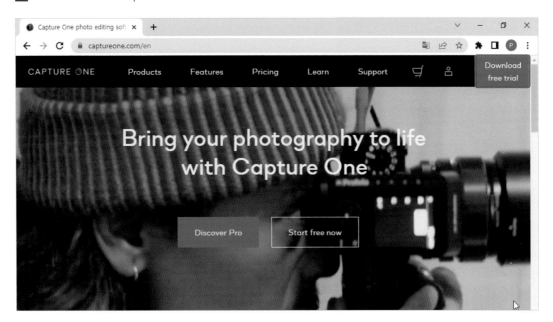

2 로그인 페이지가 나타나면 [Sign up]을 클릭하여 회원가입을 진행합니다.

> **Tip** 만약 이미 회원가입이 되어 있다면 [Email]과 [Pass-word]를 입력하여 로그인합니다.

3 Sign up 페이지가 나타나면, [Email]에 이메일 주소를 입력하고 [Send verification code]를 클릭합니다.

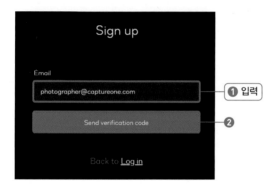

4 잠시 후 내 이메일에 접속합니다. 받은 편지함에 캡쳐원으로부터 'Capture One account verification code'라는 제목의 인증코드 메일을 확인합니다.

> **Tip** 메일이 보이지 않을 경우, 스팸 편지함에 있는지도 확인합니다.

5 Sign up 페이지에 이메일에서 확인한 여섯 자리 숫자의 인증 코드를 입력하고 [Verify]를 클릭합니다.

6 [Password]에 원하는 비밀번호를 입력하고 개인정보 보호 정책 동의에 체크 후 [Create account]를 클릭하면 회원가입이 완료되면서 잠시 후 컴퓨터 플랫폼에 맞는 캡쳐원 설치 파일이 자동으로 다운로드됩니다.

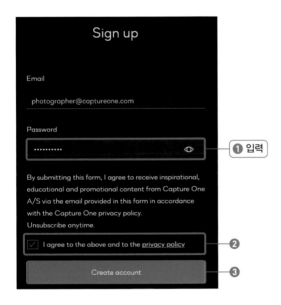

설치 방법 – Windows

1 다운로드된 설치 파일을 클릭하여 설치를 진행합니다. [설치 언어 선택] 창이 나타나면 사용 언어를 선택합니다. 이곳에서는 한글 버전을 사용하기 위해 'Korean'을 선택하고 진행합니다.

2 '사용권 계약'에 동의하고 '다음'을 클릭하면 '설치 위치 선택' 화면이 나타납니다. [다음]을 클릭하고 [추가 작업 선택] 화면이 나타나면 또 [다음]을 클릭합니다. 캡쳐원을 설치할 컴퓨터에 Microsoft® .NET Framework가 설치되어 있지 않은 경우, 자동으로 다운로드하여 설치합니다. 이미 설치되어 있는 경우 본 과정은 건너뜁니다.

3 설치 마법사 완료 창이 나타나면 [종료]를 클릭하고, 캡쳐원을 실행합니다.

설치 방법 – Mac

1 맥용 설치 파일인 dmg 파일을 다운로드 받은 후 설치 파일을 클릭하여 설치를 진행합니다.

2 설치 화면이 나타납니다. 왼쪽의 캡쳐원 로고를 오른쪽 폴더 모양의 아이콘으로 드래그합니다.

> **주의** : 드래그하지 않을 경우 캡쳐원을 실행할 때마다 라이선스 활성화 과정이 반복되는 문제가 발생하
> 므로 주의합니다.

3 설치 진행 과정이 나타나면서 설치가 됩니다.

4 설치가 완료되고, 캡쳐원 열기 확인 창이 나타나면 [열기]를 클릭합니다.

캡쳐원 실행

1 설치 완료 후 최초로 캡쳐원을 실행하면 시작 화면이 나타납니다. [시작합시다]를 클릭합니다.

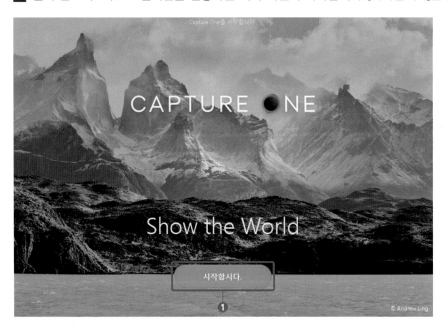

2 웹 브라우저가 실행되면서 로그인 창이 나타나면 홈페이지(captureone.com)에서 가입했던 이메일 주소와 비밀번호를 입력합니다. '인증 완료' 화면이 나타나면 웹 브라우저를 종료합니다.

3 [평가판 시작]을 클릭하면, 무료 시험판(평가판)으로 실행됩니다. 정품 라이선스 키를 보유했다면 [라이선스 키 사용]을 클릭하고 라이선스 키를 입력한 후 [활성화]를 클릭하면 정품 라이선스 등록이 자동으로 이루어집니다.

▲ 평가판 시작 화면

▲ 정품 라이선스 활성화 화면

4 평가판 또는 정품이 실행되면 캡쳐원에서 제공하는 [샘플 이미지 사용]을 체크하고, [다음]을 클릭합니다.

5 레이아웃 선택 화면이 나타납니다. 기본값 그대로 설정된 상태에서 [다음]을 클릭합니다.

6 [Capture One 시작]을 클릭하면 캡쳐원 로고 화면이 나타나며, 캡쳐원의 최신 정보와 튜토리얼, 지원 등의 여러 가지 정보를 제공하는 [Resource Hub] 창이 나타납니다. [닫기]를 클릭합니다.

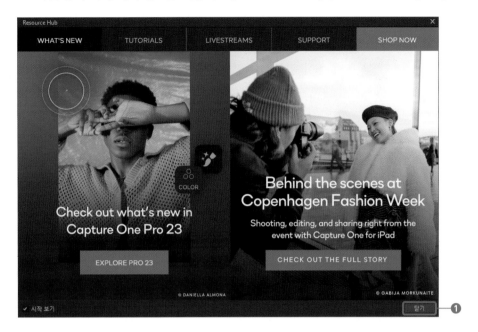

7 캡쳐원 기본 카탈로그 화면이 시작되면서, 뷰어 창과 브라우저 섬네일에는 캡쳐원에서 제공하는 기본 샘플 이미지가 나타납니다. 이제 캡쳐원을 시작할 준비가 되었습니다.

캡처원 설치 후 홈페이지(captureone.com)에 가입했던 이메일 주소로 로그인합니다. 라이선스 활성화 단계에서 구매한 정품 라이선스를 최초 입력하여 [활성화]를 클릭하면 제작사 홈페이지 서버에 라이선스가 자동 등록되면서 캡처원이 실행됩니다. 이때 등록한 이메일 주소와 암호는 라이선스의 소유권 및 활성화 관리에 사용하므로 이메일 주소를 분실하거나 삭제하지 않도록 잘 관리해야 합니다.

Tip ▶ 라이선스 등록 과정에서 오류가 발생하여 활성화가 되지 않을 경우, 표시되는 오류 메시지를 통해 원인을 파악할 수 있습니다. '부록편 FAQ의 라이선스 문제'를 참고하여 해당 오류 메시지를 찾아 원인을 파악하여 해결을 시도하고 정확한 원인을 찾지 못할 경우 판매처에 도움을 요청합니다.

라이선스 관리

라이선스는 최초 활성화 때 사용하는 이메일 주소가 소유권이 되어 하나의 이메일로 관리되며(싱글 라이선스 기준), 라이선스 소유권의 이메일 변경도 가능합니다.

이메일 주소 변경 방법

1 홈페이지(captureone.com)에 로그인 후 오른쪽 사람 모양의 아이콘을 클릭하면 'Welcome 사용자 이름'이 나타납니다. 파란색 [Edit profile]을 클릭합니다.

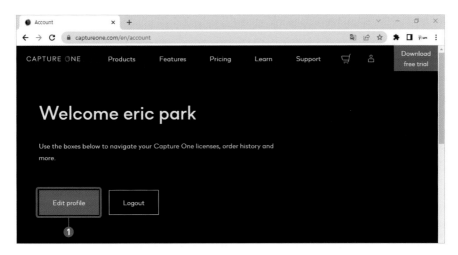

2 [Account settings] 창이 나타나면 [Change email]을 클릭합니다.

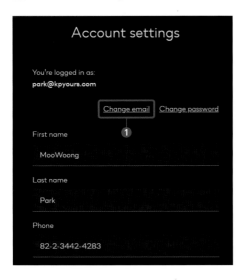

3 소유권 변경할 새로운 이메일 주소를 입력하고 [Send verification code]를 클릭합니다.

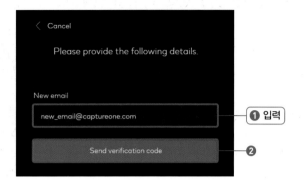

4 새로운 이메일 주소로 6자리 인증코드가 발송됩니다. [Verification code]에 발송된 6자리 인증코드를 입력하고 [Verify]를 클릭하면, 잠시 후 변경된 이메일 주소로 자동 로그인되면서 개인정보 및 라이선스 소유권이 모두 변경됩니다.

주의 : 변경하려는 이메일은 홈페이지(captureone.com)에 가입되어 있지 않은 이메일을 사용해야만 합니다. 하나의 아이디(이메일 주소)에 이미 여러 개의 라이선스가 등록되어 있다면, 이메일 변경 시 모든 라이선스가 새로운 이메일로 모두 귀속됩니다. 즉, 라이선스를 분리하여 이메일을 변경할 수 없습니다.

라이선스 초기화

'활성화 제한에 도달했습니다' – 라이선스 초기화 방법

캡쳐원의 라이선스는 사용할 수 있는 컴퓨터 활성화 숫자가 제한되어 있습니다. 즉 컴퓨터 설치에 제한은 없지만, 활성화하여 동시에 사용할 수 있는 컴퓨터는 2대 또는, 3대로 제한되어 있음을 의미합니다. 캡쳐원 설치 후 라이선스 활성화 과정에서 '활성화 제한 초과' 메시지가 표시되었다면 다음과 같이 라이선스를 초기화하여 제한을 풀고 다시 활성화할 수 있습니다.

1 홈페이지(captureone.com)에서 사람 모양의 아이콘을 클릭한 후 이메일 주소로 로그인합니다. 로그인하면 'Welcome 사용자 이름'이 나타납니다. 아래쪽에 [Plans & services management]의 [Manage]를 클릭합니다.

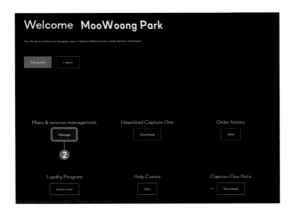

2 내가 구매한 캡쳐원 버전과 라이선스, 남은 활성화 개수, 등록 이메일 주소 등의 전체 내역을 확인할 수 있습니다. '0 remaing'은 남은 컴퓨터 활성화 개수가 없다는 것을 의미합니다.

3 [Show Activation History]를 클릭하면, 날짜별로 등록한 컴퓨터 내역을 보여줍니다. 맨 위쪽의 [Reset all activations]를 클릭하면 등록된 모든 컴퓨터의 캡처원이 비활성화되면서 라이선스 전체가 초기화됩니다. 해당 컴퓨터 오른쪽의 [Deactivate device]를 클릭하면 해당 컴퓨터의 캡처원만 비활성화 됩니다.

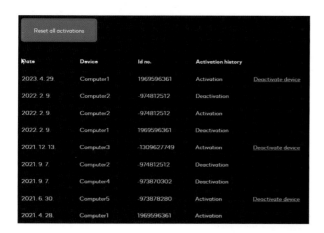

03 캡쳐원의 인터페이스

 캡쳐원은 사진을 보정하는 기능들의 최소 단위인 '툴'과 이러한 툴들의 모음인 '툴 탭', 각종 주요 아이콘이 모여있는 '툴바(커서 툴)', 그리고 사진을 확대하여 볼 수 있는 중앙의 큰 '뷰어'와 모든 사진을 섬네일 사진으로 탐색할 수 있는 '브라우저'로 구성되어 있습니다. 처음 캡쳐원을 접하는 초보자라면 전체적인 화면 구성과 아이콘들의 기능 및 툴의 역할, 작업 흐름을 반복적으로 익히면서 캡쳐원에 대한 친숙함을 높이는 것이 중요합니다.

캡쳐원의 화면 구성

캡쳐원의 화면 구성은 크게 5개의 섹션으로 이루어져 있습니다.

❶ 메뉴
❷ 툴 바
❸ 툴 탭
❹ 뷰어
❺ 브라우저

❶ **메뉴** : '파일, 편집, 이미지, 조정, 레이어, 선택, 카메라, 보기, 창, 도움말'의 주요 메뉴가 상단에 위치하여 캡쳐원의 모든 기능을 선택할 수 있습니다.

❷ **툴바** : 메뉴의 바로 아래 위치한 기능 아이콘의 모음입니다. 마우스 오른쪽 버튼을 클릭한 후 [사용자 지정]을 선택하면 아이콘의 재배치 또는 추가, 삭제가 가능합니다.

❸ **툴 탭** : 여러 가지 사진 보정 '툴'의 모음을 '툴 탭'이라고 하며 캡쳐원의 왼쪽에 위치하고 있습니다. 툴 탭의 위치 변경 및 툴의 위치 변경이나 툴의 추가/제거를 마음대로 할 수 있으며, 원하는 툴만으로 구성된 '사용자 툴 탭'을 추가할 수도 있습니다.

❹ **뷰어** : 화면 중앙에 위치하여 선택한 사진을 보정하면서 결과를 확대 프리뷰하는 메인 화면입니다. 왼쪽 상단에 메인 화면의 프리뷰 사진을 표시하는 옵션 아이콘이 있습니다.

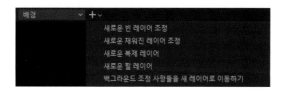

- **멀티 뷰(⊞)** : 브라우저에서 여러 장의 사진을 선택하면 동시에 선택한 사진을 표시합니다. 비활성화되면 한 장의 사진만 표시합니다.
- **이미지 여백 확인(▣)** : '환경 설정 ▶ 모양 ▶ 이미지 여백 확인'에서 설정한 여백만큼 프리뷰 사진에 여백을 표시합니다.
- **마스크 가시성 설정(◉)** : 레이어 작업 시 마스크 표시에 대한 옵션을 설정합니다.
- **레이어** : [조정 툴] 탭 ▶ [레이어] 툴과 동일합니다. 레이어 작업이 필요할 경우 클릭하면 레이어 옵션이 나타납니다.

배경   ＋

　새로운 빈 레이어 조정
　새로운 채워진 레이어 조정
　새로운 복제 레이어
　새로운 할 레이어
　백그라운드 조정 사항들을 새 레이어로 이동하기

- **확대/축소** : 프리뷰 사진을 전체 맞춤, 100%~1600% 확대 또는, 축소가 가능합니다.

❺ **브라우저** : 제일 오른쪽에 위치, 불러온 모든 사진을 탐색하거나 테더링 촬영 시 사진 섬네일이 순서대로 떠오르는 사진 탐색 창입니다.

툴(Tool)과 툴 탭(Tool Tab)

'툴(도구)'은 캡처원 사진 보정 작업의 가장 기본적인 단위입니다.

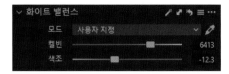

◀ 캡처원의 '툴'

'툴 탭(도구 탭)'은 여러 가지 기능의 툴을 보정 특성에 맞게 모아 놓은 '툴들의 모음'입니다.

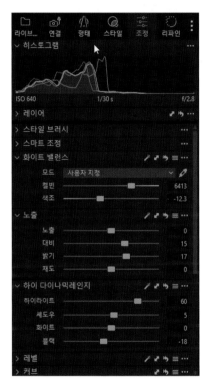

◀ 캡처원의 툴들이 모여있는 '툴 탭'

툴 탭과 툴은 사용자가 원하는 대로 재배치가 가능합니다. 툴 탭에서 각종 툴의 위아래 위치를 변경하거나 툴의 추가 및 제거가 가능하며, 툴 탭 아이콘을 제거하거나 순서를 변경할 수도 있습니다. 또한 '사용자 지정 툴 탭'을 추가하여 원하는 툴로만 구성하여 사용할 수도 있습니다.

캡처원의 툴과 툴 탭의 재배치를 마치고 나면 모든 설정에 대하여 사용자 '작업 공간'으로 저장할 수 있습니다. 작업 공간 저장은 툴 탭의 오른쪽 끝에 3개의 큰 점으로 이루어진 [작업 아이콘](⋮)을 클릭합니다.

- **툴 탭 추가** : 다른 툴 탭을 추가할 수 있습니다.

- **툴 탭 사용자 지정** : 사용자가 원하는 툴만으로 이루어진 사용자 정의 툴 탭을 만들 수 있습니다. 나만의 작업 순서를 만들거나, 여러 사용자가 함께 사용할 때 유용합니다.

- **작업 공간** : 사용 목적에 맞는 여러 가지 작업 공간을 불러오거나 사용자 작업 공간으로 지정할 수 있습니다.
- **기본값** : 설치 초기값으로 되돌립니다.
- **기본값(레거시)** : 캡쳐원 22(15.3 버전) 이전의 작업 공간으로 되돌립니다. 새로운 아이콘이나 배열에 익숙하지 않은 15.3 이전 버전 사용자를 위한 배려입니다.
- **듀얼 모니터 − 큰 뷰어** : 듀얼 모니터 사용 시, 뷰어만 따로 빼내어 2개의 모니터에서 분할하여 사용할 수 있습니다.

기본 아이콘

사진을 가져오고, 편집하고, 내보내기 위한 가장 기본적인 아이콘이 캡쳐원 위쪽에 배열되어 있습니다. 윗줄의 중앙에는 사진의 이동 및 확대, 루페, 크롭, 키스톤, 레이어 마스킹, 힐링 마스크 등 핵심 아이콘으로 이루어진 '커서 툴'이 존재합니다.

마우스 커서를 아이콘 빈 곳에 위치시키고, 마우스 오른쪽 버튼을 클릭한 후 [사용자 지정]을 선택하면 아이콘 인터페이스를 변경할 수 있습니다.

전체 아이콘이 아래에 나타나면 원하는 아이콘을 드래그하여 원하는 위치에 추가할 수 있습니다. 반대로 위쪽 아이콘 배열에서 필요 없는 아이콘은 아래 방향으로 드래그하여 제거할 수도 있습니다.

캡처원은 툴 탭의 순서, 툴의 위치, 아이콘의 위치와 배열, 뷰어와 브라우저의 배열 등 대부분의 작업 공간을 원하는 대로 변경할 수 있습니다.

이렇게 여러 가지 툴 및 툴 탭의 구성에 따라 미리 설정된 여러 가지 작업 공간을 제공합니다.

- **기본값** : 설치 초기 기본값입니다.
- **기본값(레거시)** : 캡처원 구형 버전의 인터페이스에 익숙한 사용자를 위한 작업 공간입니다.
- **간략** : 툴 탭을 최소화시킨 간단한 구성의 작업 공간입니다.
- **웨딩** : 웨딩 및 포트레이트 사진가를 위한 툴 탭 구성으로 이루어진 작업 공간입니다.
- **듀얼 모니터 – 큰 뷰어** : 듀얼 모니터 사용 시 뷰어와 섬네일을 각각의 모니터로 분리하여 작업하기 위한 작업 공간입니다.
- **마이그레이션** : 다른 소프트웨어의 인터페이스 구성으로 비슷하게 변경합니다. 툴 탭이 오른쪽에 위치하고 섬네일은 뷰어의 아래에 위치합니다.

> **Tip** **사용자 지정 툴 탭** : 자주 사용하는 툴을 따로 모아 사용자 지정 툴 탭을 만들어서 사용할 수 있고, 여러 개의 사용자 툴 탭도 만들어 저장할 수도 있습니다.
>
> 사용자가 자유롭게 구성한 인터페이스는 사용자 작업 공간으로 저장하여 다른 컴퓨터의 캡처원에서도 작업 공간을 불러올 수 있습니다. 사용자 작업 공간 저장 기능은 작업실과 집에서 번갈아 가며 작업하는 경우, 한 대의 컴퓨터에서 여러 명의 작업자가 작업하는 경우 등에 매우 유용합니다.
>
> 또한, 자신이 자주 사용하는 툴만 모아서 사용자 지정 툴 탭으로 저장한 뒤 별도의 작업 공간으로 저장하면, 여러 툴 탭을 전환하면서 발생하는 반복적인 클릭 동작의 불필요한 시간을 줄일 수 있습니다. 자세한 사용 방법은 '사진가의 캡처원 노하우 07. 김진수 작가편'을 참고하세요.

환경 설정

캡처원에는 전반적인 기능에 대한 설정 등을 변경할 수 있는 환경 설정(기본 설정)이 있으며, 위치는 다음과 같습니다.

- **윈도우** : 편집 ▶ 환경 설정
- **맥** : CAPTUREONE ▶ 기본 설정(단축키 Command + ,)

일반

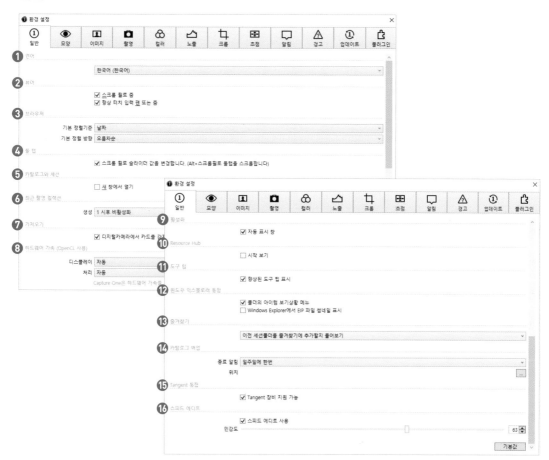

❶ **언어** : 윈도우 버전에서는 '한글, 영문' 등의 언어를 선택할 수 있습니다. 맥 버전에서는 맥 시스템 환경 설정의 언어 변경을 통해 가능합니다.

❷ **뷰어** : 뷰어 창에 표시되는 사진의 확대/축소를 위하여 마우스 스크롤 휠의 사용을 활성화 또는, 비활성화합니다.

❸ **브라우저** : 브라우저에 정렬되는 섬네일의 정렬 방법에 대한 기준을 설정합니다.

❹ **툴 탭** : 체크하면 Alt+스크롤 휠로 툴 탭 전체를 스크롤하며, 보정 툴에 마우스 커서를 위치시키고 마우스 휠로 조정값을 조절할 수 있습니다. 체크를 해제하면 반대로 작동합니다.

❺ **카탈로그와 세션** : 현재 열려있는 창 외에 새 창에서 새로운 카탈로그나 세션을 열 수 있습니다. 단일 창에서만 카탈로그나 세션의 사용을 원한다면 체크를 해제합니다.

❻ **최근 촬영 컬렉션** : 카탈로그 작업에서 테더링 촬영을 장시간 진행할 때 환경 설정에서 설정한 생성 시간에 따라 자동으로 사진을 컬렉션 단위로 분류하여 표시할 수 있습니다. 예를 들어, 생성 시간을 '10분 후 비활성화'로 설정하면 10분의 휴식 후 촬영을 재개하면 다음 재개된 촬영은 새로운 컬렉션으로 구분합니다.

이 설정을 잘 사용하면, 촬영 공백(휴식) 시간에 따라서 자동으로 사진 컬렉션을 구분하여 관리할 수 있으므로, 하루 종일 테더링 촬영을 진행할 때 휴식시간을 통해 사진 주제 또는 인물 및 피사체의 변경에 따라서 사진을 컬렉션으로 구분할 수 있을 것입니다. 오늘 촬영한 이미지 전체를 보고 싶다면 '모든 이미지'를 선택합니다.

❼ **가져오기** : 디지털 카메라 또는, 카드 리더기에서 메모리 카드를 감지할 때 가져오기 열기 확인란을 사용하여 이미지 가져오기를 자동으로 시작할지 여부를 선택할 수 있습니다. 디지털 카메라의 메모리 카드를 시스템에 연결하면 캡쳐원에 알림이 표시되고 가져오기 툴이 나타납니다. 가져오기 툴을 수동으로 시작하려면 체크를 해제합니다.

> Tip▶ 맥OS 사용자 참고 사항으로, 이 설정은 카메라 메모리 카드를 연결할 때 캡쳐원이 시작되는지 여부와 관련이 없으며 캡쳐원이 이미 실행 중일 때만 유효합니다. 메모리 카드가 연결되었을 때 캡쳐원이 자동으로 시작되는 것을 비활성화하려면 macOS의 일부인 Image Capture 프로그램에서 설정해야 합니다.

❽ **하드웨어 가속(OpenCL 사용)** : 캡쳐원에서 하드웨어 가속은 OpenCL과 Metal, 2가지 다른 기술을 통해 제공됩니다. 여기서 Metal은 Apple M1/M2 시스템만 해당합니다.

하드웨어 가속을 통해 공통적으로 캡쳐원의 성능을 높이고, 최적의 속도를 얻게 되지만, 그래픽카드 드라이버 오류나 OS 시스템 충돌 등의 문제로 인해 캡쳐원에서 비정상적인 작동이 발생할 수도 있습니다.

만약 캡쳐원의 정상적인 작동에 문제가 발생할 경우 환경 설정에서 디스플레이(자동), 처리(자동)을 모두(안 함)으로 바꾸거나 그래픽카드 드라이버를 업데이트 또는, 다운그레이드를 시도해 볼 수 있습니다.

❾ **활성화** : 캡쳐원에서 미리 보기 생성이나 사진의 이동과 같이 백그라운드에서 수행되는 작업을 보여주는 활성화 창의 자동 표시 여부를 선택합니다.

❿ **Resource Hub** : 캡쳐원을 시작할 때마다 캡쳐원 공지사항을 전하는 [Resource Hub] 창을 자동으로 표시할 것인지 선택합니다.

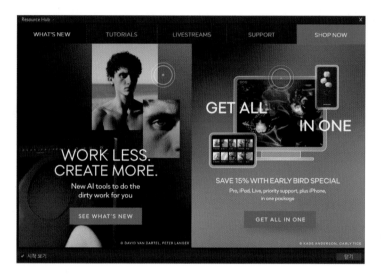

⓫ **도구 팁** : 툴 제목에 마우스 포인터를 위치시키면 말풍선 모양의 짧은 설명과 튜토리얼 및 안내 링크가 제공됩니다. 각각의 보정 툴에 대한 말풍선 모양의 사용 팁을 이런 방식으로 살펴볼 수 있습니다. 체크를 해제하면 사용 팁이 표시되지 않습니다.

⓬ **윈도우 익스플로러 통합(윈도우 탐색기 통합)** : [폴더의 아이템 보기 상황 메뉴]를 체크하면 윈도우 사용자가 탐색기를 사용할 때 폴더를 선택하면 캡쳐원에서 원하는 상황에 맞게 다양한 작업을 수행할 수 있도록 캡쳐원 실행 메뉴를 바로 선택할 수 있습니다. [Windows Explorer에서 EIP 파일 섬네일 표시]를 체크하면 윈도우 탐색기에서 EIP 파일을 섬네일로 확인할 수 있습니다.

- **Open Folder** : 세션에서 바로 폴더를 열어서 보여줍니다(카탈로그일 경우 [이미지 가져오기] 창이 실행되어 가져오기를 준비합니다).
- **Import Folder Contents** : [이미지 가져오기] 창이 실행되어 가져오기를 준비합니다.
- **Set as Capture/Selects/Output/Trash/Favorite Folder** : 각각 폴더를 촬영 폴더, 선택 폴더, 출력 폴더, 휴지통 폴더, 즐겨찾기 폴더로 지정합니다. 세션에서 기본으로 만들어진 하위 폴더를 윈도우 탐색기에서 특정 폴더로 바꿀 때 유용한 옵션입니다.

⓭ **즐겨찾기** : 이전 세션 폴더의 즐겨찾기 추가 유무를 결정합니다.

⓮ **카탈로그 백업** : 캡쳐원을 종료할 때 카탈로그 백업을 알리는 주기를 설정합니다. 위치 영역에는 현재 백업 위치의 경로가 나타납니다. 카탈로그 백업은 이미지 파일이 아닌 카탈로그의 데이터베이스만 백업한다는 점에 유의해야 합니다.

⓯ **Tangent 통합** : [Tangent] 패널은 마우스와 키보드 기능을 능가하는 고급 사용자 인터페이스 하드웨어 도구입니다. 캡쳐원의 인터페이스와 대부분의 툴은 [Tangent] 패널을 그레이딩하여 제어할 수 있습니다. 각 [Tangent] 패널 모델은 기본 컨트롤 레이아웃 그룹과 함께 캡쳐원에서 지원됩니다. 상자를 선택하여 지원을 활성화합니다. 표시된 설정만 재설정하려면 탭 하단의 [기본값]을 클릭합니다.

© Emil Monty Freddie

⓰ **스피드 에디트** : 단축키를 통해 중요한 특정 도구로 빠르게 조정이 가능한 스피드 에디트 기능의 사용 유무 선택이 가능합니다. [민감도] 슬라이더는 스피드 에디트 기능을 통한 단축키를 사용하여 마우스 휠로 조정할 때, 마우스 휠 조정값의 단계를 빠르게 또는 미세하게 조절할 수 있습니다.

모양

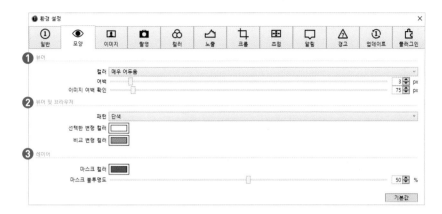

❶ **뷰어** : 뷰어 창의 배경 색상을 선택합니다. [여백]은 뷰어 창에서 보이는 프리뷰 주변의 공간을 설정합니다. [이미지 여백 확인]은 여백과 비슷하지만, 사용자가 사진을 일시적으로 더 큰 여백으로 보고 싶을 때 설정하는 옵션입니다. 예를 들어, 액자나 앨범 제작을 위해 사진을 넓은 여백으로 보고 싶다면 [이미지 여백 확인]의 픽셀을 크게 하고, 뷰어 창에서 [이미지 여백 확인] 아이콘을 클릭하면 됩니다.

❷ **뷰어 및 브라우저** : 뷰어 창의 패턴을 선택할 수 있습니다.
  - **선택한 변형 컬러** : 사진을 선택했을 때 테두리에 표시되는 컬러입니다. 기본값은 흰색입니다.
  - **비교 변형 컬러** : 브라우저에서 사진을 마우스 오른쪽 버튼으로 클릭한 후 [비교 설정]을 선택했을 때 테두리에 표시되는 컬러입니다. 기본값은 주황색입니다. '비교 설정'에 대한 자세한 설명은 '사진가의 캡쳐원 노하우- 06. 강선준 작가편'을 참고해 주세요.

© 강선준

테두리 색상이 변경 가능한 이유는 피사체가 테두리와 같은 색상을 가질 때 또는 작업자의 취향에 따라 변경할 수 있습니다. 컬러를 변경하면 뷰어 창과 브라우저에서 모두 적용됩니다.

❸ **레이어** : 레이어 마스크의 컬러 및 불투명도 등을 설정할 수 있습니다.

사용 팁 ▶ 사진 여백 확인하기

1. [모양] 탭 〉 [뷰어]의 컬러를 '중간'으로 설정합니다.

2. [여백]을 '10px'로 하고 [이미지 여백 확인]을 '250px'로 설정합니다.

3. 뷰어 창에서 사진을 선택합니다.

4. 뷰어 창 상단 왼쪽 모서리의 [이미지 여백 확인] 아이콘을 클릭합니다.

5. 사진이 환경 설정에서 설정한 '이미지 여백 확인 – 250px'의 여백으로 나타납니다.

이미지

❶ 캐시 : 이 설정을 이해하기 위하여 먼저 약간의 배경지식이 필요합니다. 캡쳐원은 편집 및 확대/축소 중에 미리 보기 이미지와 함께 작동합니다. 그 이유는 RAW 데이터를 읽고 다시 보정할 때마다 새 이미지를 렌더링하는 것보다 훨씬 빠르기 때문입니다. 캡쳐원은 가져오는 사진에 대해서 미리 보기를 한 번 생성하고, 나중에 다시 사용할 수 있도록 해당 미리 보기를 저장합니다.

미리 보기 크기(px) 값은 캡쳐원의 뷰어 창에 표시되는 미리 보기의 해상도를 결정합니다. 일반적으로 디스플레이의 해상도에 따라 설정하는 것이 좋습니다. 예를 들어, 4K 디스플레이(3840 * 2160)는 미리 보기 크기가 3840px로 설정된 상태에서 최적의 성능을 발휘합니다.

미리 보기 크기를 모니터의 해상도보다 높거나 낮게 설정하면 캡쳐원이 미리 보기를 생성하고 이미지 조정을 표시하는 속도가 느려집니다. 따라서 위의 드롭다운 메뉴에 표시된 대로 기본 설정을 유지하는 것이 좋습니다.

❷ EIP 패킹(세션만) : EIP 패킹은 RAW 파일을 다른 컴퓨터로 옮겨서 같은 조정값으로 보정하는 것을 고려하는 사진가 또는 스튜디오를 위한 옵션입니다.

메모리 카드에서 RAW 파일을 가져오거나 테더링 촬영할 때부터 EIP 확장자로 사용할 것인지를 결정할 수 있습니다.

> **Tip** ▶ **EIP란?**
>
> EIP 파일은 RAW 파일과 캡쳐원에서 만든 설정값이 포함된 하나의 압축 파일입니다. EIP의 장점은 설정값이 포함된 RAW 파일을 다른 컴퓨터의 캡쳐원으로 쉽게 전송할 수 있다는 것입니다. 즉, 소니의 ARW 파일, 캐논의 CR3 파일, 니콘의 NEF 파일 등을 EIP로 패킹하면 캡쳐원의 보정값과 카메라 고유의 RAW 파일이 하나의 파일로 합쳐지면서 확장자는 EIP로 변경됩니다.
>
> 변경된 EIP 파일을 다른 컴퓨터의 캡쳐원에서 가져오면 보정값 그대로 나타납니다.
>
> EIP 파일은 오직 캡쳐원에서만 사용 가능하며, 캡쳐원에서 언제든지 다시 EIP 언패킹 옵션을 사용하여 원래의 RAW 파일로 되돌릴 수 있습니다.

❸ **편집** : 많은 사진가가 RAW와 JPEG 파일을 동시에 촬영합니다. 해당 옵션의 체크를 해제하면 파일을 볼 수 있지만, 편집은 할 수 없습니다. 선택은 즉시 적용되며 캡쳐원을 다시 시작할 필요가 없습니다.

- **모든 사람이 새 파일을 쓸 수 있도록 하기** : 이 옵션은 맥 사용자만 해당합니다. 이 옵션을 선택하면 새 파일에 대한 읽기/쓰기 권한을 파일 소유자뿐만 아니라 모든 사람에게 부여합니다. 다른 컴퓨터로 전송된 EIP 파일로 작업하는 경우 이 옵션을 활성화하는 것이 좋습니다.
- **기본 처리 엔진** : 처리 엔진은 소프트웨어의 핵심입니다. 새 기능은 새 엔진에만 연결됩니다.

  기본 처리 엔진은 새 이미지 또는 조정 없이 가져온 이미지에 대해 캡쳐원이 선택하는 엔진입니다. 기본적으로 버전 번호가 가장 높은 엔진이 가장 최신의 엔진이며, 특별한 목적이 있으면 이전 엔진을 선택할 수 있습니다.

  선택한 버전은 새 파일(가져오기, 촬영 또는 EIP 변환)에서만 사용되며 이전 버전으로 렌더링된 기존 파일은 영향을 받지 않습니다. [스타일 툴] 탭 〉 [기본 특성] 툴에서 선택한 사진을 렌더링하는 데 사용된 엔진 버전을 확인할 수 있습니다.

❹ **메타데이터** : 캡쳐원을 비롯한 여러 프로그램에서 IPTC 또는 XMP 메타데이터를 사용하는 경우 이러한 메타데이터 기본 설정을 기록해 두는 것이 좋습니다. 캡쳐원과 다른 프로그램 간의 메타데이터 교환은 XMP 사이드카 파일 또는 이미지 파일에 포함된 메타데이터를 통해 가능합니다.

메타데이터 선택 옵션에서 선호하는 데이터 유형을 구성할 수 있으며, 기본값은 캡쳐원에 입력된 메타데이터가 타사 메타데이터보다 선호됩니다.

촬영

캡쳐원에서 테더링을 지원하는 카메라의 활성화 여부를 선택할 수 있습니다.

• Retether

캡쳐원 16.3 버전부터 추가된 Retether 기능은 사진 촬영 시 캡쳐원에 연결 없이 핸즈프리 가져오기 및 다음 촬영 이름 지정과 같은 다양한 테더링의 유연한 장점을 얻을 수 있습니다. Retether 기능은 기본적으로 켜져 있지만 필요한 경우 기본 설정에서 비활성화할 수 있습니다.

카메라에 메모리 카드가 삽입된 상태에서 캡쳐원에 USB 케이블을 연결합니다. 이 상태에서 캡쳐원에서 USB 케이블을 분리하면 Retether 기능이 작동하며, 그 후 최대 2시간 동안 메모리 카드에 촬영할 수 있습니다.

촬영 후 캡쳐원에 USB 케이블로 다시 연결하면 캡쳐원은 연결이 끊어진 이후에 촬영한 사진을 자동으로 가져오고, 다음 촬영 조정 및 다음 촬영 이름 지정을 적용하고, 일반적인 테더링 촬영과 마찬가지로 캡쳐원의 뷰어에 사진을 표시합니다.

메모리 카드로부터 Retether 기능을 수행하는 동안에도 일반적인 테더링 촬영이 가능합니다. 캡쳐원은 버퍼와 메모리 카드 사진의 우선 순위를 정하지만, 촬영 카운터를 사용하는 경우 카운터를 상쇄(오프셋)합니다.

Retether 기능을 사용할 때는 메모리 카드에 사진을 100~300장 이하로 촬영하는 것이 좋지만 사진 크기, 메모리 카드에 있는 총 사진 개수, USB 속도 및 메모리 카드 속도에 따라 더 많은 사진을 촬영할 수도 있습니다. Retether 기능은 캡쳐원 16.3 버전을 기준으로 USB를 통해서 캐논과 니콘에서만 작동합니다.

컬러

❶ **변형** : 출력에 사용하는 렌더링 방법(의도)에 대한 4가지 옵션을 선택할 수 있습니다.

기본값은 '지각'이며 인쇄소와 같은 출력 프로파일이 있는 경우를 제외하면 기본값 사용을 권장합니다.

- **지각(기본값)** : 사람의 눈이 절대적인 색상보다 색상 사이의 관계에 더 민감한 것을 기초로 한 방식으로 전반적인 색상 간의 관계를 유지하는 것이 목적입니다.

  원본 사진에서 하나 이상의 색상이 대상 색상 공간의 범위를 벗어날 때 한 장치의 색상 공간에서 다른 장치의 색상 공간으로 전체 범위를 압축합니다. 이렇게 하면 전체 색상 공간을 축소하고 색상 영역에 있는 색상을 포함하여 모든 색상을 이동하여 색상 간의 시각적 관계를 유지할 수 있습니다.

- **상대 색체계** : 현재 색상 공간의 색상이 대상 색상 공간의 색상 영역을 벗어나면 대상 색상 공간의 색상 영역 내에서 가능한 가장 가까운 색상에 매핑되지만, 색상 영역에 있는 색상은 영향을 받지 않고, 대상 영역을 벗어나는 색상만 변경됩니다. 이 렌더링 의도는 원본 색상 공간에서 다르게 나타나는 두 가지 색상을 대상 색상 공간에서 동일하게 만들 수 있습니다. 이것을 '클리핑'이라고 합니다. 상대 색체계는 포토샵에 내장된 기본 색상 변환 방법입니다.

- **절대 색체계** : 사진의 밝기를 변경하는 흰색 점이나 검은색 점에 대해 조정되지 않은 상태에서 색상을 일치시킵니다. 이 방법은 Eastman Kodak Company™에서 사용하는 노란색이나 Coca-Cola Company™에서 사용하는 빨간색과 같이 상업용 제품과 크게 식별되는 색상인 기업의 로고와 같은 단순한 색상의 '시그니처 컬러'를 렌더링하는 데 유용합니다.

- **채도** : 대상 장치의 색 공간으로 변환할 때 원본 사진의 채도(선명함)를 재현합니다. 이 접근 방식에서 색상의 상대적 채도는 색상 영역(gamut)에서 색상 영역으로 유지됩니다. 이 렌더링 의도는 벡터나 차트와 같이 주로 비즈니스 그래픽용으로 설계되었기 때문에, 사진처럼 색상 간의 정확한 관계는 밝고 채도가 높은 색상만큼 중요하지는 않습니다.

❷ **색상환 레이아웃** : 캡처원에서는 색상환 레이아웃에 대하여 표준값인 '기준' 옵션과 비디오 그레이딩 응용 프로그램에 익숙한 컬러 리스트를 위한 벡터 스코프 옵션 중 하나를 선택할 수 있습니다. 이 옵션은 기능상의 차이는 없고 빨간색을 기준으로 3시 방향과 12시 방향이라는 레이아웃의 차이만 있으며, [조정 툴] 탭 〉 [컬러 밸런스] 툴과 [컬러 에디터] 툴의 색상환 표에 영향을 미칩니다.

노출

❶ 노출 경고 : 하이라이트 노출의 경고에 대한 컬러와 기준값을 설정할 수 있습니다. 디지털 사진은 0~255 사이에서 노출이 결정되는데, 인화나 인쇄물을 고려한 사진이라면 셰도우보다는 하이라이트 노출에 더 민감하게 작용합니다.

따라서 캡쳐원은 셰도우보다는 하이라이트 노출 경고를 기본으로 설정되어 있는데, 250 이상부터 실제 인쇄물에 디테일이 표현되지 않을 수 있으므로 250 이상의 노출에 대하여 경고하고 있습니다. 사용자는 이러한 하이라이트 또는 셰도우에 대한 시각적 경고를 임의로 변경할 수 있습니다. 피사체의 컬러와 경고 컬러가 동일할 경우 경고 컬러를 변경할 수 있습니다. 노출 경고는 브라우저가 아닌 뷰어 창에서만 확인할 수 있습니다.

❷ 레벨 툴 : 'RGB 채널'과 '레드, 그린, 블루 채널'을 선택할 수 있습니다. 레벨 툴에는 RGB, Red, Green, Blue 각 채널당 하나씩 총 4개의 탭이 있습니다.

채널 모드에서 'RGB 채널'을 선택하면 셰도우와 하이라이트 스포이트 선택기가 RGB 채널에 표시되며 '레드, 그린, 블루 채널'을 선택하면 각각의 RGB 채널에 스포이트 선택기가 나타납니다.

두 가지 채널 모드 선택 옵션은 셰도우/하이라이트 선택기뿐만 아니라 자동 조정이 작동하는 방식에도 영향을 미칩니다. 즉, 레드, 그린, 블루 채널 모드에서 자동 조정 옵션은 각 채널에 대해 개별적으로 계산됩니다.

❸ 대상 레벨 선택 : 레벨에서 스포이트 모양의 셰도우와 하이라이트 선택 아이콘을 클릭했을 때 출력에서 가장 어두운 그림자가 얼마나 어둡고 가장 밝은 하이라이트가 얼마나 밝은지에 대한 수치를 사용자 정의할 수 있습니다.

1. 사진(sample_001.cr2)을 선택하고 [대상 레벨 선택]에서 수치를 지정합니다. [셰도우]는 '20', [하이라이트]는 '220'으로 설정해 봅니다.

2. 뷰어 창에서 사진을 선택합니다.

© 강선준

3. [레벨] 툴 아래에 위치한 스포이트 모양의 셰도우 선택기로 사진의 그림자 영역을 클릭하고, 하이라이트 선택기로 사진의 하이라이트 영역을 클릭합니다. [레벨] 툴에서 각각의 셰도우/하이라이트 출력값이 환경 설정에서 설정한 대로 '20'과 '220'으로 나타납니다.

❹ **자동 레벨 클립 임계값** : 자동 레벨 클리핑 임계값을 사용하면 레벨의 자동 조정 작동 방식을 미세하게 조정할 수 있습니다. 자동 조정은 사전 정의된 클리핑 양으로 사진의 그림자 및 하이라이트 포인트를 계산합니다.

기본값은 섀도우/하이라이트 각각 0.1% 범위 이내에서 자동 조정을 수행하게 됩니다. 이를 통해 사진의 전체적인 대비와 계조의 범위를 줄이지 않으면서 최대한 적은 수의 픽셀에서 레벨을 자동 조정하게 됩니다. 입력 범위를 0~10% 사이에서 조정할 수 있으며 자동 레벨 클리핑 임계값은 클리핑된 픽셀의 지정된 백분율이 정확하게 반영됩니다.

크롭

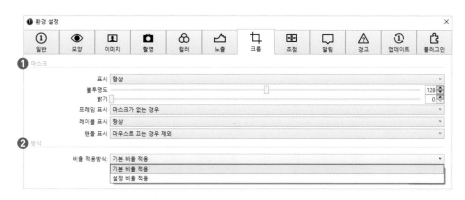

❶ **마스크** : 사진을 크롭할 때 크롭의 가장자리 선이나 레이블에 대한 옵션을 선택할 수 있습니다.

[표시]를 사용하여 크롭 마스크를 표시할 시기를 결정합니다. 기본값은 '항상'이지만, '마우스로 끄는 동안 제외'도 시도해 볼 만한 옵션입니다. [불투명도]와 [밝기] 슬라이더를 사용하여 마스크 모양을 결정합니다.

[불투명도] 슬라이더는 마스크를 완전히 투명하거나 보이지 않는 것(값 0)에서 완전히 불투명한 것(값 100)으로 변경합니다. [밝기] 슬라이더는 마스크 색상을 흰색(0)에서 검은색(100)으로 변경합니다. 대부분의 경우 기본값이 좋지만 매우 밝거나 어두운 피사체에는 다른 설정이 필요할 수 있습니다.

❷ **방식** : 비율 적용 방식

- **기본 비율 적용** : 사진이 변경될 때마다 캡쳐원의 기본 크롭 비율(오리지널)로 크롭을 진행합니다.
- **설정 비율 적용** : 사진이 변경될 때마다 지정한 설정 비율대로 계속 크롭을 진행합니다.

초점

캡쳐원은 뷰어 창의 사진에서 가장 선명한 부분을 시각적으로 표시해 주는 '포커스 마스크'라는
기능이 있습니다. 포커스 마스크 기능은 메뉴의 [보기] 〉 [포커스 마스크]를 켜거나 또는, 툴바
에서 [포커스 마스크] 아이콘을 활성화시켜서 사용할 수 있습니다.

환경 설정에서 임계값을 통해 선명도 감지에 대한 민감도 강약 조절이 가능하며, 시각적 표시를
위한 불투명도와 컬러 변경이 가능합니다.

© 안재철

알림

캡쳐원에서 내보내기, 파노라마 스티칭, HDR 병합이 완료되었을 때 별도로 알릴 것인지 설정할 수 있습니다.

경고

캡쳐원에서 여러 가지 작업 도중 발생할 수 있는 상황에 대한 경고 유무를 설정할 수 있습니다.

업데이트

캡쳐원의 업데이트 자동 확인 주기 및 새로운 카메라에 대한 자동 등록을 물어볼 것인지 설정할 수 있습니다. [업데이트 확인]을 클릭하여 사용 중인 캡쳐원의 업데이트 가능 여부를 확인할수 있습니다.

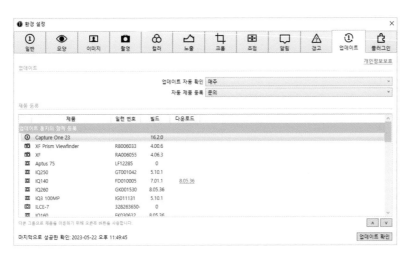

플러그인

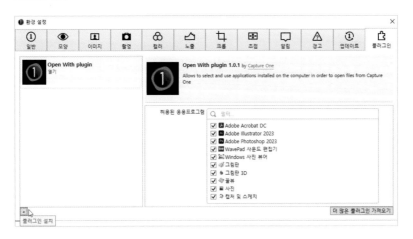

캡쳐원에는 기본적으로 Open With plugin이 설치되어 있습니다. 이 플러그인은 캡쳐원에서 포토샵이나 다른 응용 프로그램으로 연결하여 편집할 수 있는 기본 플러그인입니다. [플러그인] 탭에서는 왼쪽 하단의 [+] 아이콘을 클릭하여 캡쳐원 전용 플러그인 설치가 가능합니다. 예를 들어, [Helcion Focus]와 같은 포커스 스태킹 전용 소프트웨어의 캡쳐원 전용 헬리콘 포커스 플러그인을 설치하여 스태킹 촬영한 이미지를 곧바로 자동 내보내기와 동시에 헬리콘 포커스로 불러들일 수 있습니다.

04 워크플로우

 캡쳐원의 전반적인 작업 흐름은 다음과 같습니다.

1 **가져오기** : 지정한 위치로 보정할 사진을 가져옵니다. 또는, 카메라를 연결하여 테더링 촬영을 시작합니다.

2 **사진 편집** : 가져오거나 촬영한 사진을 여러 가지 툴을 사용하여 보정합니다.

3 **내보내기** : 보정이 완료된 사진은 파일 형식, 크기 등을 설정하여 파일을 변환시킵니다.

이 작업 흐름에 맞추어 아이콘과 툴 탭 및 툴의 위치와 작업 순서를 익힙니다.

작업 방식

캡쳐원의 기본적인 작업 방식과 흐름은 'RAW 촬영 〉 편집 〉 변환'입니다. 캡쳐원은 편집(보정)을 마친 후 저장할 때 사진 자체에 저장하는 방식이 아닌 '내보내기'라는 변환 과정을 거쳐서 출력용 파일을 새롭게 생성하는 방식을 채택하고 있습니다. 출력용 파일을 얻기 위하여 '내보내기' 변환 과정이 필요한 이유는 사진 품질에 있습니다.

또한, 캡쳐원은 초기에 RAW 파일의 촬영 및 편집만 가능했지만, 사용자의 많은 요청에 따라 현재 JPEG, TIF, PSD 파일의 편집 및 변환도 가능합니다.

캡쳐원의 시작 방법은 2가지가 있습니다. 사용자는 반드시 '카탈로그'와 '세션' 2가지 방식 중 하나를 선택해서 시작해야만 합니다.

캡쳐원을 처음 설치하면 기본 작업 방식이 자동으로 '카탈로그'로 시작합니다(캡쳐원 23 기준). 사용자는 [파일] 메뉴에서 카탈로그와 세션 중 어떤 시작 방식을 선택해도 무방하지만, 각각의 방식에 대한 특장점이 명확하므로 반드시 그 차이점과 장단점을 이해할 필요가 있습니다.

Tip ▶ 두 가지 시작 방식에 대한 자세한 설명은 다음 'PART 02 캡쳐원 시작하기'를 참고해 주세요.

어떤 시작 방식을 선택하던 캡쳐원을 시작할 때 초보자에게 가장 중요한 점은 '파일 관리'입니다. 원본 사진과 내보내기 파일의 위치를 파악하고, 전체적인 폴더의 구조를 명확히 이해하여 수많은 소중한 사진을 잘 관리하는 것이 중요합니다. 또한, 지난 시간은 돌아오지 않는 소중한 사진의 백업은 여러 번 강조해도 지나침이 없습니다.

파일 구조

캡쳐원은 이미지의 품질을 최대한 보존하기 위하여 '비파괴 방식'으로 개발되었습니다. 즉, 보정할 때 원본 파일 자체를 건드리지 않는 것을 의미합니다. 앞서 말한 대로 이 방식은 원본 사진을 보정 후 원본에 직접 저장하지 않고 별도의 보정값을 저장한 후 '내보내기'라는 변환 절차를 통해 출력용 파일을 새롭게 생성하는 방식입니다.

캡쳐원으로 사진을 가져오거나 캡쳐원에서 촬영하는 모든 사진은 특정 폴더에 '캐시'라는 프리뷰 사진을 생성합니다. 이 캐시 파일은 다른 소프트웨어에서 보이거나 사용할 수 없는 파일이며, 오직 캡쳐원에서 오리지널 사진을 빠르게 탐색하기 위한 역할만 수행합니다.

캐시 파일 구조의 장점은 원본 사진을 읽을 때마다 많은 시간이 소요되는 것을 줄일 수 있습니다. 하지만 캡쳐원에서 최초로 사진을 가져올 때, 반드시 캐시 파일을 생성해야 하므로 처음 사진을 불러올 때 캐시를 생성하는 시간이 소요됩니다.

캐시 파일의 생성이 완료되면, 이후부터 캡쳐원을 재실행하거나 같은 사진을 불러올 경우 캡쳐원에서 빠른 탐색이 가능합니다. 이러한 캐시 파일과 함께 컬러나 노출, 샤프닝 등의 조정값도 별도의 폴더에 저장되는 데, 캡쳐원의 세션과 카탈로그 시작 방식에 따라 세션에서는 'Setting' 폴더에, 카탈로그에서는 'Adjustments' 폴더에 저장됩니다.

세션에서 캐시 폴더 경로

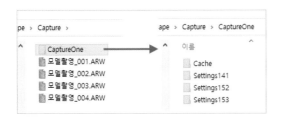

세션 작업 방식으로 테더링 촬영을 시작하면 세션 폴더 내의 'Capture' 폴더(또는 '촬영' 폴더)에 RAW 또는 JPEG 파일이 바로 저장됩니다. 'Capture' 폴더의 하위 폴더에는 'CaptureOne'이라는 폴더가 무조건 자동 생성되는데, 이곳에 캐시 폴더와 조정값 폴더가 자동으로 생성됩니다.

세션으로 작업한 사진을 다른 컴퓨터의 캡쳐원에서 같은 조정값으로 보고 싶다면, 원본 폴더의 하위 폴더 'CaptureOne' 캐시 폴더가 함께 포함되어 복사되어야 합니다. 따라서 다른 컴퓨터에서 세션을 열고 싶다면 캡쳐원 하위 폴더를 포함하여 세션 폴더 전체를 옮겨야 한다는 점에 유의해야 합니다.

또한 '세션' 작업 방식을 사용하면 내 컴퓨터에서 다른 사진 폴더를 찾아서 선택하여 불러올 수 있습니다. 캡쳐원의 '[라이브러리 툴] 탭 〉 [라이브러리] 툴 〉 시스템 폴더'에서 특정 폴더를 찾아서 선택하면 특정 폴더 내의 모든 사진이 브라우저에 나타납니다. 이렇게 특정 폴더를 선택하면 폴더 내부에 'CaptureOne'이라는 캐시 폴더가 자동으로 하위 폴더로 생성됩니다.

◀ [라이브러리] 툴에서 특정 폴더 선택

Tip 세션 방식으로 작업한 사진을 다른 컴퓨터의 캡쳐원에서 작업하려면 캐시 폴더와 조정값 폴더가 포함된 채로 복사해야 같은 조정값으로 나타납니다.

이때, 촬영 폴더의 전체 사진이 아닌 일부의 사진만 몇 장 옮기고 싶다면, 번거롭게 사진과 캐시 폴더를 함께 옮길 필요 없이 캡쳐원에서 제공하는 'EIP'라는 캡쳐원 고유의 확장자를 가진 독자적인 포맷을 이용할 수 있습니다.

이 EIP 기능은 각각의 RAW 파일마다 생성된 조정값 파일을 RAW 파일과 합치는 기능입니다.

EIP는 사진 자체에 조정값이 포함되므로 원하는 사진만 다른 컴퓨터로 복사할 때 편리하며, 다른 컴퓨터의 캡쳐원에서 EIP 파일을 가져오면 같은 조정값으로 나타납니다.

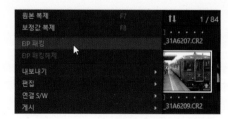

EIP 파일을 만드는 방법

브라우저에서 원하는 사진을 마우스 오른쪽 버튼으로 클릭한 후 [EIP 패킹]을 선택합니다. 브라우저에 표시된 사진의 RAW 파일 확장자가 '.EIP'로 바뀝니다. 원래로 되돌리려면 같은 방식으로 [EIP 패킹 해제]를 선택하면 다시 고유의 카메라 RAW 파일로 되돌아옵니다.

이러한 EIP 변환 과정을 생략하고 처음부터 EIP 파일을 사용할 수도 있습니다. 환경 설정의 [이미지] 탭에서 EIP 패킹 기능을 활성화시킵니다. 즉, 메모리 카드로 촬영할 경우 [가져올 때 자동으로 EIP 패킹]을 체크하거나, 테더링 촬영할 때 처음부터 자동으로 EIP 포맷으로 촬영할 수 있는 [촬영할 때 EIP로 패킹]을 선택할 수 있습니다.

◀ 환경 설정에서 EIP 패킹 자동 설정 옵션

EIP 파일은 오직 캡쳐원에서만 사용 가능한 형식입니다. 포토샵을 비롯한 다른 이미지 편집 소프트웨어에서는 사용할 수 없습니다. EIP 파일은 오직 RAW 파일만 지원하며, JPEG 파일 등은 지원하지 않습니다. EIP 패킹 기능은 캡쳐원의 세션 방식에서만 지원됩니다. 카탈로그 방식에서는 지원하지 않습니다.

카탈로그에서 캐시 폴더 경로

카탈로그를 만들고 사진을 불러들이면 카탈로그 내에 'Cache' 폴더가 자동으로 생성됩니다. 윈도우의 카탈로그는 폴더의 형태로 저장되어 바로 열리지만, 맥의 카탈로그는 바로 열리지 않습니다. 맥에서는 카탈로그 파일을 마우스 오른쪽 버튼으로 클릭한 후 [패키지 내용 보기]를 선택하면 카탈로그 구조가 나타납니다.

PART 02
캡쳐원 시작하기
– 가져오기

캡쳐원 사용자는 '카탈로그'와 '세션' 2가지 방식 중 하나를 선택하여 시작할 수 있습니다. 캡쳐원은 최초 실행 시 자동으로 '카탈로그' 방식으로 시작됩니다(버전 23 기준).

메뉴의 [파일] 또는 [라이브러리 툴] 탭에서 '세션'과 '카탈로그'의 2가지 작업 방식 중 하나를 선택하여 시작합니다. 사용자는 2가지 작업 방식 중 선택한 후 [가져오기]를 클릭하여 언제든지 바로 편집 작업을 시작할 수 있고, USB 케이블을 연결하여 곧바로 테더링 촬영을 시작할 수도 있습니다.

캡쳐원의 2가지 시작 방법은 사진 파일의 저장 위치와 보정값 저장, 그리고 출력 파일의 위치 등 캡쳐원에서 다루는 모든 사진 파일의 경로를 구성하는 가장 중요한 시작이기 때문에, 반드시 '세션'과 '카탈로그' 방식의 특징과 차이점을 이해하고 나에게 맞는 작업 방식을 선택하는 것이 매우 중요합니다.

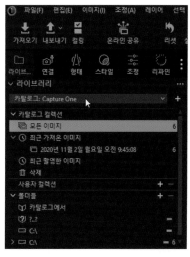

▲ 카탈로그

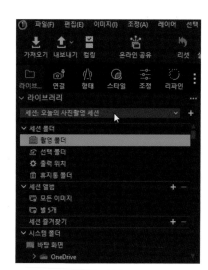

▲ 세션

01 캡쳐원의 작업 방식
– 카탈로그와 세션

'카탈로그'와 '세션'의 특징과 차이점을 이해하여 나에게 맞는 작업 방식을 선택합니다. 간단한 이해를 돕자면 '카탈로그'는 장기간의 프로젝트나 특정한 주제로 많은 양의 사진을 하나의 '카탈로그'에서 체계적으로 관리하고 싶을 때 권장하며, '세션'은 한 가지 또는 당일 프로젝트로서 하나의 폴더를 사용하여 프로젝트의 마무리를 원할 때 권장합니다.

카탈로그와 세션의 차이점

'카탈로그'는 장기적인 촬영 프로젝트나 특정 주제를 정하여 체계적으로 사진들을 분류하고 지속적으로 관리하기 위해 최적화된 방식으로, 특정 주제에 대해서 다양한 카테고리로 사진을 관리하거나 이미 많은 폴더에 저장된 사진을 선별하여 캡쳐원으로 가져와서 작업할 때 권장합니다.

'세션'은 당일 진행되는 촬영이거나, 한 가지 프로젝트에 적합한 방식으로서 하나의 폴더를 중심으로 좀 더 직관적입니다. 세션 방식을 선택하여 최초에 '새 세션'을 만들면 하나의 세션 폴더를 중심으로 세션 내부에 '촬영(Capture), 내보내기(Output), 선택(Select), 휴지통(Trash)' 폴더가 자동으로 생성되어 촬영과 내보내기 작업을 모두 수행하므로 프로젝트의 관리가 수월합니다. 따라서 당일의 촬영 프로젝트를 위한 테더링 촬영에서는 '세션' 방식이 유리할 수 있습니다.

Tip ▶ 캡쳐원 설치 후 처음 시작하면 자동으로 '카탈로그'로 시작합니다. 테더링 촬영을 통해 특정 폴더에 원본을 저장하고 싶을 경우, '세션'을 만들어서 시작할 수 있습니다.

• USB 테더링 촬영 작업을 위해 카탈로그나 세션의 생성 위치는 컴퓨터의 하드 디스크 사용을 권장합니다. 파일의 안전한 저장을 위하여 외장형 하드 디스크의 저장 위치 사용은 권장하지 않습니다.
• 캡쳐원 V16.3.0부터 도입된 '리테더(ReTether)' 기능은 현재 캐논, 니콘 카메라에 한하여 지원하고 있으며 향후 카메라 브랜드 지원이 확대될 수 있습니다.

02 캡쳐원을 '카탈로그'로 시작하기

캡쳐원의 '카탈로그' 방식은 사진들을 체계적으로 관리하기 좋습니다. 카탈로그를 만들면 여러 폴더에 존재하는 다양한 사진을 선택하여 가져올 수 있고, 테더링 촬영도 가능하며, 카탈로그 안에서 앨범을 만들어서 사진을 주제별로 분류할 수 있습니다. 또한 사진을 가져온 순서대로 각각 구분하여 볼 수도 있고, 카탈로그의 전체 사진으로 볼 수도 있습니다. 카탈로그는 원하는 대로 생성할 수 있지만, 생성된 각각의 카탈로그는 서로 공유되지 않습니다. 따라서 처음에 카탈로그를 만들 때 한 가지 주제의 카탈로그를 사용할지 여러 가지 카탈로그를 만들어서 따로 관리할 것인지를 기획하는 것이 좋습니다.

즉 '여행', '인물', '제품' 등 주제가 다른 사진에 대해서 각각 다른 카탈로그로 만들어서 관리할 것인지, 한 가지 주제의 카탈로그를 만든 후 카탈로그 내부에 각각의 주제별 앨범을 만들어서 카탈로그 안에서 검색하고 관리할 것인지를 정할 수 있습니다. 조금 더 자세히 살펴보자면 '세계여행'이라는 주제의 카탈로그를 만들면 그 안에서 한국, 미국, 일본, 독일 등 국가별, 장소별 앨범을 만들어서 여행 사진 전문의 카탈로그를 관리할 수 있습니다.

© 박무웅

▲ 캡쳐원의 카탈로그 방식은 [사용자 컬렉션] 툴을 통해 다양한 종류의 사진을 사용자가 원하는 명칭의 앨범을 만들어서 카테고리별로 나누어 체계적으로 사진을 관리할 수 있습니다.

'인물' 카탈로그를 만든다면 그 안에서 모델 이름, 촬영 유형 등에 따라 앨범을 만들어서 인물 사진 전문의 카탈로그를 관리할 수 있습니다. 그러나, '여행'과 '인물'같이 독립적인 카탈로그 간의 사진을 공유할 수는 없습니다. 한 가지 카탈로그를 선택한 경우를 살펴보겠습니다. 취미를 위해 나만의 '취미사진' 카탈로그를 만들었다면 카탈로그 안에 '인물', '풍경'. '야경', '꽃', '새' 등의 좋아하는 다양한 주제를 앨범으로 만들어서 분류한다면 각각의 사진은 모두 공유되어 한 번에 관리할 수 있습니다.

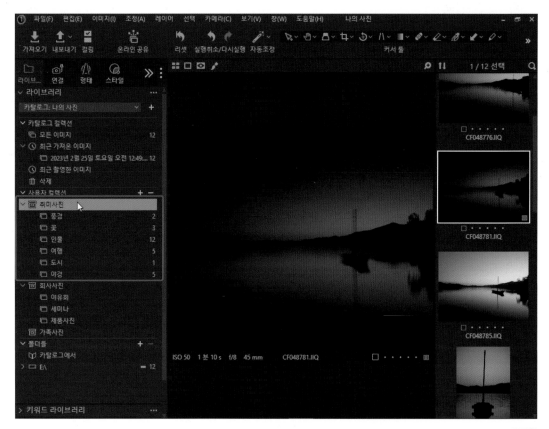

© 박무웅

이렇게 생성된 카탈로그는 시간이 지남에 따라 가져온 사진이나 촬영하는 사진의 작업량이 많아질수록 용량이 계속 증가하므로 비교적 속도가 빠르고 넉넉한 공간의 하드 디스크를 확보하는 것이 중요하며, 카탈로그의 손상이나 손실을 막기 위해 백업을 만들어 관리하는 것이 좋습니다.

새로운 카탈로그 만들기

'여행 사진'이라는 세계여행 프로젝트의 새로운 카탈로그를 만들어 보겠습니다.

컴퓨터의 하드 디스크에 여행 날짜와 장소가 적힌 폴더명이 다음과 같이 복사되어 있다고 가정합니다.

> **예)** 1월1일–한국, 1월20일–일본, 2월15일–프랑스, 2월20일–독일, 3월5일–영국, 4월5일–미국, 4월25일–쿠바 등

1 메뉴의 [파일] 〉 [새로운 카탈로그]를 클릭합니다. 또는 [라이브러리 툴] 탭 〉 [라이브러리] 툴에서 [+] 아이콘을 클릭하여 [새로운 카탈로그]를 선택합니다.

2 [이름]에서 '여행 사진'을 입력합니다. 오른쪽 ▦ 아이콘을 클릭하여 카탈로그 폴더가 생성될 위치를 바탕 화면(데스크탑)으로 설정하고 [확인]을 클릭하면, 바탕 화면(데스크탑)에 '여행 사진' 폴더가 생성됩니다.

3 메뉴의 [파일] 〉 [이미지 가져오기]를 클릭하거나, 좌측 상단의 [가져오기]를 클릭하여 [이미지 가져오기] 창을 불러옵니다.

4 [이미지 가져오기] 창이 나타나면 [가져오기] 툴에서 가져올 사진 폴더를 선택합니다. 폴더 내의 모든 사진이 나타나면 카탈로그로 가져올 사진을 선택합니다. 모든 사진을 가져오고 싶다면 오른쪽 밑의 [모두 선택]을 체크하거나 Ctrl+A(맥은 Command+A)를 누르고, SpaceBAR를 누르면 모든 사진을 선택할 수 있습니다.

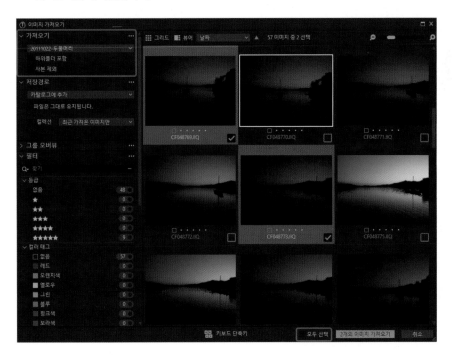

5 [저장 경로] 툴에서 [카탈로그에 추가]를 선택합니다.

- **카탈로그에 추가** : 기존 폴더에 원본을 유지하고, 카탈로그에는 연결(참조)만 하여 보정하는 방식입니다.
- **카탈로그에 복사** : 원본 사진 자체가 카탈로그 내부에 복사됩니다.
- **폴더에 복사** : 원본 사진이 선택한 폴더에 복사됩니다.

6 [이미지 가져오기] 창의 오른쪽 밑에 [이미지 가져오기]를 클릭하여 선택한 사진을 모두 가져오면, 브라우저에 가져온 사진들이 모두 나타납니다.

사용 팁

싱크 기능을 이용하면 [라이브러리] 툴에서 원하는 폴더 전체를 카탈로그로 가져올 수도 있습니다.

1. [라이브러리 툴] 탭 〉[라이브러리] 툴에서 [폴더들] 오른쪽의 [+] 아이콘을 클릭합니다.

2. [추가될 폴더를 선택] 창이 나타납니다. 사진을 가져올 폴더를 찾아서 [폴더 선택]을 클릭합니다.

3. [폴더들] 하단에 폴더를 선택한 하드 디스크 드라이브가 나타납니다. 드라이브를 선택하고 마우스 오른쪽 버튼을 클릭한 후 [폴더 계층 보여주기]를 선택합니다(폴더 계층 숨기기로 보이는 경우 버그일 수 있습니다).

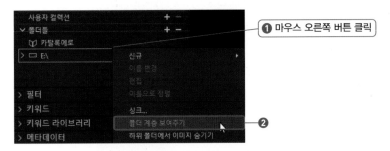

4. 선택한 사진 폴더의 경로가 계층 구조로 나타납니다.

5. 추가한 폴더 이름을 선택하고 마우스 오른쪽 버튼을 클릭한 후 [싱크]를 선택합니다.

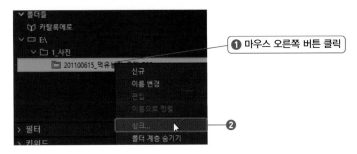

6. [싱크 옵션] 창이 나타납니다. [가져오기 창 표시]에 체크하면 [가져오기] 창이 실행되면서 사진을 선별하여 가져옵니다. 체크를 해제한 채로 [싱크]를 클릭하면 폴더의 모든 사진을 자동으로 가져옵니다.

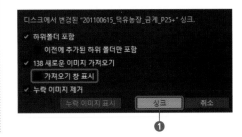

7. 폴더의 모든 사진이 브라우저에 나타납니다.

© 박무웅

앨범 만들기

[라이브러리] 툴에 있는 [사용자 컬렉션]의 [앨범]을 사용하면 카탈로그 안의 많은 사진을 카테고리별 앨범으로 분류할 수 있습니다. '여행 사진' 카탈로그를 만들어서 나라별로 앨범을 만들어 봅니다.

1 [라이브러리 툴] 탭 〉 [라이브러리] 툴로 이동한 후 [사용자 컬렉션] 오른쪽의 [+] 아이콘을 클릭하여 [프로젝트]를 선택합니다.

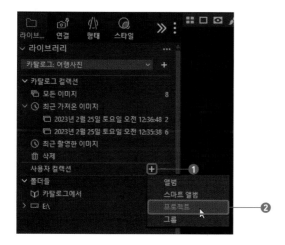

2 [프로젝트] 창의 이름 입력란에 '한국'이라고 입력하고 [생성]을 클릭합니다.

3 [사용자 컬렉션]에 '한국'이라는 프로젝트가 생성되었습니다. 프로젝트는 앨범의 상위 개념입니다. 이제 '한국' 프로젝트에 대한 하위 앨범을 만들어 보겠습니다. '한국' 프로젝트를 선택한 상태에서 [사용자 컬렉션] 오른쪽의 [+] 아이콘을 클릭하여 [앨범]을 선택합니다.

4 [앨범] 창의 이름 입력란에 '서울'이라고 입력하고 [생성]을 클릭합니다

5 이제 한국 프로젝트 아래 '서울' 앨범이 생성되었습니다. 같은 방법으로 '대구, 광주, 부산, 대전...'을 생성합니다.

6 이제 카탈로그의 사진을 앨범으로 분류합니다. [라이브러리] 툴에서 [최근 가져온 이미지] 또는 [모든 이미지]를 선택하여 브라우저에서 사진들을 탐색합니다. 앨범으로 분류할 사진들을 선택하여 원하는 앨범으로 드래그합니다. 서울에서 촬영했던 사진 중 마음에 드는 4장의 사진을 선택하여 '서울' 앨범으로 드래그합니다.

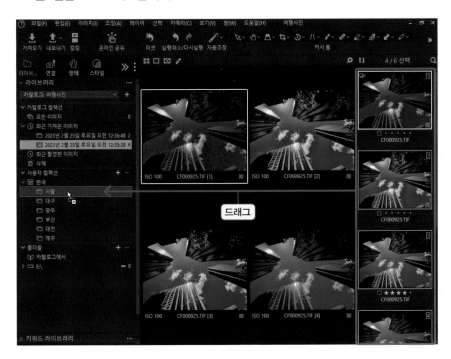

7 '서울' 앨범에 카운트 숫자 4가 나타나면서 브라우저에 4장의 사진이 나타납니다. 같은 방법으로 '대구, 광주, 부산' 등의 앨범에 사진을 드래그하면 앨범에 사진이 추가됩니다.

Tip 앨범의 카테고리는 '그룹 〉 프로젝트 〉 앨범' 순으로 분류할 수 있습니다. 즉, 앨범이 많을 경우 프로젝트를 만들어서 프로젝트 하위에 묶을 수 있고, 프로젝트가 많을 경우 그룹을 만들어서 그룹의 하위에 묶어서 관리할 수 있습니다.

그러나, 그룹과 프로젝트가 필수는 아니며, 쉽게 관리하기 위한 카테고리 개념일 뿐입니다. 따라서 처음부터 앨범만 만들 것인지, 앨범이 많거나 주제가 다를 경우, 주제에 따른 프로젝트나 그룹을 만들어서 분류할 것인지는 자신의 사진 개수나 주제에 따라 사용자가 판단할 몫입니다.

스마트 앨범 만들기

[사용자 컬렉션]의 '스마트 앨범'은 특정 기준을 가진 사진 앨범 기능입니다. 즉, 스마트 앨범에서 어떤 기준을 설정해 놓으면, 그 기준을 따르는 사진이 자동으로 스마트 앨범으로 설정됩니다. 예를 들어, 카탈로그의 모든 사진 중 중요한 사진을 '별5개 등급'으로 선정한 후 자동으로 '스마트 앨범'으로 설정하는 방법입니다.

1 [라이브러리] 툴로 이동합니다. [카탈로그 컬렉션]에서 [모든 이미지]를 선택하면 브라우저에 카탈로그의 모든 사진이 나타납니다.

2 메뉴의 [선택] 〉 [선택 후 다음 장 이동] 〉 [별 등급]을 체크합니다. 이 기능은 브라우저에서 사진에 별 등급을 부여하면 자동으로 다음 사진으로 넘어가는 기능입니다. 불필요한 마우스 클릭을 줄일 수 있어서 사진 선택이 더 빠르고 편리합니다.

3 이제 브라우저의 맨 위쪽부터 차례대로 탐색하면서 마음에 드는 사진에 별 등급을 부여합니다. 별 등급의 부여 방법은 사진을 선택하고 숫자 키보드 1~5 중 하나를 누르면 숫자만큼 등급이 자동으로 부여됩니다. 즉 숫자 5를 누르면 섬네일과 뷰어 사진 하단에 별 5개가 나타납니다. 등급을 취소하려면 0을 누릅니다. 중요한 순서에 따라 1~5를 자유롭게 누르며 선택합니다.

© 김길수

4 카탈로그에 있는 모든 사진에서 별 등급 부여를 마쳤다면, 이제 별 5개의 사진만 자동으로 표시되는 스마트 앨범을 만들어 보겠습니다. [라이브러리 툴] 탭 > [라이브러리] 툴의 [사용자 컬렉션]에서 [+] 아이콘을 클릭하여 [스마트 앨범]을 선택합니다.

5 [스마트 앨범] 창이 나타나면 이름 없는 스마트 앨범 이름 입력란에 '별5개 사진'이라고 입력하고 [생성]을 클릭합니다. [스마트 앨범 편집 - 별5개 사진] 창이 나타납니다. [검색 기준]에서 [+] 아이콘을 클릭한 후 [등급]을 선택합니다.

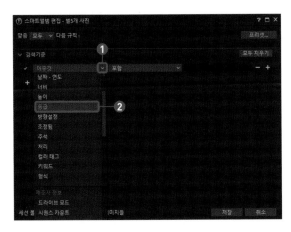

6 등급 선택 후 오른쪽 항목에 '동일'을 선택합니다. [·····]에서 별 5개를 선택한 후 [저장]을 클릭합니다.

7 [사용자 컬렉션]에 '별 5개 사진' 스마트 앨범이 나타나면 '별5개 사진' 스마트 앨범을 선택하여 라우저에 별 등급 5개가 표시된 사진들만 나열되는지 확인합니다.

카탈로그의 구조

카탈로그 폴더의 구조와 원리를 살펴봅니다.

캡쳐원에서 카탈로그를 생성하면 윈도우에서는 카탈로그 폴더 채로 열리지만, 맥에서는 카탈로그를 선택하고 마우스 오른쪽 버튼을 클릭한 후 [패키지 콘텐츠 표시]를 선택해야만 카탈로그 폴더를 열어서 구조를 살펴볼 수 있습니다.

카탈로그를 클릭하면 보기와 같은 구조로 되어있습니다(윈도우용 카탈로그 예).

❶ **Adjustments** : 캡쳐원 카탈로그에서 사진을 보정한 값이 저장되는 폴더입니다.

❷ **Cache** : 캡쳐원 카탈로그에서 사진을 열었을 때 저장되는 프리뷰 및 섬네일이 저장되는 캐시 폴더입니다(다른 응용 프로그램에서 사용할 수 없습니다).

❸ **Originals** : 카탈로그에서 테더링 촬영하거나, 하드 디스크의 다른 폴더에서 가져올 때 카탈로그로 복사 옵션을 선택하여 원본을 복사하면, 저장되는 '원본 사진의 저장 폴더'입니다.

❹ **카탈로그명.cocatalogdb** : 캡쳐원에서 바로 열 수 있는 카탈로그 이름입니다.

카탈로그 주의 사항

카탈로그로 가져온 사진을 삭제하면 카탈로그 컬렉션의 '삭제(휴지통)'에 보관됩니다. 이때 휴지통에 있는 사진을 모든 이미지로 드래그하면 복원할 수 있지만, 최근 가져온 이미지에서는 사라지며, 최근 가져온 이미지로는 드래그되지 않습니다.

참고로 세션 방식은 휴지통에서 다시 촬영 폴더로 드래그하여 옮길 수 있습니다. 단, '삭제(휴지통)'에서 다시 사진을 선택하고 Delete를 누르면 하드 디스크에서 완전히 삭제되므로 주의해야 합니다.

카탈로그로 참조만 시켜서 카탈로그 외부에 원본이 존재하는 사진이라면 사진 삭제 시 '카탈로그에서 제거'만 할 것인지, 아니면 '디스크에서(영원히) 삭제'할 것인지를 묻는 창이 나타납니다.

• 원본 사진은 그대로 놔두고 캡처원에서만 삭제하고 싶다면 [카탈로그에서 제거]를 선택합니다.
• 원본 사진 자체를 컴퓨터에서 삭제하고 싶다면 [디스크에서 삭제]를 선택합니다.

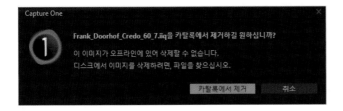

캡처원에서 카탈로그 '백업'을 만들지 않았다거나, 카탈로그 기능이 완벽하게 숙지하지 않았다면, 사진 삭제에 꼭 주의하기를 바랍니다. 의외로 많은 사용자가 실수로 사진을 삭제하고 난 뒤 좌절하는 경우가 많기 때문에 사진 파일에 대한 백업 관리와 삭제 주의는 수없이 강조해도 지나치지 않습니다.

03 캡쳐원을 '세션'으로 시작하기

캡쳐원의 2가지 시작 방법의 하나인 '세션'은 하나의 폴더를 중심으로 작업하는 방식으로 서 단일 프로젝트 보정 작업이나 테더링 촬영에 권장합니다. 메모리 카드로 촬영한 사진 을 세션 폴더로 가져와서 편집 및 내보내기 작업을 할 수도 있고, 오늘 하루 또는 특정 주 제의 테더링 촬영을 위하여 세션을 만들어서 촬영 및 관리할 수 있습니다.

'세션'은 한 개의 세션 폴더를 만들어서 세션 폴더 내부에서 촬영과 내보내기 작업 모두를 관리하기 때문에, 카탈로그에 비해 좀 더 단순하면서 직관적인 구조의 작업 방식입니다.

새로운 세션 만들기

인물 테더링 촬영 프로젝트를 한다고 가정하고, '새로운 세션'을 만들어서 테더링 촬영을 시작해 봅니다.

1 메뉴의 [파일] 〉 [새로운 세션]을 클릭하거나, [라이브러리 툴] 탭에서 [+] 아이콘을 클릭하여 [새로운 세션]을 선택합니다. [새 세션] 창이 나타나면 세션 이름에 '0920_홍길동'을 입력합니다.

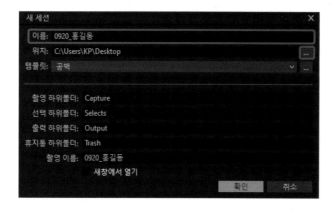

2 [위치]에서 █ 아이콘을 클릭하여 세션 폴더를 생성할 위치를 지정합니다. 예를 들어, 바탕 화면(데스크탑)을 선택하면 바탕 화면에 세션 폴더가 생성됩니다.

> **Tip** 안전한 테더링 촬영을 위하여 세션의 폴더 생성 위치를 컴퓨터 시스템 내부의 하드 디스크로 지정하세요. 외장 하드 디스크를 비롯한 외부 위치는 사진 파일의 안정성에 영향을 미치므로 권장하지 않습니다.

3 탬플릿이나 4가지 하위 폴더의 이름은 혼동을 막기 위하여 변경하지 않고 그대로 사용합니다.

4 [확인]을 클릭하면 바탕 화면(데스크탑)에 세션이 생성됩니다.

5 카메라와 컴퓨터의 USB 포트에 테더링용 USB 케이블을 연결합니다.

6 정상적으로 연결되었다면 [연결 툴] 탭 〉 [카메라] 툴에 카메라 모델명이 나타납니다.

7 카메라 셔터를 누르면 브라우저와 뷰어 창에 사진이 즉시 표시되는지 확인합니다. 정상적이라면 보통 2~3초 내에 사진이 표시되어야 합니다.

© 안재철

8 컴퓨터 바탕 화면의 '0920_홍길동' 세션 폴더를 클릭합니다. 세션 하위의 'Capture' 폴더에 방금 촬영한 사진 파일이 생성되었는지 확인합니다.

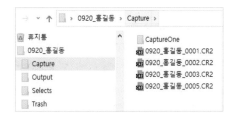

메모리 카드로 촬영한 사진도 '가져오기'를 통해 세션의 촬영 폴더로 가져와서 테더링 촬영과 동일하게 편집과 내보내기 작업을 진행할 수 있습니다.

1 이전과 같은 방법으로 '0920_홍길동'의 새로운 세션을 생성합니다.

2 메모리 카드를 리더기에 꽂으면 [이미지 가져오기] 창이 자동으로 실행됩니다.

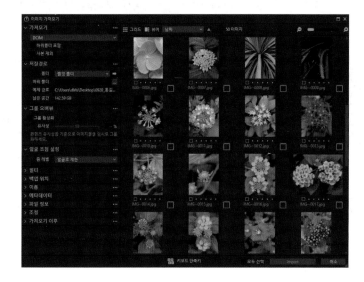

3 자동으로 실행되지 않는 경우 캡쳐원 상단 왼쪽의 [가져오기]를 클릭하면 [이미지 가져오기] 창이 나타납니다.

4 [이미지 가져오기] 창의 [가져오기]에서 가져올 사진의 경로를 선택합니다.

- **하위 폴더 포함** : 선택한 가져오기 경로 내부의 하위 폴더의 사진까지 포함해서 가져옵니다.
- **사본 제외** : 이미 가져온 사진과 중복되는 경우 제외하고 가져옵니다.

5 [저장 경로]에서 가져올 사진이 저장될 폴더의 위치를 설정합니다. 세션 내부의 [촬영 폴더]를 선택 했습니다.

6 가져올 사진을 선택합니다. 아래 [모두 선택]을 클릭하면 전체 사진이 선택됩니다. 선택이 완료되었 으면 [이미지 가져오기]를 클릭합니다.

7 가져오기 성공 메시지가 나타납니다. [불러온 위치로 가기]를 클릭합니다.

8 [라이브러리] 툴의 촬영 폴더에 가져온 사진이 모두 나타나면서 프리뷰 파일 생성이 진행됩니다. 프리뷰 파일 생성이 완료되면 보정 작업을 시작합니다.

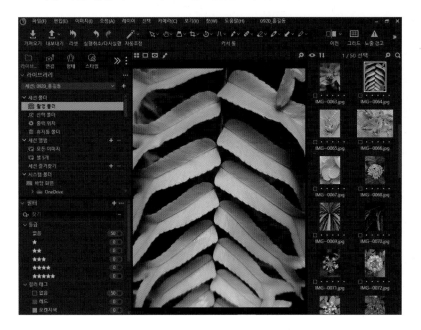

세션 앨범 만들기

세션 앨범은 세션의 폴더에 표시된 전체 사진 중 특정 주제의 앨범을 만들어서 원하는 사진을 앨범으로 분류하는 일종의 즐겨찾기와 같은 기능입니다.

1 [라이브러리 툴] 탭 〉 [세션 앨범]의 오른쪽 [+] 아이콘을 클릭합니다. [앨범]과 [스마트 앨범] 중 [앨범]을 선택합니다.

2 [앨범] 창의 이름 없는 앨범 입력란에 적당한 앨범 이름 '모델 A'를 입력하고 [생성]을 클릭합니다.

3 촬영 폴더의 사진에서 '모델 A'에 해당하는 사진을 선택하여 '모델 A'로 전부 드래그합니다.

© 안재철

이제 [세션 앨범]에서 '모델 A' 앨범을 선택하면 브라우저에는 전체 촬영 폴더 중 '모델 A'로 드래그한 사진만 나타납니다. 참고로 '모델 A' 앨범은 전체 촬영 폴더에서 사진이 이동되는 것이 아닌 가상의 앨범을 만들어서 사진을 구분하기 위한 용도이기 때문에, 앨범을 삭제해도 실제 원본 사진에는 아무런 영향을 미치지 않습니다.

세션 스마트 앨범 만들기

세션 스마트 앨범은 앨범의 기능에 특정한 검색 조건이 추가된 기능입니다. 세션의 사진 중에서 원하는 검색 조건을 설정하면 조건에 충족되는 사진만 자동으로 검색하여 스마트 앨범에 나타납니다.

1 [세션 앨범]에서 오른쪽 [+] 아이콘을 클릭하여 [스마트 앨범]을 선택합니다.

2 [스마트 앨범] 창의 이름 없는 스마트 앨범 이름 입력란에 '레드 태그 사진'을 입력하고 [생성]을 클릭합니다.

3 [스마트 앨범 편집 – 레드 태그 사진] 창이 나타나면 [검색 기준] 아래의 [+] 아이콘을 클릭합니다.

4 [아무것]을 클릭하여 표시되는 여러 가지 옵션 중 '컬러 태그'를 선택합니다. 오른쪽에 표시되는 여러 가지 색상 중 '빨간색' 네모를 선택하고 [저장]을 클릭합니다.

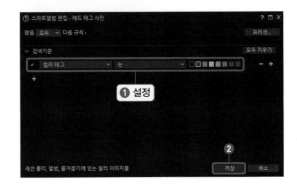

5 촬영 폴더에서 '빨간색 태그'가 지정된 사진만 자동으로 선별하여 표시해 주는 '레드 태그 보기'라는 스마트 앨범이 생성됩니다.

© 안재철

스마트 앨범은 이런 방법으로 사용자가 적절히 원하는 검색 기준을 선정하여 사진을 관리할 수 있습니다. 예를 들어, 촬영 폴더 내에서 렌즈 종류나 감도별로 자동 구분할 수도 있고, IPTC 입력 정보에 따라 구분해서 관리할 수도 있습니다.

세션 즐겨찾기

세션과 세션은 각각의 독립적인 폴더로 존재하지만, '세션 즐겨찾기'를 사용하면 현재 사용 중인 세션 폴더에서 다른 사진 폴더에 쉽고 빠르게 접근할 수 있습니다.

1 [라이브러리 툴] 탭 〉 [세션 앨범] 〉 [세션 즐겨찾기]에서 오른쪽의 [+] 아이콘을 클릭합니다.

2 [폴더 선택] 창에서 원하는 사진 폴더를 선택합니다. [세션 즐겨찾기]에 폴더 이름이 표시되고, 선택하면 해당 폴더의 사진이 브라우저에 모두 나타납니다.

© 안재철

'세션' 방식의 폴더 구조에 대해서 살펴봅니다. 바탕 화면에 만들어진 '0920_홍길동' 세션 폴더를 찾습니다. 세션 폴더를 열어서 폴더 내부를 확인합니다. 폴더 내에는 4개의 하위 폴더 'capture', 'select', 'output', 'trash'와 '0920_홍길동.cossesiondb' 세션 파일이 자동으로 생성되어 있으며 각각의 역할은 다음과 같습니다.

❶ **Capture** : 테더링 촬영 시 RAW 또는 JPEG 파일이 자동으로 저장되는 촬영 폴더
❷ **Output** : 보정 후 내보내기 한 파일이 자동으로 저장되는 출력 폴더
❸ **Select** : 촬영한 사진 중 마음에 드는 사진을 골라서 별도로 이동시켜 보관하는 선택 폴더
❹ **Trash** : 캡쳐원에서 삭제한 파일이 임시 이동되는 휴지통 폴더
❺ **세션 이름.cossesiondb** : 캡쳐원에서 세션을 불러오기 위한 세션 파일

> Tip ▶ 캡쳐원에서 사진 선택 후 Delete 를 눌러 사진 파일을 삭제하면, 삭제된 파일은 컴퓨터 시스템 휴지통으로 이동
> 되지 않고, 세션 폴더 내 'Trash' 폴더로 이동됩니다. 캡쳐원의 휴지통을 비우거나 휴지통에서 사진을 삭제하면
> 영구적으로 삭제되므로 삭제 전 반드시 주의해야만 합니다.

캐시 폴더

RAW 또는 JPEG 파일이 저장되는 'Capture' 폴더를 살펴보면 'CatureOne'이라는 하위 폴더가 자동 생성되어 있습니다. 즉 '세션 〉 Capture 〉 CaptureOne' 경로에 생성된 하위 폴더에는 캡쳐원에 표시되는 프리뷰 사진과 이미지 보정값이 모두 포함된 '캐시' 파일 저장 공간입니다.

이 규칙은 캡쳐원의 모든 세션에 동일하게 적용되는 규칙이며, 세션 방식에서 어떤 사진 폴더라도 선택하게 되면 자동으로 생성되는 폴더입니다. 만약, 현재 세션을 다른 컴퓨터에서 작업하기 위하여 촬영 폴더 또는 세션 폴더를 복사하여 다른 컴퓨터로 이동시키고 싶다면, 이 캐시 폴더가 함께 존재해야만 다른 컴퓨터의 캡쳐원에서 같은 보정값으로 보여지고, 빠르게 나타납니다.

만약 캐시 폴더가 없다면, 처음부터 프리뷰가 새롭게 생성되기 때문에 프리뷰 활성화 시간이 소요되고, 처음부터 다시 사진 보정 작업을 해야 합니다.

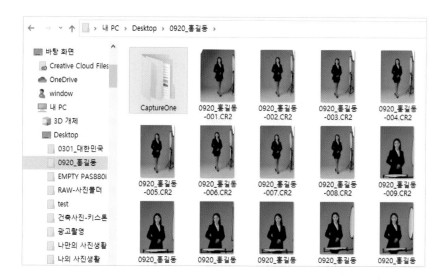

이처럼 별도의 캐시 폴더가 존재하는 이유는, 캡쳐원에서 사진을 다루는 방식이 최고의 사진 품질을 유지하기 위한 원본 '비파괴방식'과 많은 사진을 최대한 빠르게 작업하기 위한 작업 효율성을 갖기 위해서입니다.

그러나 불필요한 캐시 파일이 쌓일 경우 하드 디스크 용량이 부담될 수 있으므로, 작업을 마친 사진에 대한 캐시 파일을 관리할 필요가 있습니다.

세션 주의 사항

새로운 세션을 만들 때는 '폴더 생성 위치'에 주의해야 합니다. 세션 위치는 일반적으로 컴퓨터 시스템 내부의 하드 디스크에서 정할 것을 권장합니다.

컴퓨터 하드 디스크 용량 문제로 외장 하드 디스크를 사용하는 경우가 많은데, 테더링 촬영에서 사진 파일의 안정성을 위하여 권장하지 않습니다. 외부 하드 디스크를 사용하게 되면 테더링 촬영 도중 사진가도 모르는 사이에 갑작스러운 충격이나 케이블 단락에 따른 접속 불량 및 파일 기록 불량 등의 알 수 없는 원인으로 인해 데이터의 손실이 발생할 위험성이 매우 큽니다.

따라서 촬영 전 프로젝트 규모나 촬영 스타일에 따라 적절한 성능의 하드 디스크와 용량을 확보하는 것이 중요하며, 촬영 도중 적절히 백업할 수 있는 시스템을 갖추는 것도 좋습니다. 사진을 테더링 할 때뿐만 아니라, 사진을 가져올 때도 폴더의 위치가 중요합니다.

예를 들어, 메모리 카드의 사진을 컴퓨터에 복사하지 않고 세션에서 메모리 카드를 직접 선택하거나, 파일이 지원되지 않거나 파일을 편집할 수 있는 액세스 권한이 없는 경우 섬네일 이미지의 오른쪽 아래에 보기 전용의 눈동자 모양 아이콘 또는 읽기 전용의 연필 아이콘이 표시되는 경우가 있습니다.

이 아이콘이 나타나면 캡쳐원에서 사진 보정을 할 수 없음을 의미합니다. 사진 파일의 안정성과 하드 디스크 용량 등을 문제로 인해 캡쳐원에서는 파일 보기만 지원하게 됩니다. 만약, 보정을 원하는 사진이라면 파일을 시스템 하드 디스크의 적절한 위치로 복사하여 다시 가져오기를 시도해 봅니다.

04 가져오기

캡쳐원에서 메모리 카드 또는 카메라에 들어있는 사진을 보정하기 위해서 [가져오기]를
이용하여 캡쳐원으로 사진을 불러오는 과정이 필요합니다. 가져오기 기능은 많은 양의
사진을 빠르게 선별하여 가져올 수 있도록 돕습니다.

가져오기

캡쳐원 왼쪽 상단의 [가져오기]를 클릭합니다. [이미지 가져오기] 창이 나타나면 [가져오기] 툴에
서 [선택]을 클릭하여 컴퓨터에서 사진을 가져올 폴더를 선택합니다.

저장 경로

사진을 어디로 가져올 것인지 선택합니다. 카탈로그와 세션의 경우 [저장 경로] 툴이 다르게 나
타납니다.

카탈로그의 '저장 경로'

- **카탈로그에 추가** : 사진은 원본 그대로 기존 폴더에 유지하면서 카탈로그로 링크만 합니다.
- **카탈로그에 복사** : 사진을 카탈로그 안으로 원본을 복사합니다.

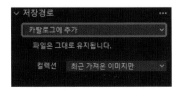 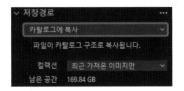

세션의 '저장 경로'

- **촬영 폴더** : 현재 세션의 'Capture' 폴더로 사진을 가져옵니다. 세션 사용자를 위한 기본 폴더 옵션 입니다.
- **세션 폴더** : 현재 세션 폴더로 사진을 가져오면서 [세션 즐겨찾기] 툴에 자동으로 즐겨찾기가 생성됩니다.
- **선택 폴더** : 방금 전에 선택했던 폴더를 다시 선택합니다.
- **폴더 선택** : 컴퓨터에서 폴더를 찾아 선택합니다. [세션 즐겨찾기] 툴에 자동으로 즐겨찾기 폴더로 생성됩니다.

- **하위 폴더** : 빈 곳에 이름을 입력하면 선택한 폴더 내에 입력한 이름으로 [하위 폴더]로 사진을 가져옵니다. 예를 들어, 바탕 화면에 '오늘의 사진촬영'이라는 세션을 만든 후 가져오기 폴더를 [촬영 폴더]로 선택하고 [하위 폴더]에 '장소_A'를 입력했다면 가져오기 파일의 예제 경로는 '바탕화면 〉 오늘의 사진 촬영 〉 Capture 〉 장소_A'가 됩니다.

사용 팁 ▷ 이름 형식 프리셋을 이용하여 메타데이터 기반 폴더별 사진 분류하기

[하위 폴더]에서 오른쪽의 ▪▪▪ 아이콘을 클릭하여 '이름 형식' 프리셋을 사용하면 메타데이터를 기반으로 여러 하위 폴더를 생성하여 사진을 구분할 수도 있습니다.

1. [이미지 가져오기] 창의 [가져오기] 툴에서 가져올 사진을 선택합니다.

2. [저장 경로] 툴에서 [폴더] 〉 [촬영 폴더]를 선택합니다.

3. [하위 폴더] 오른쪽의 ▪▪▪ 아이콘을 클릭해야만 [이름 형식] 창이 나타납니다.

4. 아래 [표시(토큰)]에서 '감도'를 선택하여 [형식]의 빈 곳으로 드래그합니다.

5. [형식]에 '감도'가 위치합니다. 다음에도 사용을 원한다면 [사용자 프리셋 저장]을 클릭하여 저장합니다.

6. [확인]을 클릭하면 [저장 경로] 〉 [하위 폴더]에 '감도'가 나타납니다.

7. [이미지 가져오기] 창 오른쪽 아래 [이미지 가져오기] 또는 [모두 가져오기]를 클릭하여 선택한 사진을 모두 가져옵니다.

8. 가져오기 대상인 'Capture' 폴더에 자동으로 '감도별 하위 폴더'가 생성되었는지 확인합니다.

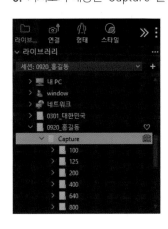
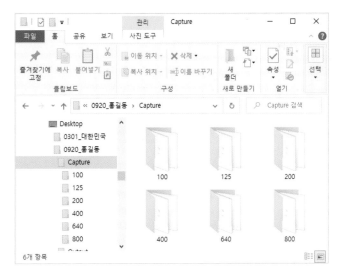

이러한 메터데이터를 기준으로 하위 폴더를 구분하면, 사용자가 많은 사진을 가져올 때, 목적에 따라 노출, 사용한 렌즈, GPS 정보, 방향 설정(가로 사진, 세로 사진을 자동으로 구분) 등으로 자동 폴더 구분하여 가져올 수 있어서 사진 관리를 더 유용하게 할 수 있습니다.

[방향 설정]을 사용하면 '랜드스케이프'와 '세로'라는 명칭의 하위 폴더가 자동으로 생성됩니다. 즉, 가로/세로 사진을 각각의 폴더에서 따로 구분할 수 있습니다.

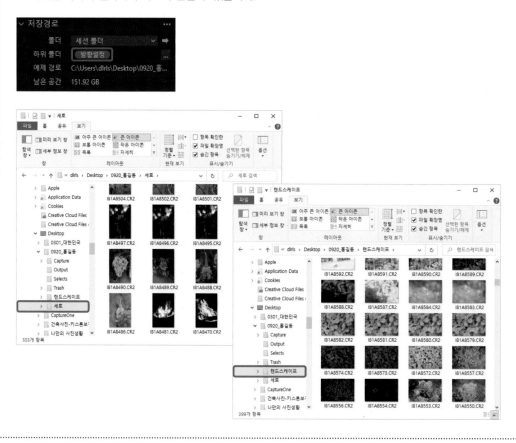

그룹 오버뷰(컬링)

가져오기에서 사진들의 유사성을 검토하여 가져올 사진들의 선택 판단을 더 쉽고 빠르게 할 수 있습니다. [그룹 활성화]를 체크하고 [유사성] 슬라이더를 조정합니다. 오른쪽으로 %를 높일수록 사진의 유사성을 더 세밀하게 판단합니다.

[이미지 가져오기] 창에서 미리 보기의 [그리드]와 [뷰어]는 유사한 그룹 사진에 대해서 시각적으로 판단하기 쉽도록 2가지 방식으로 제공하는 옵션입니다. [그리드]는 전체 사진을 섬네일 형태에서 그룹으로 묶어서 확인할 수 있으며, [뷰어]는 각 그룹에서 사진을 확대한 후 초점을 확인하면서 가져올 사진을 선택할 수 있습니다.

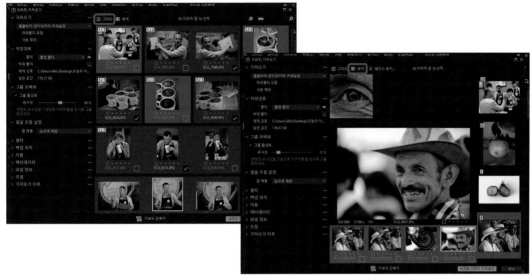

© 김길수

컬링 기능

컬링은 [그룹 오버뷰] 툴과 같은 기능입니다. [그룹 오버뷰] 툴의 기능이 사진을 가져오는 단계에서 사진의 유사성을 검토하고 가져올 사진을 선택할 수 있다면, 컬링은 이미 모든 사진을 가져온 상태에서 같은 기능을 수행한다고 생각하면 됩니다. 컬링은 캡쳐원 상단 왼쪽의 [내보내기] 바로 오른쪽에 [컬링]을 클릭하여 실행합니다.

얼굴 초점 설정

캡쳐원 V16.2부터 추가된 얼굴 초점 설정 기능은 인물 사진을 캡쳐원으로 가져올 경우, 가져오기 단계에서 인물 사진의 눈동자 또는 얼굴의 선명도를 판별하여 사진을 선택하는 데 도움을 줍니다.
얼굴 초점 설정 기능을 사용하려면 반드시 [그룹 오버뷰] 툴에서 [그룹 활성화]를 체크해야 합니다. 그리고, 뷰어 창에서 [뷰어 모드]로 선택해야만 기능이 활성화됩니다.

1 [그룹 오버뷰] 툴에서 [그룹 활성화]를 체크합니다. [유사성]의 %를 조절하여 비슷한 사진들을 그룹 별로 분류합니다.

2 [이미지 가져오기] 창을 '뷰어' 모드로 설정합니다. 오른쪽에 [페이스 포커싱]이 활성화됩니다.

3 [얼굴 초점 설정] 툴에서 [줌 레벨]을 설정합니다.

- **50%, 100%, 200%** : 자동으로 눈동자를 찾아서 선택한 배율만큼 표시합니다.
- **얼굴로 제한** : 사진에서 얼굴 크기를 감지하여 비율에 맞춰 표시합니다.
- **눈으로 제한** : 사진에서의 눈동자 크기를 감지하여 비율에 맞춰 표시합니다.

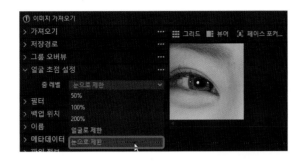

필터

[이미지 가져오기] 창에서 별 등급 또는 컬러 태그 기능을 통해 마음에 드는 사진을 선택한 후 [필터] 툴에서 검색 조건을 설정하면 해당 사진만 표시합니다. 또한 [돋보기] 아이콘이 있는 [찾기]의 오른쪽 ▦ 아이콘을 클릭하여 [고급 검색] 창에서 '검색 기준'을 설정하여 가져오기의 전체 사진 중 원하는 검색 기준에 맞추어 필터링할 수도 있습니다.

예를 들어, [이미지 가져오기] 창에서 전체 사진 중 별 등급 5개인 세로 구도의 사진들만 필터링해 보겠습니다.

1 캡쳐원 왼쪽 상단의 [가져오기]를 클릭하여 [이미지 가져오기] 창이 나타나면 [가져오기] 툴에서 사진 폴더의 경로를 선택합니다.

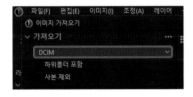

2 [필터] 툴에서 [찾기] 오른쪽의 ▦ 아이콘을 클릭합니다.

3 [고급 검색] 창이 나타나면, [검색 기준]의 [+] 아이콘을 클릭합니다. '아무것'을 선택하여 '방향 설정'
으로 바꿉니다. '정사각형'을 선택하여 '세로'로 바꿉니다. 다시 아래쪽 [+] 아이콘을 클릭하여 '아무
것'을 '등급'으로 바꿉니다. '.....'을 클릭하여 별 5개로 바꿉니다.

4 전체 사진 중 '별 등급 5개'이면서 '세로' 구도로 촬영된 사진만 나타납니다.

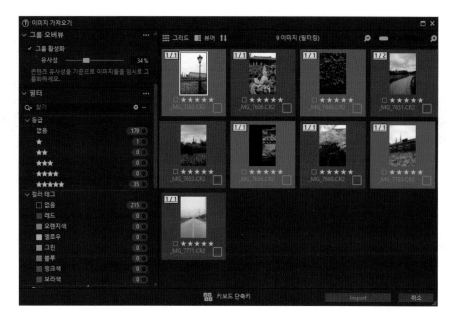

백업 위치

가져오는 사진의 손실 위험을 막기 위하여 특정 위치에 가져오는 사진의 백업본을 만들어 놓을
수 있습니다. [백업 사용]에 체크하고 [백업 위치]에서 원하는 위치에 폴더를 선택하면 사진을 가
져오면서 동시에 폴더에 사진이 백업됩니다.

이름

사진을 가져올 때 촬영 당시의 기존 파일명 그대로 가져올 것인지, 파일 이름을 변경하여 가져올 것인지 선택할 수 있습니다.

- **기본값** : [형식]의 '이미지 이름'은 촬영 당시 파일 이름 그대로 가져옵니다.
- [형식] 오른쪽의 작은 ▪▪▪ 아이콘을 클릭하여 [이름 형식] 창에서 원하는 형태로 이름을 변경하거나 프리셋을 통해서 가져올 사진의 이름을 변경할 수 있습니다.

1 [프리셋]에서 '특정이름 및 4 자리 숫자'를 선택합니다. 아래 [형식]이 '작업명, 4자리 카운터'로 나타납니다. [확인]을 클릭합니다.

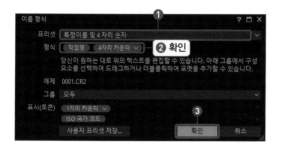

2 [이미지 가져오기] 창에서 [이름] 툴의 [형식]이 '작업명, 4자리 카운터'로 나타납니다. [이름] 툴에서 [작업명]에 '여행사진', [예제]에 '여행사진 0001.확장자'가 나타납니다.

[가져오기]를 클릭하여 브라우저에 가져온 사진들이 모두 '여행사진 0001.CR2, 여행사진 0002.CR2...' 와 같은 파일명으로 나타납니다.

메타데이터

가져오는 사진에 대한 '저작권과 설명'을 입력하여 메타데이터로 저장합니다.

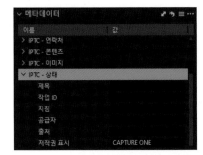

파일 정보

가져올 사진의 촬영 정보를 확인합니다. [날짜]에서 ▦ 아이콘을 클릭하여 촬영 날짜 및 촬영 시간을 변경할 수 있습니다.

조정

가져올 사진에 대해서 이미지 조정을 추가하여 가져올 수 있습니다.

❶ **스타일** : 기본 스타일, 사용자 스타일 및 기본 프리셋, 사용자 프리셋을 적용할 수 있습니다.

❷ **자동 조정** : 캡쳐원의 자동 조정 기능이 적용되어 사진의 특정 조정값(화이트 밸런스, 노출 등)을 자동으로 보정하여 가져올 수 있습니다(이 옵션을 선택하면 가져오기 과정이 느려질 수 있습니다).

❸ **기존 조정값 포함** : 캡쳐원에서 이미 작업했던 RAW 파일을 다시 가져오는 경우 이 옵션을 선택하면 각 사진 파일과 관련된 모든 조정 및 설정(예 : 등급, 키워드, 메타데이터 등)을 적용하여 가져옵니다.

가져오기 이후

사진을 가져온 후 어떻게 할 것인지 옵션을 선택할 수 있습니다.

❶ **가져오기를 시작할 때 컬렉션을 엽니다** : 가져온 사진의 보정 작업을 바로 시작합니다.

❷ **가져오기 컬렉션을 열지 않습니다** : 가져오기가 완료되어도 화면이 바뀌지 않고 기존 작업 화면에서 계속 작업을 수행합니다.

❸ **작업 완료 공지** : 가져오기가 완료된 뒤 알림을 받습니다.

❹ **카드 꺼내기** : 가져오기가 완료된 후 메모리 카드가 종료됩니다.

❺ **복사 후 이미지 지우기** : 선택한 위치에 복사 후 카드의 사진을 자동 삭제합니다.

05 라이브러리

캡쳐원에서 카탈로그 방식이나 세션 방식으로 시작할 때 모든 사진을 관리하는 중요한 시작 관문입니다. 카탈로그와 세션의 방식에 따라 [라이브러리] 툴의 구조는 다르게 표시되지만, 사진을 관리하는 측면에서 모두 같은 기능을 합니다.

라이브러리(카탈로그)

[라이브러리] 툴에서 기존에 작업했던 카탈로그나 세션을 자유롭게 선택할 수 있습니다.

또한 오른쪽의 [+] 아이콘을 클릭하여 새로운 카탈로그나 세션을 만들 수도 있습니다.

카탈로그 컬렉션

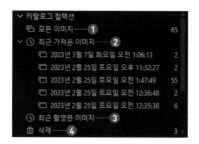

❶ **모든 이미지** : 카탈로그에 가져온 모든 사진을 표시합니다.

❷ **최근 가져온 이미지** : 카탈로그에 가져온 사진을 날짜/시간 순서대로 표시합니다.

❸ **최근 촬영한 이미지** : 카탈로그에서 촬영한 사진을 날짜/시간 순서대로 표시합니다.

❹ **삭제** : 카탈로그에서 삭제한 이미지를 표시합니다.

사용자 컬렉션

[사용자 컬렉션]은 카탈로그의 장점 중 하나로써 사진들을 앨범으로 묶어서 분류가 가능합니다.
즉, 카탈로그 안에서 사진 주제에 따라 '앨범'을 만든 후 브라우저에서 사진을 선택하여 앨범으
로 드래그하면 됩니다. [사용자 컬렉션] 오른쪽의 [+] 아이콘을 클릭하여 원하는 앨범을 생성할
수 있습니다. [+] 아이콘을 클릭하면 총 4개의 하위 메뉴(앨범, 스마트 앨범, 프로젝트, 그룹)가
나타납니다.

❶ **앨범** : 카탈로그 안에서 원하는 이름으로 앨범을 만들 수 있습니다. 이때 만들어진 '앨범'은 가상의
앨범으로서 컴퓨터에 별도로 생성되는 폴더가 아닙니다. 예를 들어 '흑백 사진' 앨범을 만들어서 흑
백 사진만 모아놓거나, 사진의 주제별로 앨범을 만들어서 관리할 수 있습니다.

❷ **스마트 앨범** : 사용자가 직접 특정 검색 기준을 설정한 앨범입니다. 검색 기준을 사진 키워드로 정한다거나, EXIF 정보의 감도나 렌즈의 종류 등을 검색 기준으로 설정하여 사진이 자동으로 표시될 수 있게 할 수 있습니다(스마트 앨범의 검색 기준 설정 예 : 세로 사진만 표시하기).

❸ **프로젝트** : 앨범의 상위 카테고리입니다. 앨범이 많을 경우 하나의 프로젝트를 만들어서 프로젝트 내부에 앨범을 분류할 수 있습니다.

❹ **그룹** : 프로젝트의 상위 카테고리입니다. 여러 개의 프로젝트를 하나의 그룹 내부에 분류할 수 있습니다.

[사용자 컬렉션]은 '그룹 〉 프로젝트 〉 앨범 또는, 스마트 앨범'의 구조로 카테고리를 나누어 정렬할 수 있습니다. '그룹'과 '프로젝트'는 앨범을 많이 생성하거나, 다양한 주제가 있다면 트리 구조로 일목요연하게 카테고리를 묶을 수 있습니다.

위와 같이 그룹 내에 프로젝트를 둘 수 있고, 프로젝트 내에 앨범을 둘 수도 있습니다. 예를 들어, '대한민국'이라는 프로젝트를 만들어서 그 안에 '서울, 경상도, 전라도, 충청도, 강원도, 제주도' 등의 앨범을 만들어서 대한민국의 하위 개념으로 둘 수 있습니다. 또한 아시아라는 그룹을 만들어서, 한국 외에 일본, 중국 등의 아시아 국가를 하위의 개념으로 둘 수 있습니다. 프로젝트와 그룹, 앨범 모두 생성 후 마우스 드래그 & 드롭으로 마음대로 위치 변경도 가능합니다.

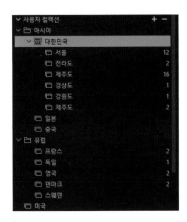

라이브러리(세션)

세션 방식의 [라이브러리] 툴은 폴더 중심의 직관적인 구조를 갖고 있습니다.

세션 폴더

❶ **촬영 폴더** : 테더링 촬영 시 RAW 또는 JPEG가 저장되는 폴더, 세션의 'Capture' 폴더를 의미합니다.

❷ **선택 폴더** : 촬영 폴더에서 마음에 드는 사진을 선택 및 드래그하여 보관하는 폴더, 세션의 'Select' 폴더를 의미합니다.

❸ **출력 위치** : 촬영 폴더의 사진을 보정하고 최종 JPEG, TIF 등으로 내보내기 했을 때 저장되는 폴더, 세션의 'Output'를 의미합니다.

❹ **휴지통 폴더** : 촬영 폴더에서 Delete 를 눌러 지운 사진이 임시 보관되는 폴더, 세션의 'Trash' 폴더를 의미합니다.

세션 앨범

❶ **모든 이미지** : 세션의 모든 사진을 표시합니다.

❷ **별 5개** : 세션에서 별 등급 5개의 사진만 정렬하여 표시합니다.

세션 앨범 만들기

세션의 앨범 만들기는 카탈로그의 앨범 만들기와 같은 방식입니다. 세션에서 분류하고 싶은 주제나 사람, 제품 이름 등을 기준으로 '앨범'을 만들어서 촬영 폴더 안의 사진을 각각 분류하여 관리할 수 있습니다.

1 [세션 앨범] 오른쪽 [+] 아이콘을 클릭하여 [앨범]을 선택합니다.

2 [앨범] 창의 이름에 '홍길동'을 입력하고 [생성]을 클릭합니다.

3 [세션 앨범]에 '홍길동' 앨범이 생성됩니다. 같은 방법으로 '성춘향' 앨범을 생성합니다.

4 촬영 폴더에서 '홍길동' 모델과 관련된 사진을 선택하여 '홍길동' 앨범으로 드래그합니다. 마찬가지로 촬영 폴더에서 '성춘향' 모델과 관련된 사진을 선택하여 '성춘향' 앨범으로 드래그합니다.

5 이제 촬영 폴더에 있는 모든 사진 중에서 홍길동과 성춘향의 사진만 따로 앨범을 통해서 관리할 수 있습니다.

세션 스마트 앨범 만들기

카탈로그의 스마트 앨범 생성과 같은 방식입니다. 원하는 기준을 설정하여, 기준에 충족된 사진만 스마트 앨범으로 관리할 수 있습니다. 캡처원에서는 브라우저에서 사진마다 키보드 숫자 1 ~5를 눌러서 사진에 별 등급을 부여할 수 있습니다(0을 누르면 취소됩니다).

별 등급 3개~5개인 사진만 표시하는 스마트 앨범 만들기

1 촬영 폴더의 모든 사진 중 별 등급 3개, 4개, 5개를 각각 지정하여 사진마다 등급을 부여합니다.

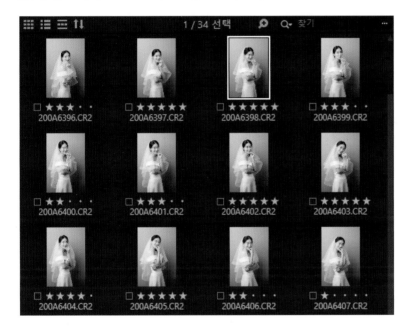

2 [세션 앨범] 오른쪽 [+] 아이콘을 클릭하여 [스마트 앨범]을 선택합니다.

3 [스마트 앨범] 창에 '이름 '별 3개 이상'을 입력합니다.

4 [스마트 앨범 편집] 창이 나타납니다. 검색 기준에서 [+] 아이콘을 클릭합니다. '아무것'을 클릭하여 '등급'으로 변경합니다. 오른쪽에 '동일'을 클릭하여 '더 크거나 동일'로 변경합니다. 오른쪽의 '.....'에 서 클릭하여 별 3개로 설정하고 [저장]을 클릭합니다.

5 [세션 앨범]에 '별 3개 이상'의 스마트 앨범이 생성되어 나타납니다.

6 '별 3개 이상' 스마트 앨범을 선택하면, 3~4 별 등급이 부여된 사진들만 나타납니다.

© 안재철

필터

필터는 스마트 앨범과 기능이 유사합니다. 카탈로그나 세션의 사진들을 필터에서 정한 기준에 맞게 표시해 줍니다. 예를 들어, [필터] 툴의 [등급]에서 별 5개를 선택하면, 현재 브라우저에 표시된 모든 사진 중 별 등급 5개가 선택된 사진만 나타납니다.

© 한철동

또한 [컬러 태그]에서 [레드]를 체크하면, 현재 브라우저에 표시된 모든 사진 중 레드 컬러 태그 사진만 나타납니다.

© 한철동

[필터] 툴 오른쪽의 [+] 아이콘을 클릭하면 [메타 정보 필터 보기/숨기기] 창이 나타납니다. 여기서 원하는 메타 정보를 체크하면 필터 기능으로 사용할 수 있습니다. 예를 들어, [기본]에서 [방향 설정]을 체크하면 [필터] 툴에 [방향 설정] 항목이 추가되어 가로 사진, 세로 사진을 구분하여 표시할 수 있으며, [EXIF-노출]에서 [감도]를 체크하면 [필터] 툴에 [감도]가 추가되어 여러 가지 감도별로 사진들을 구분하여 표시할 수 있습니다.

키워드

[키워드] 툴은 사진에 직접 키워드를 입력하여 삽입할 수 있습니다. 캡쳐원에 키워드를 삽입하면 캡쳐원에 표시된 모든 사진 중에서 특정 키워드를 통해 원하는 사진만 빠르게 검색할 수 있습니다.

1 [라이브러리 툴] 탭 〉 [키워드] 툴로 이동한 후 브라우저의 사진 중에서 적당한 사진을 선택합니다.

2 [키워드] 툴의 키워드 입력란에 'flower'를 입력하고, 브라우저의 다른 꽃 사진에 키워드를 반복하여 입력합니다.

3 [라이브러리 툴] 탭 〉 [필터] 툴에서 'flower'라고 입력하고 Enter↵를 누릅니다.

4 브라우저에 'flower' 키워드를 입력한 꽃 사진만 검색되어 나타납니다.

© 홍명희

키워드 사용 팁

반복되는 키워드나 여러 개의 키워드를 하나로 묶어서 사용자 프리셋으로 저장하여 언제든지
사용할 수 있습니다.

1 사진 한 장에 여러 가지 키워드를 삽입합니다. 예를 들어, '자동차, car, 승용차, 스포츠카, 차'라고
5개의 키워드를 입력합니다.

2 [키워드] 툴의 [프리셋] 아이콘을 클릭한 후 [사용자 프리셋 저장]을 선택합니다.

3 [프리셋 저장] 창이 나타나면 적당한 이름(자동차)을 입력한 후 [저장]을 클릭하여 창을 닫고, 브라우저에서 키워드가 입력되지 않은 사진을 선택합니다.

4 [키워드] 툴에서 [프리셋] 아이콘을 클릭하여 방금 저장한 사용자 프리셋 '자동차'를 선택하면, 사진에 5개의 키워드가 자동으로 입력됩니다.

Tip 또한 사진 한 장에 여러 개의 키워드 입력을 마친 후, [필터] 툴에서 Shift 를 누른 상태로 [일괄 적용] 아이콘을 클릭하여 다른 사진에 한 번에 일괄적으로 키워드를 적용할 수도 있습니다. 일괄 적용에 대한 더 자세한 사용 방법은 〈활용편 01·보정값 일괄 적용〉을 참고해 주세요.

키워드 라이브러리

사진에 입력하는 키워드에 대하여 주제에 맞는 키워드들을 라이브러리로 만들어서 관리할 수 있습니다. 예를 들어, 세계여행을 주제로 라이브러리를 만들어서 국가별 키워드를 관리해 보겠습니다.

1 [라이브러리 툴] 탭 〉 [키워드 라이브러리] 툴에서 오른쪽의 ··· 아이콘을 클릭한 후 [키워드 라이브러리스 생성] 〉 [새로 만들기]를 클릭합니다.

2 [키워드 라이브러리 생성] 창이 나타나면 '세계여행'을 입력한 후 [생성]을 클릭합니다.

3 [키워드 라이브러리] 툴 아래에 '세계여행' 라이브러리가 나타납니다. '세계여행' 라이브러리 오른쪽의 [+] 아이콘을 클릭합니다.

4 [키워드 생성] 창이 나타나면 원하는 키워드를 입력합니다. 이곳에서는 '대한민국'을 입력하고 [생성]을 클릭합니다.

5 같은 방법으로 여러 국가명 '미국', '독일', '프랑스', '일본' 등을 입력합니다. '세계여행' 라이브러리에 여러 국가의 키워드가 만들어졌습니다. 이제 '세계여행' 카탈로그를 만들어서 가져오는 모든 사진에 원하는 국가명의 키워드를 더 편하게 입력할 수 있습니다.

키워드 생성 사용 팁

많은 키워드 입력을 원하는 경우, 미리 키워드 파일이 입력된 TXT 파일을 불러오면 불필요한 입력 작업을 줄일 수 있습니다.

1 컴퓨터에서 '메모장'을 실행합니다.

2 메모장에 원하는 국가 이름(키워드)를 모두 입력합니다. 키워드는 한 단어씩 아래로 정렬하여 TXT 파일로 저장합니다.

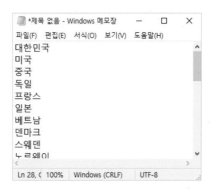

3 [키워드 라이브러리] 툴의 '세계여행 라이브러리'에서 ⋯ 아이콘을 클릭하여 [키워드를 라이브러리로 가져오기] 〉 [키워드 텍스트 파일]을 클릭합니다.

4 메모장에서 키워드를 입력한 TXT 파일을 불러오면, '세계여행' 라이브러리에 메모장에서 입력한 모든 국가명이 가나다순으로 정렬되어 나타납니다.

Tip 다른 컴퓨터의 캡쳐원에서 같은 키워드 라이브러리를 사용할 수도 있습니다. ⋯ 아이콘을 클릭하여 [키워드 라이브러리 보내기]를 선택하면 현재 키워드 라이브러리를 '세계여행_Export.txt' 파일로 컴퓨터에 저장됩니다. 이 파일을 다른 컴퓨터의 캡쳐원에서 같은 방법으로 키워드 라이브러리로 가져올 수 있습니다. 여러 대의 컴퓨터를 사용할 때 반복적인 키워드를 관리할 경우 편리한 방법입니다.

메타데이터

캡쳐원에서는 모든 사진의 촬영 정보 등이 담긴 메타데이터 정보를 확인할 수 있습니다. RAW 파일의 경우 사진마다 촬영 정보와 EXIF 정보를 확인할 수 있으며, IPTC 입력란에 저작권을 비롯한 사진 설명을 추가 입력할 수도 있습니다.

IPTC 입력란에서 저작권이나 사진 설명을 입력 후, 반복적인 작업을 줄이기 위하여 [메타데이터] 툴 오른쪽의 [프리셋] 아이콘을 클릭하여 지금 입력한 IPTC 정보를 '사용자 프리셋'으로 저장하여 다른 사진에 적용할 수 있습니다.

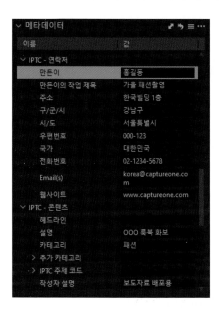

PART 03

시작하기
- 테더링 촬영(연결 촬영)

테더링(Tethering) 또는 테더(Tether) 촬영이란 '카메라를 컴퓨터에 연결하여 사진을 컴퓨터로 전송하면서 촬영'하는 것을 의미합니다.

캡처원은 가장 빠르면서도 안정적인 테더링 촬영을 지원합니다. 캡처원 테더링 촬영이 프로 사진가에게 필수 요소가 된 이유는 촬영과 동시에 컴퓨터 모니터를 통해서 원본 그대로 초점과 노출을 확인할 수 있을 뿐만 아니라, 촬영 현장에서 사진가가 원하는 컬러나 톤, 샤프닝 수치를 조정하여 바로 적용할 수 있기 때문입니다.

따라서 테더링 촬영은 안전한 사진 파일의 전송과 보관, 모델 및 스탭, 클라이언트와 빠르고 정확한 의사소통을 통해 완벽한 프로젝트를 수행하는 데 큰 도움이 됩니다. 또한 캡처원은 현재 캐논, 소니, 니콘 등의 일부 브랜드와 모델에 대해서 와이파이를 통한 무선 테더 촬영까지 지원하고 있습니다.

무선 와이파이 테더링은 제작사 홈페이지를 통해서 지원 가능 모델과 설정 방법 등을 확인할 수 있습니다. 그러나, 프로 스튜디오의 작업 환경에서는 빠른 촬영(저장 및 뷰잉) 속도와 안전한 촬영 측면에서 USB 케이블 연결 촬영을 권장합니다.

01 테더링 준비

캡쳐원에서 테더링 촬영을 하려면 캡쳐원이 설치된 컴퓨터와 디지털 카메라, USB 케이블을 준비해야 합니다.

내 카메라 모델이 캡쳐원에서 테더링 지원이 되는지 카메라 호환성이 확인되었으면, 카메라 규격과 컴퓨터 규격에 맞는 테더링용 USB 케이블을 구비합니다.

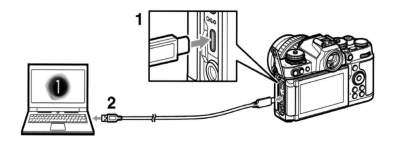

카메라 쪽 USB 규격이 확인되었다면, 컴퓨터 쪽 USB 규격을 확인합니다. 즉, 자신이 주로 사용하는 촬영 컴퓨터의 USB 소켓을 확인하여 USB-C와 USB-A 중 하나를 선택합니다.

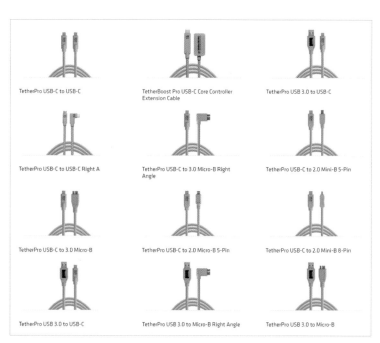

카메라 지원 목록 확인

캡쳐원 제작사 홈페이지에서 캡쳐원 버전별로 지원되는 카메라 호환 목록 확인이 가능합니다. 지원 페이지(support.captureone.com)의 검색 창에서 'raw files support'를 입력하여 아래와 같이 카메라 지원 목록표를 확인합니다.

카메라 RAW 호환 및 테더 촬영 지원 확인(support.captureone.com)

예를 들어, 소니 a1 카메라는 캡쳐원 21(14.1.0 버전)부터 지원되기 시작되었으며, 테더링과 라이브 뷰, 무선 테더링까지 모두 지원합니다. 소니 a9 카메라는 캡쳐원 10.1.0 버전부터 지원되기 시작되었으며, 테더링과 라이브 뷰는 지원되지만, 무선 테더링은 지원되지 않습니다.

위의 도표를 통해서 소니, 캐논, 니콘, 후지필름, 라이카, 펜탁스, 올림푸스, 리코, 파나소닉, 삼성, 미놀타, 페이즈원, 마미야, 시그마, 앱손, 고프로 등 대부분의 카메라 RAW 파일에 대한 호환성과 테더링 지원 유무를 확인할수 있습니다.

케이블 규격 확인

내 카메라의 테더링용 USB 소켓의 정확한 규격을 확인합니다. 규격의 명칭은 카메라 설명서나 인터넷 검색을 통해 확인할 수 있으며, 케이블 판매사 홈페이지를 통해서도 확인이 가능합니다. 참고로, 카메라 테더링 케이블 제조회사 중 하나인 TetherTools 홈페이지에서 내 카메라에 맞는 케이블 규격을 확인할 수도 있습니다.

> **Tip** 대부분의 전문가용 DSLR 및 미러리스 카메라는 캡쳐원 테더링 촬영을 위한 USB 연결 규격을 지원합니다. 그러나, 종종 카메라 측면의 소켓 중 HDMI 규격과 USB 규격을 혼동하는 초보자가 있는데, HDMI 소켓은 테더링 연결을 지원히지 않습니다. 키메리의 HDMI와 USB 연결은 완전히 디른 규격이므로 반드시 자신의 카메라 설명서를 숙지하도록 합니다.

내 카메라에 맞는 USB 케이블 규격 확인(tethertools.com)

1 tethertools.com 홈페이지에서 [Product] 〉 [cables] 메뉴를 클릭하고, 카메라 브랜드와 모델명을 선택합니다.

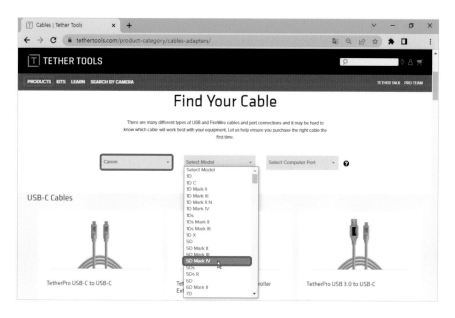

2 케이블 규격(USB-A 또는 USB-C)을 선택합니다. 예를 들어, 'Canon 5D mark IV'를 선택하고, 케이블 규격은 'USB-C'를 선택합니다.

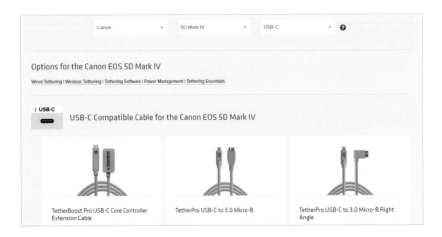

항목을 모두 선택하고 나면 자동으로 케이블 규격이 나타납니다. Canon 5D Mark IV의 케이블 규격은 'Micro-B'임을 알 수 있습니다.

케이블은 종류와 관계없이 규격과 길이에 맞는 케이블을 선택하면 됩니다. 주의할 점은 케이블의 불량이나 너무 긴 길이에 따른 전송 신호 불량으로 카메라 인식이나 전송 속도 및 신호 끊김 등의 스트레스를 막기 위하여 상품의 리뷰나 사진 커뮤니티의 사용자 경험을 통해 많은 사진가로부터 '검증된' 케이블을 구매하여 사용하는 것이 좋습니다.

케이블 보호 및 여분의 케이블 준비

케이블 종류에 따라서 Right Angle과 같이 한쪽 끝이 90도 각도로 꺾인 규격의 상품 옵션도 있습니다. 테더링 촬영 시 카메라 쪽에 연결된 케이블은 중력에 의해 아래로 꺾이게 되면서 케이블 단락의 위험성이 증가하기 때문에 케이블의 수명을 늘리기 위해서, 이처럼 카메라 쪽이 90도 꺾인 케이블을 사용하거나 또는, 케이블 끝부분의 휘어짐 방지를 위한 '케이블 고정' 액세서리를 구매하는 방법도 있습니다.

테더링 촬영 중 주의해야 할 사항도 있는데, 케이블의 손상이나 연결 끊김을 막기 위해 종종 케이블을 단단히 고정시키는 경우가 있습니다. 그러나, 이런 방법은 촬영 스태프나 모델의 발에 케이블이 걸렸을 때 오히려 더 큰 문제 발생의 원인이 될 수 있습니다. 즉 고정된 케이블이 카메라나 컴퓨터를 잡아당겨서 통째로 카메라나 컴퓨터가 넘어져서 대형 사고의 원인이 되기도 합니다.

따라서 누군가의 발에 케이블이 걸린 경우를 예측하여 차라리 케이블이 쉽게 뽑히는 것이 더 안전할 수 있습니다. 이런 문제점들이 발생함에 따라 최근에는 안전사고를 예방하고 케이블도 보호하기 위한 '자석 방식'의 아이디어 상품도 등장했습니다. 테더링 촬영은 이제 필수적인 요소가 되었기 때문에 안전하고 편리한 테더링 촬영을 위한 아이디어 상품이 계속 발전되어 출시되고 있습니다.

그리고, 안전한 테더링 촬영을 위하여 반드시 여분의 케이블을 준비하는 것이 좋습니다. 촬영 중 케이블 단락으로 인해 갑자기 테더링 촬영이 중지되면 중요한 촬영 프로젝트의 흐름이 끊길 수 있기 때문에 여분의 케이블은 항상 준비해 놓는 것이 좋습니다. 테더링 연결이 중간에 너무 자주 끊긴다거나, 카메라 인식이 되지 않는 문제가 발생할 경우, 원인을 찾기 위해 가장 먼저 여분의 케이블을 통해 비교 테스트가 필요하기 때문입니다.

02 테더링 설정

캡쳐원에서 테더링 촬영을 위한 설정 방법은 매우 간단합니다. 카메라를 USB 케이블(또는 무선)로 연결만 하면 별도의 설정 없이 곧바로 테더링 촬영할 준비가 됩니다. 카메라와 컴퓨터 간에 USB 케이블만 연결되면 수초 안에 즉시 캡쳐원에서 '카메라 모델명'이 표시되고, [촬영] 버튼과 [라이브 뷰] 버튼이 활성화됩니다.

© 박무웅

Tip ▶ 테더링 촬영 시 처음부터 카메라 인식이 되지 않거나 촬영 중 끊김 현상이 발생하는 경우가 종종 있습니다. 이러한 테더링과 관련한 문제는 카메라 메뉴의 설정 문제 및 펌웨어 문제, 컴퓨터 OS 또는 캡쳐원 버전별 소프트웨어적인 문제, USB 케이블 규격 문제 등 원인은 매우 다양하므로 논리적으로 접근하여 빠르게 원인을 찾아서 해결해야 합니다. 테더링 촬영과 관련된 문제 및 해결 방법은 〈FAQ·01 테더링 문제〉를 참고하기 바랍니다.

테더링 연결 확인

카메라를 컴퓨터에 USB 케이블로 연결하면 캡쳐원은 특별한 설정 없이 즉시 카메라 툴에 카메라 모델명과 노출 정보가 표시되며, 원형 모양의 [촬영] 버튼과 [라이브 뷰] 버튼이 활성화됩니다.

[카메라] 툴의 표시 창이 활성화되어 있지 않다는 것은 테더링 설정에 문제가 있다는 것을 의미합니다. 테더링 연결 촬영은 캡쳐원을 사용하는 상업 스튜디오에서 생명과 같은 필수 기능입니다.

따라서 케이블을 연결했는데, 카메라 인식이 곧바로 안 되거나 연결이 불안정한 경우 반드시 [FAQ·01 테더링 문제편]을 참고하기 바랍니다.

카메라 포커스

캡쳐원은 라이브 뷰 상태에서 캡쳐원의 버튼 클릭을 통해 AF를 미세 조정할 수 있는 [카메라 포커스] 툴 기능을 제공합니다.

이 기능은 라이브 뷰 상태에서 포커스 스태킹 촬영을 하거나, TOP 앵글과 같이 높은 카메라 위치로 인하여 사다리를 타고 카메라에서 직접 포커싱 확인이 어려운 상황에서 사용할 때 유용합니다. '카메라 포커스' 기능이 활성화되면 테더링 상태에서 3가지 옵션의 화살표 아이콘을 클릭하여 AF 포커싱을 조절할 수 있습니다.

화살표 3개 아이콘은 AF를 크게 움직이며, 화살표 2개와 1개는 각각 미세하게 작동됩니다. 따라서 화살표 3개로 적당한 위치를 찾은 후, 2개 또는 1개의 화살표로 정밀한 포커싱을 조절합니다. 참고로 카메라 포커스 기능은 현재 페이즈원, 소니 등 일부 카메라 모델만 지원합니다.

카메라 설정

셔터와 조리개, ISO, 저장 형식 등 카메라 본체에서 가능한 설정을 캡쳐원에서도 할 수 있습니다. 사용 가능한 설정 범위는 제조업체의 카메라 모델 지원 여부에 따라 각각 다릅니다.

기본적으로 수동 노출을 설정했을 때, 셔터 속도나 조리개, EV 조정 등의 설정이 가능합니다. 또한 화이트 밸런스, 저장 파일 형식, 드라이브 모드, 측광 모드 및 AF 모드 등의 변경도 가능합니다.

이외에 카메라 모델에 따라 추가적인 기능의 설정도 가능합니다. 활성화된 메뉴에 따라 조그만 삼각형 아이콘을 클릭하면 더 많은 설정이 표시되어 선택할 수 있습니다.

캐논, 니콘 카메라의 경우 전 모델 테더링 촬영 시 '컴퓨터 + 메모리 카드' 동시 저장 기능을 제공합니다.

소니와 후지필름의 일부 카메라에서도 동시 저장 기능이 지원되지만, 카메라 종류에 따라 캡쳐원에서 설정하거나 카메라 본체에서 설정해야 하는 경우가 있으므로, 자세한 방법은 카메라 설명서를 참고해 주세요.

▲ 소니 A7R4 카메라 본체에서 동시 저장 설정 방법 예

다음 촬영 이름 지정

테더링 촬영 시 RAW 또는 JPEG 촬영의 파일명이 입력되는 중요한 기능입니다. 촬영 시 기본값은 '이름+카메라 카운터'입니다.

즉, 세션을 만들 때 정해진 '세션 이름'과 그 뒤에 자동으로 카메라 카운터가 붙습니다. 카메라 카운터는 사용 중인 카메라의 사용 컷수를 의미합니다. 지난번 카메라 촬영이 9,500장에서 마쳤었고, 새로운 세션 이름을 '홍길동'으로 생성하여 촬영을 시작한다면, 파일명은 '홍길동9501', '홍길동9502'... 이런 식으로 생성되어 촬영이 진행될 것입니다.

파일명의 기본값을 이렇게 카메라 카운터로 시작하는 이유는 이전 촬영 결과물과 파일명이 중복되어 사진이 손실될 수 있는 불의의 사고를 사전에 막기 위한 안전장치입니다.

사용자가 이런 식의 복잡한 카메라 카운터를 피해서 원하는 '파일명 + 001' 또는 '0001'과 같은 새로운 숫자로 시작할 수 있습니다.

1 [연결 툴] 탭 〉[다음 촬영 이름 지정] 툴로 이동합니다. [형식] 오른쪽의 ▪▪▪ 아이콘을 클릭합니다.

2 [이름 형식] 창이 나타나면 [프리셋]에서 '이름 및 4자리 카운터'를 선택하고, [확인]을 클릭합니다.

3 [다음 촬영 이름 지정]이 바뀌고 아래 [예제]에 '세션 이름0001.확장자'로 나타납니다.

4 [이름]에 세션 이름을 지우고 '홍길동−'이라고 입력합니다. [예제]에 파일명이 '홍길동−0001.확장자'로 나타납니다. 이제부터 테더링 촬영을 시작하면 파일명은 '홍길동−0001.확장자'로 저장됩니다.

Tip 촬영 도중 이름을 변경하면 새로운 이름 뒤의 숫자가 '0001'로 시작하지 않고, 앞의 촬영 이름에 이어서 숫자가 이어지게 됩니다. 따라서 촬영 도중 이름 변경과 함께 카운터를 처음부터 0001로 다시 시작하거나 원하는 숫자로 변경하여 촬영할 수 있습니다.

[다음 촬영 이름 지정] 오른쪽의 ■■ 아이콘을 클릭합니다.
- **촬영 카운터 리셋** : 카운터를 재설정하여 0001부터 시작합니다.
- **촬영 카운터 설정** : 원하는 카운터 시작 번호를 지정합니다.
- **촬영 카운터 증가 설정** : 카운터의 증가를 조정합니다.

사용 팁

촬영을 마친 후에도 촬영한 모든 사진 또는 일부 사진의 파일명을 다시 변경할 수도 있습니다.

1. 브라우저에서 파일명을 변경할 사진을 선택합니다. Ctrl + A 또는 Command + A 를 눌러서 전체 사진을 선택하거나 일부 사진을 선택합니다.

2. 사진을 선택하고 마우스 오른쪽 버튼을 클릭한 후 [일괄 이름 변경]을 선택합니다.

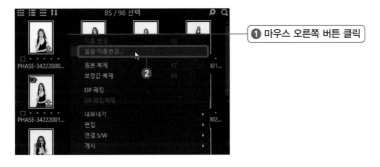

3. [일괄 이름 변경] 창이 나타나면 [다음 촬영 이름 지정] 툴의 변경과 같은 방법을 사용하여 변경합니다. [작업명]에 '모델이름–'이라고 입력하고 [이름 변경]을 클릭합니다.

4. 만약 [예제]에 '모델이름–0001.확장자'가 아닌 다른 숫자로 표시된다면 [일괄 이름 변경] 오른쪽의 ■■ 아이콘을 클릭하여 [이름바꾸기 카운터 리셋]을 선택합니다.

5. 브라우저에서 모든 사진의 파일명이 예제와 같이 모두 바뀌었는지 확인합니다.

다음 촬영 위치

세션 또는, 카탈로그에서 촬영 시 원본이 저장되는 폴더를 표시해 주며, [폴더 선택]을 이용하여 폴더의 위치를 변경할 수도 있습니다.

❶ **폴더** : 현재의 폴더 위치를 표시합니다. 폴더의 오른쪽 화살표(세션 방식에서만 지원)를 클릭하면 컴퓨터의 윈도우 탐색기 또는 맥의 파인더가 실행되어 실제 저장 폴더가 나타납니다.

❷ **남은 공간** : 현재 저장되는 하드 디스크의 여유 공간을 표시합니다.

다음 촬영 조정

캡처원은 테더링 촬영을 진행하면서 즉석에서 사진을 보정한 값이나 캡처원 스타일을 적용하여 계속 동일하게 촬영해 나갈 수 있습니다.

[다음 촬영 조정] 툴은 촬영 직후 또는 촬영 도중 보정한 사진 그대로 다음 촬영에 동일하게 적용되므로 촬영 후 편집 시간을 줄일 수 있고, 상업 사진 촬영의 경우 클라이언트나 사진가가 원하는 느낌을 바로 피드백하고 커뮤니케이션할 수 있습니다.

또한 미리 만들어 둔 캡쳐원 스타일을 촬영에 즉시 적용시켜 사진가가 원하는 느낌의 창조적인 촬영을 주도해 나갈 수 있습니다.

❶ **ICC 프로파일** : 기본값은 사용자 카메라에 제공되는 캡쳐원의 기본 ICC 프로파일이 적용되어 촬영됩니다. 카메라의 기본 ICC 프로파일은 [스타일 툴] 탭 〉 [기본 특성] 툴 〉 [ICC 프로파일]에서 확인 및 변경할 수 있습니다.

❷ **방향 설정** : 기본값은 촬영 시 카메라 프레임 구도를 정상 각도로 진행합니다. 그러나 특별한 상황에서 의도치 않게 프레임의 각도가 돌아가는 경우, 또는 사용자의 의도에 따라 프레임의 방향을 강제로 0도~270도로 설정하여 촬영할 수 있습니다.

❸ **메타데이터** : 촬영 시 메타데이터 정보는 기본값에 따라 적용됩니다. 메타데이터 정보를 수정하여 적용하고 싶은 경우 옵션에 따라 마지막 사진, 처음 사진의 메타데이터를 적용하거나 특정값 복사를 통해서 원하는 특정 메타데이터를 적용할 수도 있습니다.

❹ **조정값** : 테더 촬영 시 보정값을 적용시키는 옵션입니다.

- **마지막 이미지에서 복사** : 테더 촬영에서 마지막에 저장된 사진의 보정값으로 촬영합니다.
- **처음 이미지에서 복사** : 처음에 저장된 사진의 보정값으로 촬영합니다.
- **마지막값에서 특정값 복사** : 마지막 사진의 보정값 중 특정값만 선택/적용하여 촬영합니다.
- **첫 번째 값에서 특정값 복사** : 첫 번째 사진의 보정값 중 특정값만 선택/적용하여 촬영합니다.
- **클립보드에서 복사** : 특정 사진을 보정한 후 메뉴의 [조정] 〉 [조정 복사]를 클릭하여 클립보드에 복사한 값으로 촬영합니다.

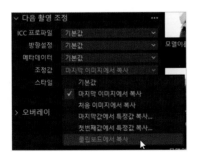

❺ **스타일** : 캡쳐원에 내장된 기본 스타일과 프리셋을 선택하거나, 사용자가 직접 제작한 사용자 스타일, 사용자 프리셋을 선택하여 촬영에 적용할 수 있습니다.

'스타일 스택'은 동시에 여러 개의 스타일을 겹쳐서 적용시키는 옵션입니다. 스타일의 종류에 따라 스택 적용이 안 될 수 있습니다. 참고로 인물, 패션 스튜디오와 같은 상업 사진 촬영을 위하여 필름 종류와 같이 여러 가지 효과로 제작된 상업 용도의 스타일을 구매하여 적용할 수도 있습니다.

▲ [다음 촬영 조정] 툴의 [스타일]에서 [기본 스타일] 〉 [Creative Edits] 〉 [Cool Tones]를 적용하는 방법

▲ [기본 스타일] 〉 [Film & Cine Looks] 〉 [Cinema Warm]을 적용하면 오른쪽 느낌으로 촬영이 시작됩니다.

오버레이

캡처원은 별도의 사진 합성 기능이 존재하지 않는 대신, 미리 디자인된 레이아웃 샘플을 화면에 적용시켜서 실시간으로 구도를 확인하면서 촬영할 수 있는 오버레이 기능이 제공됩니다.

즉, 잡지 표지의 레이아웃이나 광고 포스터의 광고 타이틀과 광고 문구를 사진과의 적절한 배치를 고려하여 사전에 준비된 디자인 레이아웃 파일을 [오버레이] 툴에서 불러들여서 실시간으로 테더 촬영하면서 적절한 구도를 잡을 수 있습니다.

1 그래픽 소프트웨어(포토샵)에서 오버레이에 사용할 레이아웃용 투명 PNG 파일을 제작합니다.
(**예제 파일** : 오버레이 배경 sample_002.png, 예제 사진 sample_003.jpg)

2 [연결 툴] 탭 〉[오버레이] 툴로 이동합니다. [파일]에서 [파일 선택]을 선택하여 레이아웃을 제작한 그래픽 PNG 파일을 불러옵니다.

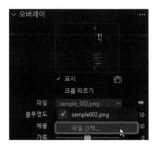

3 [배율]을 이용하여 촬영된 사진과 디자인 레이아웃의 배율을 조정합니다. [불투명도]를 이용하여 사진이 보이도록 적절한 투명도를 조정합니다. [가로/세로]를 이용하여 디자인 레이아웃과 사진의 적절한 배치를 조정합니다. 배치와 투명도 조정이 완료되었으면 다음 촬영을 진행하여 사진 구도 및 배치가 완벽한지 검토합니다. 이제부터 레이아웃에 맞추어 구도를 잡으며 촬영을 진행합니다.

03 라이브 뷰

대부분 디지털 카메라에서 제공하는 라이브 뷰 기능은 카메라 액정에서 실시간으로 미리 보기 기능을 제공합니다. 캡쳐원의 라이브 뷰 기능은 더 큰 모니터를 이용해서 확실한 포커스 확인 및 사진 구도 검토를 이용하여 더욱 완벽한 촬영 결과물을 얻을 수 있습니다. 카메라 모델별 라이브 뷰 지원 확인은 캡쳐원 제작사 홈페이지에서 확인할 수 있습니다.

라이브 뷰 제어

[연결 툴] 탭 〉 [카메라] 툴로 이동합니다. 동영상 카메라 모양의 [라이브 뷰] 아이콘을 클릭하면, [라이브 뷰] 창이 나타납니다. 이제부터 실시간으로 라이브 뷰 영상이 표시됩니다.

라이브 뷰 내비게이터

❶ **새로 고침** : 라이브 뷰 이미지를 새로 고칩니다.

© LEAF

라이브 뷰 제어

라이브 뷰 컨트롤 도구는 라이브 뷰 이미지를 관리하기 위한 다양한 옵션을 제공합니다. 또한 [DOF/EPV]를 사용하여 노출을 확인하고 때에 따라 피사계 심도를 확인하고 촬영 조리개에서 초점 정확도를 확인할 수도 있습니다.

❷ **방향 설정** : '기본값, 0°, 90°, 180°, 270°'를 선택하여 라이브 뷰 이미지를 회전합니다. 예를 들어, 수직 촬영을 위해 카메라가 측면에 있는 경우 같은 수직 방향으로 이미지를 표시하도록 뷰어 창에서 라이브 뷰 이미지를 설정할 수 있습니다.

❸ **밝기** : 라이브 뷰 이미지가 주변 조명 조건에 비해 너무 어둡거나, 너무 밝다면 [밝기] 슬라이더를 이용하여 라이브 뷰 이미지 노출을 조정합니다. 이 조정은 뷰어 창에서의 밝기만 도울 뿐 실제 촬영 노출에 영향을 주지는 않습니다. 이 옵션은 지원되는 카메라 모델에서만 활성화됩니다.

❹ **품질** : 라이브 뷰 화질을 조정합니다. 품질 수준이 높을수록 프레임 속도는 느려집니다. 이미지 품질이 낮은 경우 컴퓨터 리소스의 영향일 수 있으므로, 뷰어 창의 크기를 줄이거나 확대/축소 수준을 조정합니다. 이 옵션은 지원되는 카메라 모델에서만 활성화됩니다.

❺ **라이브 뷰 일시 중지** : 언제든지 라이브 뷰 이미지 스트림을 일시 중지하거나 재개할 수 있습니다. 라이브 뷰 기능은 라이브 뷰 창을 열 때 곧바로 시작됩니다.

❻ **DOF(캐논)/ EPV(니콘)** : 모델 및 노출 설정에 따라 이 옵션을 선택하면 촬영 조리개까지 렌즈가 멈추고 현재 설정으로 예상되는 노출 결과가 나타납니다.

카메라 포커스

원격으로 초점을 조정하려면 화살표 버튼을 길게 클릭합니다. 3개의 화살표는 큰 범위로 빠르게 움직이며, 2개, 1개는 더 미세하게 AF 포커싱을 조절합니다. 자동 초점을 시작하려면 중앙 [AF] 버튼을 길게 클릭합니다. 이 옵션은 지원되는 카메라 모델에서만 활성화됩니다.

그리드

라이브 뷰 상태에서 그리드를 적용하여 구도와 피사체의 수직, 수평선을 맞출 수 있습니다. [유형]에서 '직사각형, 황금 비율, 피보나치 나선' 중 하나를 선택할 수 있습니다. '직사각형'에서는 [롱 엣지]와 [숏 엣지]로 그리드 숫자를 조절할 수 있습니다. [컬러]에서 피사체 컬러에 따라 그리드 컬러의 변경이 가능합니다.

오버레이

라이브 뷰의 [오버레이] 툴은 [연결 툴] 탭 〉 [오버레이] 툴과 같은 기능입니다. 광고나 잡지 표지 등의 디자인 작업을 위한 오버레이용 투명.PNG 레이아웃 파일을 불러와서 뷰어 창에서 실시간으로 레이아웃에 맞추어 피사체를 재배치하거나, 카메라 앵글 및 렌즈 화각을 조절하여 촬영할 수 있습니다.

▲ [오버레이] 툴에서 잡지 표지 레이아웃을 위한 시안 파일을 불러와서 잡지 제목의 위치와 크기 불투명도를 조정합니다.

▲ 잡지 제목에 피사체가 가려지는 것을 막기 위하여 라이브 뷰를 통해 피사체의 크기를 확인하면서 촬영 위치를 더 멀리하거나 가까이 조절해 가면서 완벽한 촬영 구도를 잡습니다.

포커스 미터 라이브 뷰

캡처원의 [포커스 미터 라이브 뷰](LVFM) 툴은 카메라 렌즈를 수동 초점으로 맞출 때 최적의 초점 포인트를 시각적으로 표시해 주는 기능입니다.

LVFM은 페이즈원, 캐논, 니콘, 소니 등의 특정 카메라 모델과 호환됩니다. 이 툴에는 최적의 초점을 확인하기 위한 주황색의 보조 미세 초점 미터가 있는 수평 흰색 메인 미터가 있습니다.

뷰어 창에서 클릭하여 초점 영역을 배치함으로써 캡처원은 피사체의 해당 영역에 대한 대비를 측정하여 보조 미터로 제공합니다. 또한 각 초점 영역의 프레임 내에 미세 초점 측정기가 내장되어 있어 뷰어 창의 이미지에 집중할 수 있습니다. 뷰어 창에서 최대 3개의 초점 영역을 설정할 수 있으며 각 초점 영역은 별도의 미터에 데이터를 제공합니다.

LVFM은 카메라를 안정적인 지지대(예: 튼튼한 삼각대, 스튜디오용 대형 스탠드 또는, 유물 복제 촬영을 위한 복사 스탠드)에 놓는 것이 좋습니다. 안정적인 작동을 위해서는 고품질의 이상적인 이중 차폐 인터페이스 USB 케이블이 좋습니다. 확실하지 않은 경우 카메라와 함께 제공된 케이블을 사용하거나 카메라 제조업체의 사용 설명서를 참조해 주세요.

1 카메라를 연결하고 [라이브 뷰] 창을 불러옵니다.

2 카메라를 수동 초점 모드로 선택하고 렌즈의 초점 링을 사용하여 피사체에 대략적으로 초점을 맞춥니다.

3 [포커스 미터 라이브 뷰] 툴 또는, 중앙의 툴 모음에서 [초점 측정기] 아이콘을 클릭하여 [포커스 미터 라이브 뷰] 툴을 활성화합니다.

4 [라이브 뷰] 창의 뷰어 창에서 관심 지점이나 피사체를 클릭합니다. 최대 3개의 초점 영역을 클릭하여 설정할 수 있습니다. 네 번째를 설정하려면 기존 초점 범위를 삭제하라는 메시지가 나타납니다.

5 초점 영역에서 프레임 안쪽 또는 초점 영역 상단 표시줄을 클릭하고 드래그하여 피사체의 초점 영역의 위치를 조정합니다.

6 정확도 향상을 위해 측면, 하단 또는 모서리를 잡아서 피사체에 맞게 초점 영역의 크기를 조정할 수 있습니다. 초점 영역을 삭제하려면 오른쪽 상단 모서리에 있는 [X] 아이콘을 클릭합니다.

7 미터기를 주의 깊게 관찰하면서 렌즈의 초점 링을 천천히 돌립니다. 기본(흰색) 미터기는 최적의 초점(또는 가까운 초점)에서 주황색 마커를 남겨둡니다.

> **Tip** 메인 미터의 프레임과 초점 영역의 프레임에 위치한 보조 주황색 미세 초점 미터는 측정을 확인하는 데 사용됩니다. 이 단계에서는 초점 영역을 확대/축소하거나 크기 조정, 초점 영역 이동하거나 렌즈를 가리면 미터기가 재설정될 수 있으므로 주의합니다.

8 보조 미세 초점 미터가 최대 지점에 도달할 때까지 계속해서 렌즈의 초점 링을 조심스럽게 조정합니다. 최적의 초점이 맞춰지면 바깥쪽 주황색 미세 초점 미터가 초점 영역의 프레임과 메인 미터의 흰색 막대를 둘러싸며 색상이 주황색으로 바뀝니다. 메인 미터의 막대는 특정(예: 낮은 콘트라스트) 조건에서 색상을 변경하지 않지만 두 막대가 더 이상 계속 올라가지 않으면 최상의 초점이 맞춰진 것입니다. 즉, 주황색이 완전히 표시되는 것이 이상적이지만, 때에 따라 완전히 표시되지 않을 수 있지만, 최대한 근접하는 것이 이상적인 포커스 형태입니다.

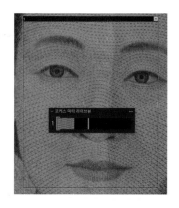 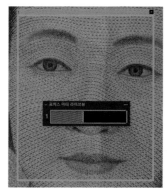

9 막대 그래프가 떨어지면 정상 초점 지점을 통과한 것이므로 다시 앞선 작업을 반복합니다.

04 무선 테더링

캡쳐원은 22 버전부터 캐논 모델을 시작으로 무선 테더링 기능을 지원하기 시작했으며, 아이패드 전용 캡쳐원에서도 무선 테더링 촬영이 가능합니다. 현재 23 버전까지 캐논, 소니, 니콘, 후지, 페이즈원의 일부 모델에 대하여 무선 WiFi 테더링이 지원되고 있으며, 무선 지원 카메라 호환성에 대한 확인은 'support.captureone.com'에서 확인할 수 있습니다. 무선 테더링 기능은 케이블에 걸릴 수 있는 위험에서 벗어나 보다 안전한 전송을 기대할 수 있지만, 와이파이 성능과 고용량 데이터에 따른 느린 전송 속도, 연결 설정의 번거로움이나 신호 끊김 등은 큰 걸림돌이 되고 있으므로, 아직 현장에서 상용화하여 촬영하기에는 어려운 점도 많은 것이 사실입니다.

특히 빠른 피드백을 요구하는 패션, 인물 촬영에서는 아직 제한적인 기능이지만, 빠른 전송을 필요하지 않은 정물 촬영이나 높은 위치에서의 촬영과 같이 위험한 상황에서는 무선 테더링을 시도해 볼 만한 가치가 있을 것입니다.

캡쳐원 23(V16.2. 기준)

- **캐논** : EOS R3, R5C, R5, R6 II, R7, R10, R, 1DX Mark III, 1DX Mark II, 5D Mark IV, 90D
- **소니** : a1, a9 II, a7R V, a7R IV, a7R IVa, FX3, a7S III, a7C, a7 IV, ZV–E10
- **니콘** : Z9, D6(무선 송신기 필요)
- **후지필름** : X–T5, X–H2, X–H2s
- **페이즈원** : IQ4 Series

설정 방법

Windows 사용 시 주의 사항

Windows OS를 사용하는 경우 아래 안내에 따라 무선 테더링을 적용하세요.

캡쳐원은 Bonjour라는 기술을 사용하여 네트워크에서 카메라를 검색합니다. 이것은 Apple 기술이므로 Mac에는 이미 내장되어 있기 때문에 별도의 설정이 필요없지만, Windows 사용자는 Bonjour 파일을 다운로드하여 설치해야 합니다.

현재 다운로드 링크는 다음과 같습니다 : Windows용 Bonjour 인쇄 서비스 다운로드 https://support.apple.com/kb/dl999?locale=en_US%20 또는, 인터넷에서 'Bonjour for Windows'를 검색하십시오. Bonjour가 설치되어 있지 않으면 캡쳐원에서 무선/LAN 카메라를 찾을 수 없습니다.

소니 a7R IV A : Wi-Fi 다이렉트 연결 방법

1 'PC 원격 기능' 설정

- MENU 〉 [네트워크1] 〉 [스마트폰으로 제어] 〉 [스마트폰으로 제어] 〉 [끔]
- MENU 〉 [네트워크1] 〉 [PC 원격 기능] 〉 [PC 기능] 〉 [켬]

2 Wi-Fi Direct 선택

• MENU 〉[네트워크1] 〉[PC 원격 기능] 〉[PC 원격 연결 방법] 〉[Wi-Fi Direct]

3 Wi-Fi Direct 정보 확인

• MENU 〉[네트워크1] 〉[PC 원격 기능] 〉[PC 원격 연결 방법] 〉[Wi-Fi Direct]

4 장치 이름과 비밀번호 확인

5 캡쳐원 컴퓨터에서 와이파이 네트워크를 확인합니다. 잠시 후 Wi-Fi에 장치 이름 'ILCE-7RM4A' 가 나타나면 선택합니다.

6 컴퓨터에서 Wi-Fi를 선택하면 카메라에서도 연결되었다는 메시지가 나타납니다.

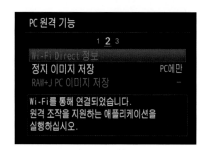

7 캡쳐원을 실행하고 [연결 툴] 탭 〉 [카메라] 툴에서 [사용 가능한 카메라 없음]을 클릭하여 카메라를 선택합니다. 무선 테더링 인식이 성공되면 화면과 같이 카메라 모델명이 표시되어야 합니다.

8 [카메라] 툴에 카메라 정보와 설정값이 표시되고 바로 촬영을 시작할 수 있습니다.

© 안성진

9 캡쳐원의 [라이브 뷰 툴] 탭에서도 무선으로 라이브 뷰가 가능합니다.

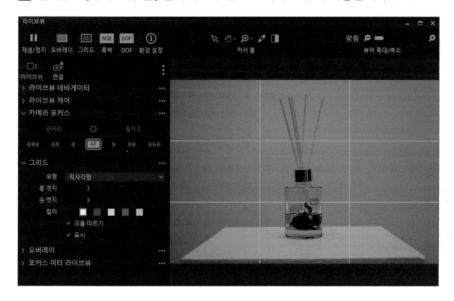

10 무선 전송이 너무 느려서 불편함을 느낄 경우, RAW에서 JPEG로 파일 변경을 고려할 수 있습니다. 또한 JPEG 파일의 해상도와 압축률을 설정할 수 있습니다. 이때 JPEG 파일과 해상도를 낮출 경우 사진 품질의 저하 및 인쇄 품질에 큰 영향을 미칠 수 있으므로 신중하게 판단합니다.

니콘 Z9

1 카메라 메뉴에서 [네트워크 메뉴] 〉 [유선 LAN]을 'OFF(꺼짐)'으로 선택하고, [네트워크 메뉴] 〉 [PC에 연결]로 이동합니다.

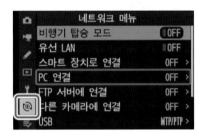

2 [연결 유형]을 '카메라 제어'로 설정합니다.

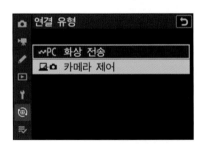

3 [네트워크 설정]으로 이동합니다.

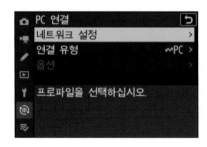

4 [프로파일 생성]을 선택하고 카메라 설명서에 따라 액세스 포인트("Wi-Fi 네트워크 검색") 또는 카메라의 Wi-Fi("컴퓨터에 직접 연결")를 이용하여 Wi-Fi 연결을 설정하는 단계를 진행합니다.

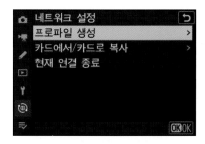 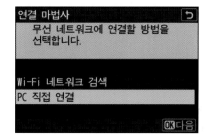

5 [Wi-Fi 검색]의 경우 카메라에 사용 가능한 네트워크의 SSID가 나타납니다. 하나를 선택하고 비밀번호를 입력하면 액세스 포인트에서 카메라에 IP 주소가 할당됩니다.

6 컴퓨터에서 직접 연결하기 위해 카메라는 자체 네트워크를 만들고, 캡쳐원이 설치된 컴퓨터에서 이 네트워크에 연결합니다.

7 카메라는 페어링을 위해 니콘의 WTU(Wireless Transmitter Utility)를 열도록 안내합니다.
대신 캡쳐원을 열고 [카메라] 툴의 드롭다운 목록에서 Z9 카메라를 선택합니다. 이렇게 하면 페어링 과정이 완료됩니다.

 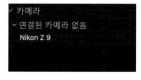

Tip 이 과정에서는 캡쳐원에 대한 연결을 차단하므로 Wireless Transmitter Utility를 열지 마세요.

8 페어링이 완료되면 카메라와 페어링된 캡쳐원 컴퓨터 간의 연결을 나타내는 프로파일이 카메라에 생성됩니다.

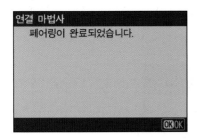 

9 [PC 연결]로 돌아가면 카메라가 네트워크에 연결된 것을 확인할 수 있습니다. 연결이 완료되면 '컴 퓨터에 연결 중'이라는 메시지가 나타납니다. 이제 캡쳐원에서 카메라를 선택할 수 있음을 의미합 니다.

캐논 R5(카메라 액세스 포인트를 사용하여 컴퓨터에 바로 무선 연결하는 방법)

R5 자체로도 무선 테더링이 가능한 Wi-Fi가 내장되어 있어서 그대로 무선 테더링 연결이 가능 하지만, 무선 통신 기능이 내장된 WFT-R10 그립을 사용하면 더 빠른 성능을 제공합니다. 또한 카메라와 컴퓨터 간에 라우터를 사용하면 더 빠르고 안정적인 성능을 기대할 수 있습니다. 자세 한 방법은 캡쳐원 제작사 홈페이지 및 카메라 사용 설명서를 참고해 주세요.

1 Wi-Fi 설정을 '설정'으로 선택하고, 'Wi-Fi/블루투스 연결'을 선택합니다.

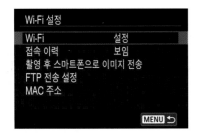

2 리모컨(EOS Utility)를 선택합니다.

3 '연결할 장치를 추가합니다'를 선택합니다.

4 액세스 포인트 검색 창이 나타나고, SSID와 비밀번호가 나타납니다.

5 컴퓨터의 Wi-Fi 검색 창을 확인합니다. 표시된 SSID를 선택합니다.

6 와이파이 암호 입력란에 카메라에서 표시되었던 SSID 비밀번호를 입력합니다.

7 카메라 액정에 '페어링 시작' 안내가 나타납니다.

8 카메라 액정에 '페어링 중' 메시지와 EOS Utility를 시작하라는 메시지가 나타납니다.
이 단계에서 EOS Utility를 시작하지 말고, 캡쳐원을 실행합니다.

9 카메라 액정에 캡쳐원 컴퓨터가 발견되었다는 메시지가 나타납니다.

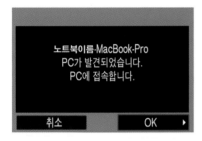

10 캡쳐원의 [연결 툴] 탭 〉 [카메라] 툴에 카메라 모델명 'Canon EOS R5'가 나타납니다.

11 [카메라] 툴에 카메라가 활성화되어 나타납니다.

12 [카메라 설정] 툴 〉 [Shoot] 〉 [Save To]에서 3가지 저장 방식 옵션 중 하나를 선택합니다.

13 무선 테더링 전송 속도가 너무 느리다고 느껴지면, 카메라에서 파일 형식 및 압축 비율을 다시 고려합니다. RAW는 이미지 품질에서 가장 이상적이며, JPEG는 속도가 빠르지만 압축 형식이기 때문에 품질에 영향을 미칠 수 있습니다. 촬영 분야의 목적과 해상도를 심사숙고하여 결정합니다.

후지필름 X-T5

시작 전 컴퓨터가 카메라를 연결할 네트워크에 연결되어 있는지 확인합니다. 두 장치가 같은 네트워크에 연결되어 있어야 하기 때문입니다.

1 카메라 뒷면의 [Menu/OK]를 눌러 [네트워크 설정]으로 이동합니다. 만약 설정이 회색으로 표시되어 선택이 안 된다면 [무선 설정 재설정]을 선택합니다 .

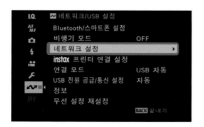

2 [네트워크 설정]에서 [액세스 포인트 설정] 〉 [수동 설정] 〉 [목록에서 선택]을 선택합니다.

3 목록에서 원하는 Wi-Fi 네트워크를 선택합니다.

(캡처원이 설치된 PC의 Wi-Fi와 동일해야 합니다.)

4 선택한 와이파이에 연결을 시도합니다. 성공하면 '등록 완료' 메시지가 나타납니다. 최상의 성능을
위해 전용 라우터와 네트워크를 사용하는 것이 좋습니다. 공용 또는, 사용량이 많은 Wi-Fi 연결을
사용하지 않도록 주의합니다.

5 [네트워크/USB 설정]에서 [연결 모드]로 이동합니다.

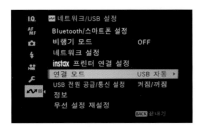

6 '무선 테더 고정 촬영'을 선택합니다.

7 캡쳐원으로 돌아가서 [연결 툴] 탭 〉[카메라] 툴로 이동합니다. [선택]에서 'FUJIFILM X–T5'를 선택
합니다.

8 [카메라] 툴에 카메라 모델명이 표시되고 무선 테더링 촬영을 시작합니다.

© 방상식

05 온라인 공유(LIVE)

캡쳐원 '온라인 공유(Live)' 서비스는 사진작가와 클라이언트 및 파트너 간의 손쉬운 원격 협업을 가능하게 하는 새로운 서비스입니다.

온라인 공유 서비스를 이용하여 사진가는 실시간으로 사진 컬렉션을 공유하면 사진 촬영 장소가 아닌 외부의 어떤 곳에서든 사진가가 초대한 사람들이 사진을 보고, 평가하고, 컬러 태그를 지정할 수 있습니다.

예를 들어, 해외 출장이나 교통 문제로 촬영에 직접 참여하지 못한 클라이언트가 사진가의 테더링 촬영에 실시간으로 온라인 참여하면서 사진을 선택하고 각각의 사진에 대해서 댓글로 요구 사항이나 참고 사항을 적어서 함께 공유가 가능합니다.

참고 : 캡쳐원 온라인 공유(Live)는 캡쳐원 22(15.1.0) 이상의 버전에서 사용할 수 있습니다. 캡쳐원 Live를 최대한 활용하려면 항상 최신 버전을 사용하는 것이 좋습니다.

현재 사용 중인 캡쳐원의 버전 정보 확인은 다음의 위치에서 가능합니다.

• **Windows** : 도움말 〉 캡쳐원에 관하여
• **Mac** : 캡쳐원(디스플레이 왼쪽 상단) 〉 캡쳐원 정보

캡쳐원 온라인 공유(LIVE) 사용 방법

1 왼쪽 상단의 [온라인 공유]를 클릭하면, [온라인으로 공유할 컬렉션 선택] 창이 하단에 나타납니다.

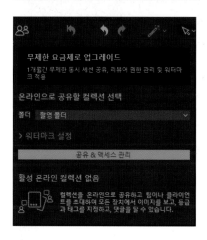

2 [폴더]에서 공유할 폴더를 선택합니다. 현재 테더링 촬영을 공유하기 위해 [촬영 폴더]를 선택합니다.

3 [공유 & 액세스 관리]를 클릭합니다. 활성화된 온라인 컬렉션이 하단에 나타나면, [링크 복사]를 클릭한 후 이메일이나 메신저를 이용하여 복사한 링크를 발송하여 상대방을 초대합니다.

4 상대편은 제공 받은 링크를 클릭하여 웹 브라우저에서 촬영 사진을 공유할 수 있습니다.

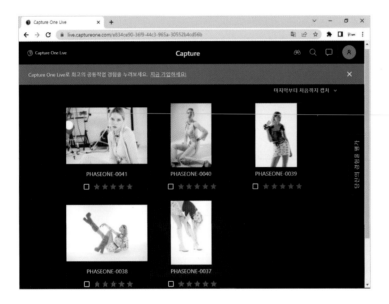

5 사진가가 캡쳐원에서 테더링 촬영을 진행하면 링크를 받은 모든 사람의 컴퓨터에 실시간으로 사진 공유가 시작됩니다. 온라인 공유 참가자는 공유한 모든 사진에 대하여 이미지 등급을 지정하기 위한 별 등급 부여 및 중요한 사진을 선별하기 위한 컬러 태그를 지정할 수 있습니다.

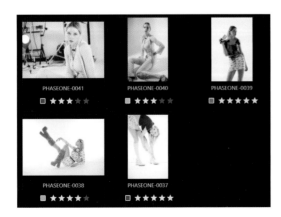

6 각각의 사진 아래 [댓글] 아이콘을 클릭하여 댓글을 직접 입력하고 [보내기]를 클릭하면 댓글이 입력됩니다.

7 웹 브라우저의 전체 사진에서 상단 오른쪽의 [댓글] 아이콘을 클릭하면 사진마다 입력된 '모든 댓글'을 확인할 수 있습니다. 이렇게 하면 사진가는 클라이언트가 입력한 모든 댓글을 놓치지 않고 확인할 수 있습니다.

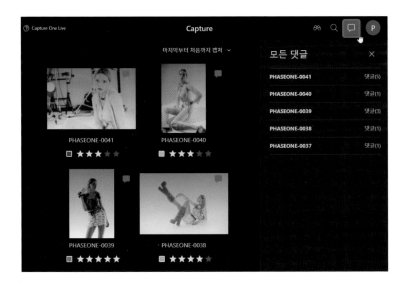

Tip ▶ 온라인 공유(LIVE) 기능은 1개의 세션(촬영 폴더)에 대해서 무료이며, 24시간 동안 공유가 유지됩니다. 별도의 유료 구독 서비스를 신청하면 무제한의 세션 공유 및 1개월 동안 세션 공유가 유지되며 워터마크 등의 다양한 서비스 추가 이용이 가능합니다.

PART 04 편집
- 사진 보정

캡처원은 완벽한 사진 보정을 위하여 다양하고 강력한 보정 툴을 제공합니다. 많은 종류의 보정 기능을 [형태, 스타일, 조정, 리파인]의 4가지 툴 탭으로 나누어 보정 성격에 맞게 구분되어 제공됩니다.

[형태 툴] 탭은 사진의 올바른 구도를 잡기 위한 툴의 모음으로써 크롭과 사진 회전 및 플립(가로/세로 반전), 사진 왜곡의 보정을 위한 키스톤 기능, 렌즈의 왜곡이나 렌즈 주변부 보정을 위한 렌즈 보정 툴, 수직/수평과 구도 확인을 위한 그리드 기능을 제공합니다.

[스타일 툴] 탭은 사진에 간단하고 강력한 효과를 즉석에서 적용할 수 있는 스타일과 프리셋 기능을 제공합니다. 각종 컬러나 흑백 필름의 효과 또는 사전 정의된 프리셋을 통해서 여러 가지 다양한 보정 값을 즉석에서 적용하여 사진의 효과를 빠르게 극대화시킬 수 있습니다.

[조정 툴] 탭은 사진의 컬러와 톤을 보정할 수 있는 강력하고 다양한 보정 툴들을 제공합니다. 기본적인 화이트 밸런스나 컬러 밸런스 및 노출, HDR, 커브 & 레벨 툴은 물론 특정 컬러나 피부톤을 보정하기 위한 컬러 에디터 툴과 흑백 보정 툴, 특정 영역을 정밀하게 보정하기 위한 레이어 & 마스크 툴과 스타일 브러시 툴, 많은 양의 사진을 일관된 컬러와 노출로 빠르게 보정을 돕기 위한 스마트 조정 툴까지 광범위한 보정 툴이 제공됩니다.

[리파인 툴] 탭은 사진의 정확한 초점을 확인하면서 샤프닝을 조정하고 노이즈를 제거하거나 필름 입자를 넣는 등 사진의 디테일을 좀 더 세밀하게 보정할 수 있는 툴의 모음입니다. 이러한 기본적인 보정 툴 탭을 통해 사진가는 창의적인 작업에 몰두할 수 있습니다.

01 형태

캡쳐원의 [형태 툴] 탭에는 렌즈의 왜곡 보정 및 사진의 레이아웃을 편집하기 위한 각종 도구(크롭, 회전, 그리드, 키스톤 보정)들이 있습니다. 이미지의 개별적인 문제 해결을 위해 수동으로 조정 및 적용이 가능하며, 최종 출력할 이미지의 형식에 맞도록 미리 사진의 비율을 조정할 수도 있습니다.

크롭

사진의 올바른 구도와 비율(크기) 조정을 위한 자르기 툴입니다.

1 중앙의 커서 툴 모음 중 [크롭] 아이콘을 클릭하거나, [형태 툴] 탭 〉 [크롭] 툴에서 [크롭]을 클릭합니다. 또는 ⓒ를 누르면 곧바로 크롭을 시작합니다.

2 [크롭] 툴에서 크롭 비율을 지정합니다.

- **오리지널** : 카메라 센서의 비율을 유지하며 크롭합니다.
- **제한 없음** : 원하는 대로 자유롭게 크롭합니다.
- **출력** : 내보내기에서 지정한 출력 비율에 맞추어 크롭합니다.
- 정해진 비율을 선택하거나, 원하는 비율을 위해 [가로 세로 비율 추가]를 선택합니다.

3 뷰어 창의 사진에서 선택한 비율과 구도로 크롭을 진행합니다.

（예제 파일 : sample_004.iiq）

© PHASE ONE

4 크롭이 완료되면 Enter↵를 누르거나 단축키 H를 눌러 최종 구도를 확인합니다.

5 크롭을 취소하려면 크롭 바깥쪽 영역을 클릭하거나 [크롭] 툴에서 [취소](🔲)를 클릭합니다. 또는 크롭 후 실행 취소 아이콘을 클릭합니다(단축키 Ctrl+Z, Command+Z).

사용 팁 ▶

- 크롭 비율을 적용하는 2가지 방식을 환경 설정에서 선택할 수 있습니다.
  윈도우 : [편집] 〉 [환경 설정] 〉 [크롭] 〉 [방식]
  맥 : [기본 설정] 〉 [크롭] 〉 [방식]

- **기본 비율 적용(기본값)** : 사진의 크롭 비율을 정해서 크롭을 진행해도 다음 사진에서는 다시 오리지널 비율로 크롭이 시작됩니다.

- **설정 비율 적용** : 크롭 비율을 정해서 크롭을 진행하면 다음 사진에도 바로 직전에 선택한 비율이 적용되어 크롭이 시작됩니다.

- 제한 없는 크롭에서 크롭 이미지 가장자리에 Shift 를 누른 상태로 마우스 드래그하면 같은 비율을 유지한 채로 크롭을 진행할 수 있습니다.
- 크롭된 사진에서 Ctrl (윈도우), Command (맥)를 누르거나 크롭 모서리 테두리 선의 바깥선 근처 영역에서 마우스 커서가 회전 화살표로 아이콘이 바뀌면 크롭을 유지한 채 마우스를 이용하여 사진을 좌우로 회전하여 구도를 조정할 수 있습니다.

- Alt + Shift (윈도우)를 누른 상태로 크롭을 진행하면 크롭 시작점을 중심으로 1:1 정비율로 크롭이 가능합니다.
- [크롭] 툴에서 [바깥 이미지 크롭]을 체크하면 사진을 회전했을 때 생기는 가장자리의 잘린 영역까지 크롭의 영역 안으로 포함하여 크롭할 수 있습니다.
  예를 들어, 건축 사진에서 건물의 왜곡 보정을 위해 [키스톤] 툴을 사용하여 크롭을 진행하면 좌우 모서리의 바깥쪽 특정 영역이 강제 크롭으로 사라집니다. 이때 [바깥 이미지 크롭]을 사용하면 사라진 여백 공간을 확보할 수 있게 됩니다.

또한 풍경 사진에서 좌우로 회전을 하여 구도를 잡을 때도 강제 크롭으로 사라지는 영역에 대해서 크롭 내부로 확보합니다. 이렇게 하면 추후 포토샵 등의 소프트웨어를 이용하여 빈 여백 공간을 복제나 합성 등으로 채울 수 있기 때문에 더 자연스럽고 완벽한 구도의 사진을 완성할 수 있습니다.

© CAPTURE ONE

회전 & 플립

사진의 수직, 수평을 맞추기 위하여 사진의 각도를 회전하거나 특별한 목적을 위하여 사진을 상하좌우로 반전시킬 수 있는 기능입니다.

1 [각도] 슬라이더를 좌우로 조정하여 사진을 좌우 회전시켜 올바른 구도를 잡습니다.

2 [왼쪽, 오른쪽]을 클릭하여 사진을 좌우 90도씩 회전시킵니다.

3 [플립]을 이용하여 사진을 좌우상하 반전시킵니다.
　(예제 파일 : sample_005.eip)

© 박무웅

Tip • [각도] 슬라이더를 마우스 휠로 조절하거나 오른쪽 숫자 입력란에서 키보드 위/아래를 눌러보면 소수점 두 자리 이하로 변경되므로 매우 세밀한 조정이 가능합니다.

• [각도] 슬라이더에서 (Shift)를 누른 상태에서 마우스 휠을 조절하거나 키보드 위/아래를 눌러보면 소수점 한자리 이하 단위로 변경되므로 더 눈에 띄는 변화를 보면서 빠르게 조정할 수 있습니다.

이 기능을 통해서 풍경 사진이나 건축, 제품 촬영 등의 분야에서 올바른 수직, 수평 구도를 빠르고 정확하게 보정할 수 있습니다.

Tip **자동 수평/수직자 기능**

[자동 수평/수직자](바로잡기) 아이콘을 사용하여 사진상에서 원하는 선을 따라서 긋기만 하면 자동으로 수평 또는 수직으로 보정할 수 있습니다.

[바로잡기] 선택 후 사진상에서 원하는 라인을 따라 선을 그으면, 선을 기준으로 수직이 조정되면서 자동 크롭 됩니다.

키스톤

사진은 카메라의 촬영 각도(위치), 렌즈의 종류에 따라 왜곡이 발생할 수 있습니다. 특히 건축 사진 분야에서 카메라의 촬영 위치와 각도에 따라 건물의 원근감과 왜곡을 수정해야 하는 경우 가 많은 데, 키스톤 기능을 사용하면 이러한 왜곡을 자연스럽게 보정할 수 있습니다. [키스톤] 툴에는 자동 보정이 가능한 [가이드]와 수동 보정이 가능한 [슬라이더]가 있습니다. [가이드]에 서는 건축물의 위치나 방향에 따라 '수직 키스톤, 수평 키스톤, 사각 키스톤 보정'을 선택할 수 있습니다.

수직 키스톤 보정 (예제 파일 : sample_006.IIQ)

1 [형태 툴] 탭 〉 [키스톤] 툴로 이동합니다. 로우 앵글로 촬영된 건물의 수직 기울기 보정을 위해 [가 이드]에서 세로 모양의 [수직 키스톤]을 클릭합니다.

2 뷰어 창의 사진에 4개의 꼭짓점으로 구성된 세로 조정 막대 2개가 나타납니다. 건물의 상하단에 모든 꼭짓점을 일치시키면 이미지 중앙에 [적용]이 나타납니다. 각각의 꼭짓점을 건물의 위쪽과 아 래쪽에 정확히 일치시킨 후 [적용]을 클릭합니다.

3 적용 후 정확한 왜곡 보정을 확인해 보고, [수치] 슬라이더를 이용하여 좀 더 자연스럽게 조정합니다.
[회전 & 플립] 툴의 [각도] 슬라이더를 이용하여 건물의 수직선을 미세 보정합니다. [슬라이더]에서 [세
로, 가로, 기울이기, 면]의 각각의 슬라이더 조정을 통해서 더욱 정밀한 보정을 진행할 수 있습니다.

수평 키스톤 보정 (예제 파일 : sample_007.eip)

1 [형태 툴] 탭 〉 [키스톤] 툴로 이동합니다. 건물의 중앙의 다리를 수평으로 보정하기 위해 [가이드]에
서 가로 모양의 [수평 키스톤]을 클릭합니다.

2 뷰어 창의 사진에 4개의 꼭짓점으로 구성된 가로 조정 막대 2개가 나타납니다. 다리의 상하단에 모든 꼭짓점을 일치시키면 이미지 중앙에 [적용]이 나타납니다. 각각의 꼭짓점을 다리의 위쪽과 아래쪽에 정확히 일치시킨 후 [적용]을 클릭합니다.

3 적용 후 정확한 왜곡 보정을 확인해 보고, [수치] 슬라이더를 이용하여 좀 더 자연스럽게 조정합니다. [회전 & 플립] 툴의 [각도] 슬라이더를 이용하여 건물의 수직선을 미세 보정합니다. [슬라이더]에서 [세로, 가로, 기울이기, 면] 각각의 슬라이더 조정을 통해서 더욱 정밀한 보정을 진행할 수 있습니다.

© 임경태

Tip 사각(수직/수평) 키스톤 보정은 본문 〈사진가의 캡쳐원 노하우 09. 임경태 : 건축 사진의 건물 왜곡 바로 잡기〉 편을 참조해 주세요.

렌즈 보정

[렌즈 보정] 툴은 캡처원에서 지원되는 대부분의 카메라 렌즈에 대한 사전 정의된 보정 프로파일을 제공합니다. 렌즈 프로파일에는 촬영한 렌즈에 대한 왜곡, 수차, 회절 등에 대한 보정이 포함되어 있습니다.

렌즈 프로파일은 [렌즈 보정] 툴의 [프로파일]에서 렌즈의 유형에 맞게 자동으로 선택되어 보정이 이루어지며, [왜곡, 주변 샤픈, 주변 밝기] 슬라이더 조정을 통해서 수동으로 추가 보정도 가능합니다.

필요하다면 프로파일 목록에서 수동으로 렌즈 프로파일을 직접 선택할 수도 있습니다. [렌즈 보정] 툴은 RAW 파일에만 적용됩니다. 렌즈 프로파일에 대한 자세한 지원 목록은 캡처원 웹사이트의 지원(Support) 페이지를 방문하여 렌즈 지원 목록을 참조해 주세요.

그리드

[그리드] 툴은 사진의 수직 수평, 구도, 황금 비율 등을 위한 편리한 시각적 보조 도구로써 실선으로 나타납니다.

그리드 선택

[유형]에서 3가지를 선택할 수 있습니다.

- **직사각형** : 롱 엣지와 숏 엣지의 숫자 입력란에 각각 실선의 숫자 지정이 가능합니다.
- **황금비** : 황금 비율로 표시합니다.
- **피보나치 나선** : 황금 곡선이라고도 알려졌으며, 피보나치 수열에 따라 그려진 나선 곡선입니다. 시각적 구도에 있어서 안정감을 느끼는 구조 중 하나입니다. 시계 방향과 미러를 체크하여 나선의 방향을 정할 수 있습니다.

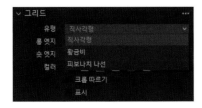

그리드 표시 옵션

• **컬러** : 피사체 색상에 중복되지 않도록 그리드 컬러를 변경할 수 있습니다.

• **크롭 따르기** : 크롭의 변화에 따라 자동으로 그리드가 크롭에 맞게 적용됩니다.

• **표시** : 그리드의 표시 여부를 선택합니다.

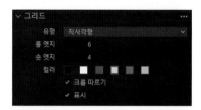

▲ 그리드 : 피보나치 나선 적용의 예   © 강선준

가이드

가이드 기능은 [형태 툴] 탭에는 기본으로 표시되어 있지 않지만, [그리드] 툴과 사진의 수직, 수평선 안내에 대한 시각적 보조 도구로써 그 기능이 비슷합니다. 그리드와 가장 큰 차이점은 '안내선의 이동과 추가'라는 큰 장점이므로 반드시 알아야 할 사용 팁입니다.

1 메뉴의 [보기] 〉 [가이드]를 클릭합니다. 뷰어 창의 사진에 중앙을 중심으로 빨간색의 가로, 세로 실선이 나타납니다.

© PHASE ONE

2 캡쳐원 상단 가운데의 커서 툴 모음에서 화살표 모양의 [선택] 아이콘(단축키 V)을 클릭합니다. [선택] 아이콘을 클릭해야만 안내선을 이동할 수 있습니다.

3 마우스로 안내선을 클릭하여 원하는 곳으로 안내선을 이동합니다.

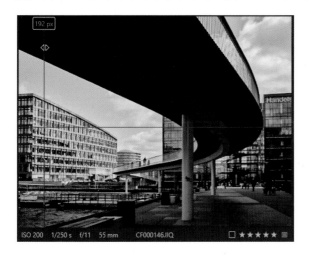

4 메뉴의 [보기] 〉 [가이드 사용자 정의]를 클릭하고, 원하는 숫자만큼 가로, 세로 선을 추가하거나 사진의 컬러와 중복되지 않도록 가이드 컬러를 변경할 수 있습니다. [가이드 리셋]을 클릭하여 가이드를 초기화하고 처음부터 다시 할 수도 있습니다.

Tip 가이드 기능을 자주 사용하기 위하여 [가이드] 아이콘을 캡쳐원 상단 커서 툴 모음으로 위치시킬 수도 있습니다. 캡쳐원 상단의 빈 곳을 마우스 오른쪽 버튼으로 클릭한 후 [사용자 지정]을 선택합니다.

[가이드] 아이콘을 드래그하여 원하는 위치에 삽입합니다.

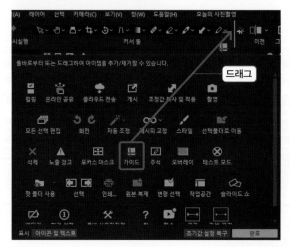

02 스타일과 프리셋

'스타일'은 툴의 다양한 보정값을 하나의 조합으로 만들어서 사진에 즉각적인 효과를 적용하는 '이미지 필터'와 같은 기능입니다. '프리셋'은 캡쳐원에서 제공하는 각각의 툴에 대한 보정값을 사전에 저장하여 사용할 수 있는 툴의 '보정값 사전 설정' 기능입니다.

'스타일'과 '프리셋'은 사전 설정된 값이라는 기능적 측면과 작동 방식은 유사하지만, 스타일은 여러 가지 툴의 보정값이 하나로 저장된 것을 의미하고, 프리셋은 하나의 툴에 대한 보정값이 저장된 것을 의미합니다.

스타일과 프리셋은 사진에 즉각적인 반응을 합니다. 툴에서 각각의 스타일이나 프리셋 명칭에 마우스 포인터를 위치시키면 사진은 즉시 뷰어 창의 사진에 효과가 반영됩니다. 미리 보기 효과가 마음에 든다면 그 상태에서 마우스 클릭 한 번만으로 바로 적용됩니다.

스타일은 여러 개의 스타일을 겹쳐서 적용할 수 있는 스택 기능과 각각의 보정값을 세밀하게 보정할 수 있는 레이어 기능이 제공되어 더 창조적인 느낌의 연출이 가능합니다.

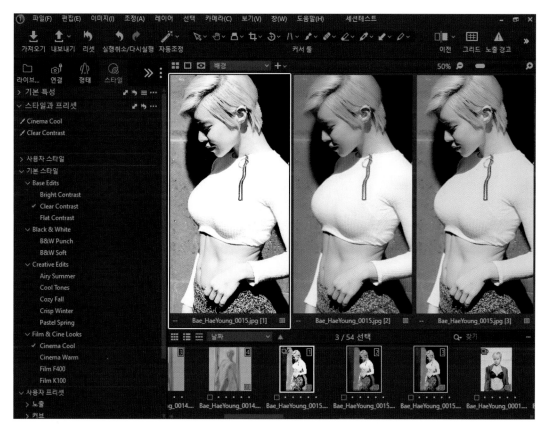

© 염종일

기본 특성

[기본 특성] 툴은 캡쳐원의 모든 사진에 대한 컬러를 표현하는 중요한 출발점입니다. 캡쳐원에 표시되는 모든 사진은 카메라 모델에 맞춰 캡쳐원의 [기본 특성] 툴 〉 [ICC 프로파일]에서 자동으로 ICC 프로파일이 선택됩니다.

'ICC 프로파일'이란 컬러의 입력 또는 출력장치의 특성을 구현하기 위한 데이터의 집합으로 국제 컬러 협회(ICC, International Color Consortium)가 공표한 표준 형식으로써 장치별 색상 특성을 설명하는 파일입니다.

이 프로파일은 장치 소스와 프로파일 연결 공간 간의 매핑을 정의하여 특정 장치의 색상 속성을 설명하는 데, 장치에서 표시할 색의 영역을 정의하여 하드웨어나 소프트웨어의 컬러를 일치시키기 위한 기준이 됩니다.

이러한 ICC 파일을 사용하면 개별 장치의 색상 특성과 관계없이 표준화된 색 공간을 통해 색상을 올바르게 표시할 수 있습니다.

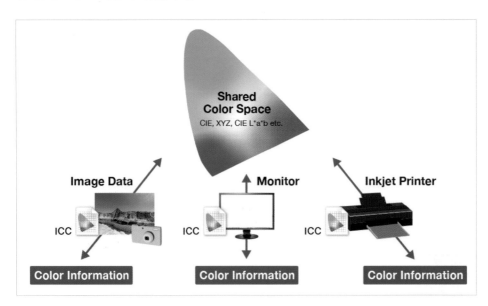

© EIZO

캡처원은 국제 기준에 맞추어 캡처원에서 지원하는 모든 카메라에 대한 ICC 프로파일을 제작하여 제공하며, [스타일 툴] 탭 〉 [기본 특성] 툴에서 확인할 수 있습니다. 여기서 표시되는 ICC 프로파일을 통상 카메라 '입력 프로파일'이라고 하며 캡처원 컬러 표현의 출발점이 됩니다.

참고로 캡처원에는 출력용 'ICC 프로파일' 항목이 별도로 존재하므로 혼동해서는 안 됩니다. 출력용 ICC 프로파일은 내보내기를 할 때 [이미지 내보내기] 창의 [형식 & 크기]에서 확인할 수 있습니다. 여기에 표시되는 ICC 프로파일은 포토샵과 같은 다른 소프트웨어에서 사진을 편집하거나 및 잉크젯 프린터와 같은 인쇄에 사용하기 위한 목적으로 사용되는 '출력 프로파일'로서 컬러가 표현되는 최종 단계가 됩니다.

Tip **컬러 매니지먼트(Color Management)에 대하여**

디지털 사진에서 중요한 분야 중 하나인 컬러 매니지먼트는 이미징의 재현에 대한 전반적인 과정에서 디지털 장치 간의 올바른 컬러의 유지를 위한 프로세스입니다. 즉 디지털 카메라, 스캐너, 모니터, 프린터, 옵셋 인쇄기 등과 같이 컬러의 고유 표현 영역이 다른 다양한 장치들을 올바른 컬러로 재현하게 하고, 재현된 컬러의 일관성을 유지할 수 있도록 컬러를 제어하는 것을 목표로 합니다.

ICC 프로파일과 색공간(색상 영역)의 개념 등 컬러 매니지먼트와 관련된 이론과 이를 토대로 모니터 캘리브레이션부터 소프트웨어와 하드웨어의 입출력 ICC프로파일 관리 등, 전반적인 실전 과정을 학습하여 촬영부터 출력까지 일관된 컬러를 유지하는 것이 중요합니다.

카메라 'ICC 프로파일' 변경을 통한 사진 컬러의 변화를 확인하는 방법

1 [ICC 프로파일]에서 [모두 표시]를 선택합니다.

2 캡쳐원에서 지원하는 모든 카메라의 모델명이 나타납니다.

Tip ▶ 카메라 모델별로 각각의 프로파일마다 마우스 커서만 위치시켜 봅니다(클릭하지 않습니다).

3 카메라 모델별로 마우스 커서를 변경할 때마다 컬러가 미묘하게 바뀌는 것이 확인됩니다. 같은 사진에서 Canon 5D MK IV와 Nikon D850·Portrait 프로파일을 적용했을 때 차이입니다.

캡쳐원은 이렇게 카메라 모델마다 각각의 고유한 센서에 대해서 개발자가 센서에 맞는 컬러 표현에 대해 해석하여 카메라 모델별 맞춤형 ICC 프로파일을 제공합니다.

따라서 캡쳐원에 표시되는 사진마다 카메라 모델에 맞는 ICC 프로파일이 자동으로 채택되는데, 캡쳐원 사용자는 여기서 다른 카메라의 ICC 프로파일을 참고하거나 변경하여 적용할 수도 있습니다.

또한 제공되는 ICC 프로파일의 컬러 표현에서 부족한 부분을 느낄 경우 캡쳐원의 [컬러 에디터] 툴에서 특정 컬러 영역의 색상과 톤을 수정하여 나만의 독창적인 '사용자 ICC 프로파일'로 변경/저장하여 사용할 수도 있습니다.

`Tip` 카메라 ICC 프로파일을 수정하는 자세한 방법은 'PART 04. 편집 〉 조정 〉[컬러 에디터] 툴을 참고해 주세요.

[커브]는 일반적으로 'Auto'로 자동 선택되어 캡쳐원은 카메라 ICC 프로파일에 대한 가장 적절한 톤 곡선을 선택하지만, 사용자가 직접 설정할 수도 있습니다.

- **필름 엑스트라 셰도우** : 필름 표준과 유사하지만, 그림자의 대비가 적습니다.
- **필름 고대비** : 표준보다 대비가 높으며 그림자가 더 깊고, 하이라이트가 더 밝습니다.
- **필름 표준** : 짙은 검은색과 밝은 중간 톤 및 하이라이트를 사용하여 일반 필름과 같은 느낌을 제공합니다.
- **선형 응답** : 전반적으로 대비가 감소되며, [조정 툴] 탭 〉[커브] 툴을 사용하여 톤 매핑을 최대한 제어할 수 있습니다.

각각의 커브를 적용했을 때 달라지는 톤의 변화(셰도우 영역과 대비의 차이가 뚜렷합니다)

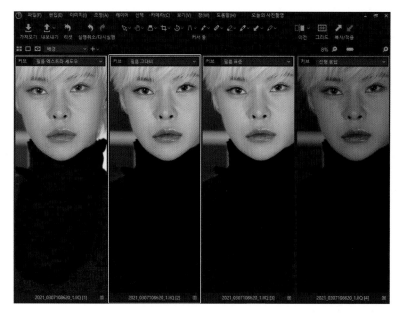

© 염종일

스타일

캡처원 '스타일'은 여러 툴의 보정값이 결합한 하나의 설정으로써 이미지 필터와 같은 역할을 수행합니다. 캡처원에는 사진에 특별한 효과를 적용하기를 원할 때 작업 흐름을 최적화하고 시간을 절약하는 데 사용할 수 있는 다양한 고품질의 기본 스타일이 내장되어 있습니다.

© 김길수

사용자 스타일은 사용자가 여러 가지 툴의 보정값의 조합을 직접 저장해서 사용할 수 있습니다. 사용자 스타일은 커브, 선명도 및 비네팅 툴뿐만 아니라 컬러 밸런스나 크롭 또는 키스톤 보정과 같은 조정들을 포함할 수도 있으며, IPTC 메타데이터 필드에 추가된 값까지 포함할 수 있습니다. 또한 캡처원 16.0 버전부터는 레이어를 스타일의 일부로 만들 수도 있습니다. 이러한 사용자 스타일은 모든 캡처원에서 공유할 수 있습니다.

스타일 적용하기

(예제 파일 : sample_008.iiq)

1 브라우저에서 원하는 사진을 선택한 후 [스타일 툴] 탭 > [스타일과 프리셋] 툴로 이동합니다.

© Frederico Martins

2 [기본 스타일]로 이동하여 목록을 스크롤합니다. 기본 스타일은 컬러와 흑백 효과를 적용할 수 있는 몇 가지 항목을 제공하며, 각각의 항목마다 작은 화살표를 클릭하면 해당 스타일의 목록들이 펼쳐지며 스타일 명칭이 나타납니다.

3 각각의 스타일 명칭 위로 마우스 커서를 위치시키면 선택한 스타일의 명칭이 나타나면서 뷰어 창의 사진은 해당 스타일의 효과가 적용되어 나타납니다.

4 여러 가지 스타일 명칭에 마우스 커서를 위치시키고 효과의 변화를 확인한 후 마음에 드는 스타일을 적용하려면 클릭합니다. 목록에서 선택한 스타일 앞에 작은 체크 표시가 나타나고 뷰어 창의 사진이 해당 스타일 효과로 즉시 변경됩니다.

© Frederico Martins

스타일 선택을 취소하고 싶다면 클릭한 사진을 다시 클릭하면 체크 표시가 제거됩니다. 사진이 뷰어 창에서 다시 이전과 같이 스타일이 적용되지 않는 상태로 바뀝니다.

사용자 스타일 만들기

'사용자 스타일'은 사용자가 직접 보정한 값을 별도의 스타일로 저장하여 사용하는 기능입니다.

1 브라우저에서 원하는 사진을 한 장 선택하고, 노출, 하이 다이나믹 레인지, 커브, 선명도, 컬러 밸런스 등 원하는 보정 작업을 진행합니다.

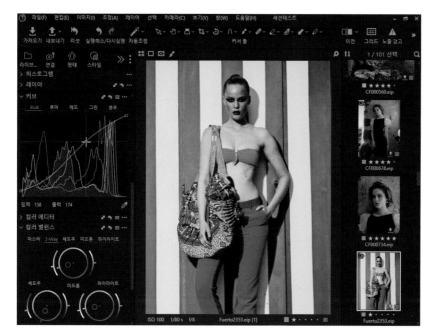

© Frederico Martins

2 보정 작업을 마친 후 [스타일 툴] 탭 〉 [스타일과 프리셋] 툴로 이동합니다. [스타일과 프리셋] 툴 오른쪽의 ▦ 아이콘을 클릭하여 [사용자 스타일 저장]을 선택합니다.

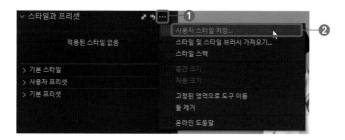

3 [스타일 저장] 창에 앞서 작업한 보정값이 모두 나타납니다. 스타일에 포함하지 않고 싶은 보정값이 있다면 그 부분만 체크를 해제합니다. 모든 보정값 그대로 적용하고 싶다면 바로 [저장]을 클릭합니다.

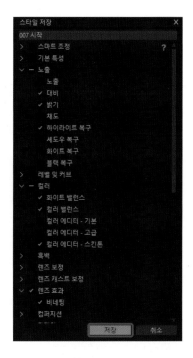

4 [스타일 저장] 대화상자가 나타나면, 적당한 파일 이름을 입력하고 [저장]을 클릭합니다.

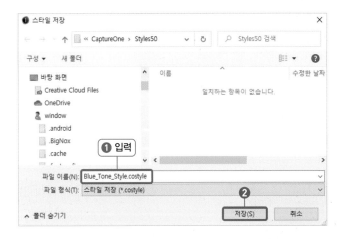

5 저장된 사용자 스타일을 확인하기 위해 [스타일 툴] 탭 〉 [스타일과 프리셋] 툴로 이동합니다. [사용자 스타일]에 방금 저장한 사용자 스타일 이름이 목록에 나타납니다.

6 사용자 스타일 이름에 마우스 포인터를 위치시키면 다른 사진에 효과가 적용되는지 확인합니다.

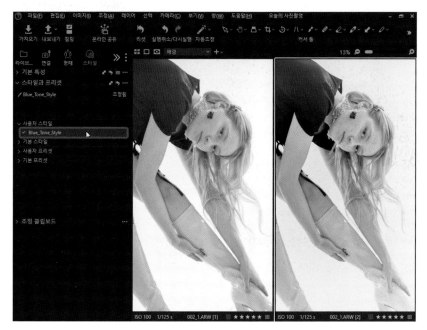

© 안성진

사용 팁 스타일 레이어 기능 ··

캡쳐원 23부터 스타일에 레이어 기능이 추가되어, 여러 툴을 보정값을 각각의 레이어로 만들고 모든 레이어를 하나의 사용자 스타일로 저장할 수 있습니다. 이렇게 하면 사용자 스타일을 적용 후 각각의 툴에 대한 불투명도 조절은 물론, 툴의 보정값을 각각 조정하여 더욱 세밀하고 창조적인 작업을 할 수 있습니다.

(예제 파일 : sample_009.iiq)

1. 브라우저에서 사진을 한 장 선택합니다. [조정 툴] 탭 〉 [노출] 툴에서 대비와 밝기, 채도 등을 수정합니다.

2. [조정 툴] 탭 〉[레이어] 툴로 이동하여 '배경'을 선택합니다. 마우스 오른쪽 버튼을 클릭한 후 [백그라운드 조정 사항들을 새 레이어로 이동하기]를 선택합니다.

3. '레이어 조정 1'이 자동으로 생성되면서 '배경'에서 작업했던 [노출] 툴의 보정값이 '레이어 조정1'로 이동 했습니다.

4. [레이어] 툴에서 다시 '배경'을 선택합니다. [조정 툴] 탭 〉[컬러 밸런스] 툴에서 [3-Way]를 선택하고, 각각 의 [셰도우], [미드톤], [하이라이트]를 조정하여 모두 원하는 컬러 톤으로 보정합니다.

5. 컬러 보정을 마쳤으면 [조정 툴] 탭 〉[레이어] 툴로 이동하여 다시 '배경'을 선택합니다. 같은 방법으로 마우스 오른쪽 버튼을 클릭한 후 [백그라운드 조정 사항들을 새 레이어로 이동하기]를 선택합니다. '레이어 조정 2'가 자동으로 생성되면서 배경의 컬러 밸런스 보정값이 '레이어 조정 2'로 이동합니다.

6. 이런 방법을 통해서 툴마다 보정값을 독립적인 레이어로 생성할 수 있습니다. 보정을 모두 마쳤다면 사용자 스타일로 저장하기 위하여 [스타일 툴] 탭 〉[스타일과 프리셋] 툴로 이동합니다. 오른쪽의 ■■■ 아이콘을 클릭하여 [사용자 스타일 저장]을 선택합니다.

7. [스타일 저장] 대화상자가 나타나면 파일 이름에 '노출과 컬러분리'라는 이름으로 사용자 스타일을 저장합니다.

8. 브라우저에서 다른 사진을 한 장 선택하고 [스타일 툴] 탭 〉[스타일과 프리셋] 툴에서 [사용자 스타일]의 '노출과컬러분리'를 선택하면, 사진의 톤과 컬러가 즉시 변화합니다.

（예제 파일 : sample_004.iiq)

9. [조정 툴] 탭 〉[레이어] 툴로 이동합니다. '레이어 조정 1'을 선택하고 [불투명도]를 '100'에서 '68'로 줄입니다. [노출] 툴에서 [대비]와 [밝기]를 다시 보정하고 [채도]를 '-63'으로 낮춥니다.

10. [조정 툴] 탭 〉[컬러 밸런스] 툴로 이동합니다. [3-Way]에서 보정되어 있는 [셰도우], [미드톤], [하이라이트]를 원하는 느낌으로 재조정합니다.

> **Tip** 비네트 툴, 흑백 툴, 필름 입자, ICC 프로파일, 필름 커브, 노이즈 제거 기능 등은 스타일의 레이어에 적용하거나 스타일의 일부로 저장할 수 없습니다. 대신 사진의 배경에 직접 적용할 수 있습니다.

사용팁 사용자 스타일 백업 및 가져오기

사용자 스타일은 언제든지 백업하여 다른 컴퓨터의 캡쳐원에서 가져올 수 있으며, 사용자 스타일의 백업 경로는 다음과 같습니다.

• **Mac** : ~/Library/Application Support/Capture One/Styles

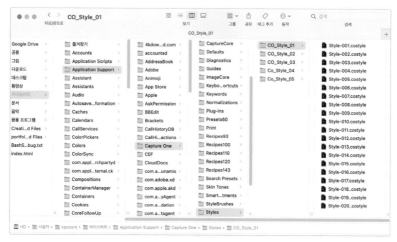

• **Windows** : C:/Users/사용자이름/AppData/Local/CaptureOne/Styles50

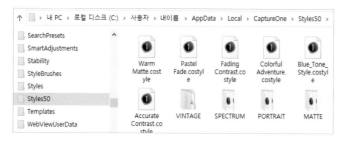

사용자 스타일을 가져오는 방법은 위의 경로에 파일 또는, 스타일이 들어있는 폴더 채 복사하거나, [스타일과 프리셋] 툴에서 [스타일 및 스타일 브러시 가져오기]를 이용하여 스타일 파일을 가져올 수 있습니다.

프리셋

캡쳐원의 특정 보정 툴에서 미리 만들어진 보정값으로써, 마우스 클릭 한 번만으로 툴의 특정 보정값을 적용할 수 있습니다. 특정 보정 툴에는 다양한 기본 프리셋이 내장되어 제공되며, 사용자가 보정값을 직접 저장하고 적용할 수 있는 '사용자 프리셋' 기능을 제공합니다.

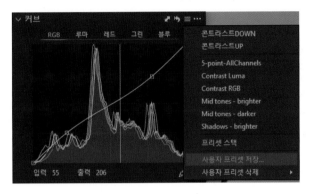

◀ [커브] 툴의 기본 프리셋과 사용자 프리셋

기본 프리셋은 사진을 보정할 때 그 자체로도 유용할 수 있으며, 사진을 보정하기 전에 보정의 출발점으로 활용할 수도 있습니다. 기본 프리셋과 사용자 프리셋 모두 각각의 툴에서 사용 가능하며, [스타일 툴] 탭 〉 [스타일과 프리셋] 툴에서 사용 가능한 모든 프리셋을 볼 수 있고 각각 적용할 수도 있습니다.

◀ [스타일과 프리셋] 툴의 기본 프리셋

사용자 프리셋 만들기

사진을 보정하거나 키워드를 삽입할 때, 반복되는 작업이 많다면 다양한 프리셋을 저장하여 사용하면 작업 능률이 향상됩니다.

1 브라우저에서 보정할 사진을 한 장 선택하고, [조정 툴] 탭 〉 [노출] 툴에서 노출을 보정합니다. 이 사진은 [대비] : '30', [밝기] : '-10', [채도] : '15'로 보정합니다.

© Frank Doorhof

2 [노출] 툴 오른쪽의 [프리셋] 아이콘을 클릭하고, [사용자 프리셋 저장]을 선택합니다.

3 [프리셋 저장] 창이 나타나고 보정한 항목이 자동 체크됩니다. 프리셋으로 저장을 원하는 항목에 체크 또는 해제합니다.

4 [프리셋 저장] 대화상자가 나타나면, 적절한 이름을 입력하여 프리셋을 저장합니다.

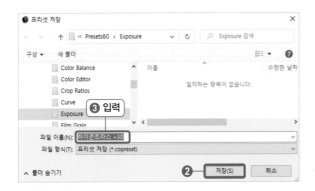

5 [노출] 툴 〉 [사용자 프리셋] 또는, [스타일과 프리셋] 툴 〉 [사용자 프리셋] 〉 [노출]에서 사용자 프리셋을 클릭하여 사진에 적용되는지 확인합니다.

© PHASE ONE

조정 클립보드

[조정 클립보드] 툴은 사진의 보정을 마친 후 다른 사진에 보정값을 적용할 때 특정 보정값의 적용 유무를 선택할 수 있는 기능입니다.

[조정 클립보드] 툴에서 특정 보정값만 적용하기

1 메뉴의 [이미지] 〉 [모든 선택 편집]을 체크하여 활성화합니다.

2 브라우저에서 보정할 사진을 선택합니다. 화이트 밸런스, 노출, 하이 다이나믹 레인지, 선명도, 컬러 밸런스 등 원하는 보정 작업을 수행합니다.

© 박무정

3 [스타일 툴] 탭 〉 [조정 클립보드] 툴로 이동합니다. [조정 클립보드] 툴에서 [복사]를 클릭합니다.

4 보정 작업한 툴만 자동 체크가 됩니다. 적용을 원하지 않는 보정값은 체크 표시를 해제한 후, 하단의 [복사]를 클릭합니다.

5 브라우저에서 Ctrl(Windows) 또는 Command(macOS)를 누른 상태로 보정값이 적용될 다른 섬네일 사진을 선택합니다.

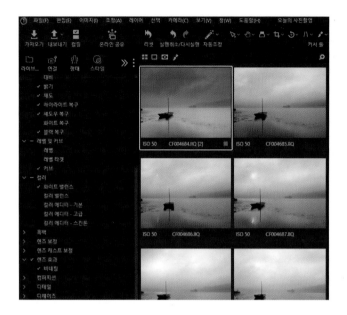

6 [조정 클립보드] 툴 하단의 [적용]을 클릭하여 보정값을 적용합니다.

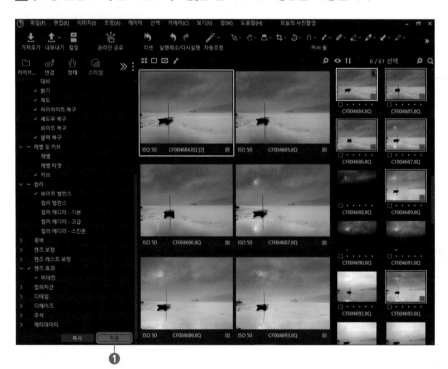

03   조정

[조정 툴] 탭은 사진의 톤과 컬러를 다루는 중요한 보정 툴들의 모음입니다. 원하는 특정 영역만 보정하기 위한 [레이어] 툴과 [스타일 브러시] 툴, 사진에서 특정한 컬러 또는 인물 사진에서 피부 톤 보정이 가능한 [컬러 에디터] 툴, 행사 촬영과 같이 여러 장면이 많은 사진에서 노출 및 화이트 밸런스를 통일시켜 주는 [스마트 조정] 툴까지, 사진 품질을 향상시키기 위한 다양한 보정 툴을 다룰 수 있습니다.

▲ 레이어&마스크

▲ 스타일 브러시

▲ 스마트 조정

▲ 화이트 밸런스

▲ 컬러 에디터

▲ 컬러 밸런스

▲ 흑백

▲ 선명도 외

© 박무웅

히스토그램

[히스토그램] 툴은 수직(Y) 축으로 픽셀의 분포를 표시하고 수평(X) 축을 따라 별도의 색상(R, G, B) 및 휘도 값을 표시합니다. [히스토그램] 툴은 커브, 컬러 에디터, ICC 프로파일 등과 같은 모든 보정을 포함하여 미리 보기에 표시되는 내용이 반영됩니다.

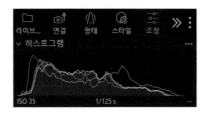

일반적으로 최적의 히스토그램은 양쪽 끝에 스파이크가 과도하게 뭉치지 않고 전체 톤 범위를 표시하는 것이 좋습니다. 노출을 과부족으로 촬영하여 이 범위를 초과했거나, 캡처원에서 과다하게 보정하여 세부 정보가 없을 때, 이를 '클리핑'되었다고 표현합니다.

▼ 노출 과다

▲ 노출 정상

◀ 노출 부족

히스토그램은 그래프의 분포도를 통하여 대비가 부족한 경우, 미묘하게 밝거나 어두운 이미지, 노출 부족 또는 노출 과다, 대비가 부족한 경우를 확인할 수 있습니다.

레이어 & 마스크

사진에서 특정 부분만 수정하고 싶거나 특정 효과의 강약을 조정하고 싶은 경우, 레이어 기능을 이용해서 원하는 부분만 보정하거나 레이어 불투명도를 이용하여 효과의 강약 조절이 가능합니다.

또한, 사진의 주제나 구도 등에 따라 더 편리하고 자연스러운 레이어를 만들기 위해 직선이나 원형 등의 자동 레이어 유형을 제공하며, 사진에서 먼지나 잡티 등의 손쉬운 제거를 위한 힐링 마스크 및 복제 마스크 기능을 제공합니다.

캡처원 16.3 버전부터 추가된 AI 마스크와 AI 지우개는 주제와 배경을 AI가 한 번에 분석하여 지정하고 또 원하는 영역을 쉽고 간단하게 선택, 해제할 수 있게 되었습니다.

레이어 생성 방법

[조정 툴] 탭 〉 [레이어 & 마스크] 툴에서 [+] 아이콘을 클릭하면 빈 레이어 조정이 생성됩니다.
[−] 아이콘을 클릭하면 레이어가 삭제됩니다. 또한 [+] 아이콘 바로 옆의 [v] 아이콘을 클릭하면
5개의 레이어 생성 옵션 메뉴가 나타납니다.

❶ **새로운 빈 레이어 조정** : 배경 위에 아무것도 없는 빈 레이어를 생성합니다.
❷ **새로운 채워진 레이어 조정** : 배경 사진 전체가 복제되어 레이어로 생성됩니다. 단축키 M을 눌러보
   면 사진이 전체 마스크로 채워진 레이어로 생성된 것을 확인할 수 있습니다.
❸ **새로운 복제 레이어** : 도장 브러시를 이용하여 사진을 특정 부분을 브러시로 복제하는 레이어 기
   능입니다.
❹ **새로운 힐 레이어** : 힐 브러시를 이용하여 사진의 특정 부분을 복구하는 레이어 기능입니다.
❺ **백그라운드 조정 사항들을 새 레이어로 이동하기** : 레이어 없이 사진을 보정 작업했을 때, 배경의
   보정값을 새로운 레이어로 이동시킵니다. 이렇게 하면 전체 보정값이 레이어로 생성되었기 때문에
   불투명도 조정을 통해 전체 보정값의 강약을 조절할 수 있습니다.

채워진 레이어 만들기

[새로운 채워진 레이어 조정]은 전체 이미지에 마스크로 덮힌 새 레이어를 추가하는 방법입니다.
이 작업은 전체 이미지에 보정을 추가한다거나, 컬러 보정 또는 간단한 자동 보정 등 기본 보정
을 적용할 때 시간을 절약할 수 있으므로 근본적으로 유용한 사용 방법 중 하나입니다.

1 브라우저에서 보정할 사진을 선택하고 [조정 툴] 탭 〉 [레이어 & 마스크] 툴에서 [+] 아이콘을 마우스 오른쪽 버튼으로 클릭하거나, [∨] 아이콘을 클릭하여 [새로운 채워진 레이어 조정]을 선택합니다. 또는 메뉴의 [레이어] 〉 [새로운 채워진 레이어 조정 추가]를 클릭합니다.

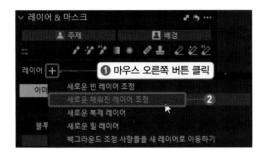

2 사진 전체에 마스크가 포함된 '레이어 조정 1'이 [레이어] 툴에 생성됩니다. '레이어 조정 1'을 더블 클릭하거나 마우스 오른쪽 버튼을 클릭한 후 [이름 변경]을 선택하여 레이어 이름을 변경할 수 있습니다.

3 레이어를 선택하고 [컬러 밸런스] 툴이나 [샤프닝] 툴, [하이 다이나믹 레인지] 툴 등을 사용하여 원하는 보정 작업을 시작합니다(레이어 보정 작업에서는 툴 이름에 작은 브러시 아이콘이 나타납니다).

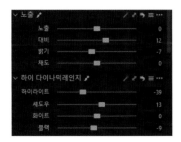

4 [레이어 & 마스크] 툴에서 ![...] 아이콘을 클릭하면 [조정값 적용]이 나타납니다. 또는 레이어 이름을 마우스 오른쪽 버튼으로 클릭하면 [조정값 적용]이 나타납니다. 원하는 스타일이나 프리셋을 선택하면 레이어에 즉시 적용됩니다.

5 보정 작업 또는 스타일 적용을 마친 후 [레이어] 툴의 [불투명도] 슬라이더를 '0～100' 간격에서 조절하여 사진 보정값 또는 스타일에 대한 강약을 조절한 후 레이어 이름 왼쪽의 체크 표시를 반복적으로 클릭하여 레이어 적용 전과 적용 후를 비교합니다.

레이어 유형 선택

[레이어 & 마스크] 툴에서는 사용 목적에 따라 다양한 유형을 선택할 수 있습니다.

❶ 마스크 그리기
❷ 매직 브러시
❸ AI 선택
❹ 선형 그라디언트 마스크
❺ 원형 그라디언트 마스크
❻ 힐링 마스크 그리기
❼ 복제 마스크 그리기
❽ 지우개
❾ 매직 지우개
❿ AI 지우개

마스크 그리기(✏️)

사진에서 원하는 영역에 브러시로 칠하여 마스크 레이어를 생성합니다.

매직 브러시(🖌️)

사진에서 유사한 색상 영역에 마우스 한 번의 클릭으로 자동으로 칠하는 기능입니다. 마우스 오른쪽 버튼을 클릭한 후 자동 분석을 위한 [허용 오차] 범위를 설정하고, [가장자리 다듬기]를 이용하여 마스크의 가장자리 부드러움을 조절할 수 있습니다. 최초 마우스를 클릭하면 마스크를 분석하기 위한 계산 시간이 약간 소요되며, 이후 두 번째 클릭부터는 매우 빠르게 분석하여 작동합니다.

◀ 매직 브러시 설정 옵션을 조정한 후 하늘을 클릭합니다.

◀ 마스크 영역의 계산을 진행합니다.

© 서영희

▲ 마스크 계산을 마치면 하늘만 자동으로 선택된 마스크가 표시됩니다.

매직 브러시는 마스크 그리기와 같은 단축키 B를 사용합니다. 단축키가 중복되는 경우에는 다른 툴과 마찬가지로 Shift+B를 사용하여 전환할 수 있습니다. 또는 단축키 기본 설정에서 사용자 정의 단축키로 별도 설정할 수도 있습니다.

1 [조정 툴] 탭 〉 [레이어] 툴 또는 캡쳐원 상단 가운데의 커서 툴 모음으로 이동합니다. [매직 브러시] 아이콘을 클릭합니다.

2 뷰어 창의 사진 위에서 마우스 오른쪽 버튼을 클릭하면 [매직 브러시 설정] 창이 나타납니다.

매직 브러시 설정 옵션은 다음과 같습니다.

- **크기** : 브러시의 크기를 조절합니다.
- **불투명도** : 자동으로 칠해지는 마스크의 불투명도를 설정합니다.
- **허용 오차** : 마스크를 적용할 범위를 설정합니다. 허용 오차가 낮으면 마스크를 비슷한 색상으로 제한하고 허용 오차가 높으면 마스크를 만들 때 더 넓은 범위의 색상을 선택합니다.
- **가장자리 다듬기** : 생성될 마스크 가장자리의 다듬기를 표시합니다. 가장자리 다듬기 값이 낮으면 단단하게 정의된 모양이 되고, 가장자리 다듬기 값이 크면 주변으로 더 부드럽게 떨어지는 마스크가 생성됩니다. 가장자리 다듬기는 생성되는 마스크 영역의 스트로크마다 수행합니다.

전체 마스크를 더 세밀하게 조정하려면 [레이어 & 마스크] 툴의 레이어 이름을 마우스 오른쪽
버튼으로 클릭한 후 [리파인 마스크]를 선택합니다.

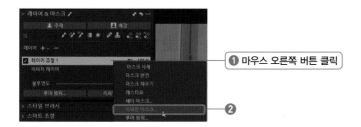

①마우스 오른쪽 버튼 클릭

②

- **전체 사진 샘플** : 이 옵션을 활성화하면 마스크를 칠할 영역의 연결 부분이 끊겼는지 여부와 관계없
  이 같은 색상의 모든 영역을 마스크로 덮습니다.

> **Tip** 매직 브러시 조정 단축키
>
> 뷰어 창의 사진 위에 마우스 커서를 올려놓고, 오른쪽 마우스 버튼과 단축키를 사용하여 매직 브러시의 4가
> 지 설정을 편하게 조정할 수 있습니다.
>
> 윈도우 단축키
> - **크기** : Alt+마우스 오른쪽 버튼 클릭 후 가로 드래그(오른쪽/왼쪽)
> - **불투명도** : Shift+마우스 오른쪽 버튼 클릭 후 가로 드래그(오른쪽/왼쪽)
> - **허용 오차** : Alt+마우스 오른쪽 버튼 클릭 후 수직 드래그(위/아래)
> - **가장자리 다듬기** : Shift+마우스 오른쪽 버튼 클릭 및 수직 드래그(위/아래)
>
> 맥 단축키
> - **크기** : Ctrl+Option+왼쪽 클릭 및 가로 드래그(오른쪽/왼쪽)
> - **불투명도** : Shift+Ctrl+Option+왼쪽 클릭 및 가로 드래그(오른쪽/왼쪽)
> - **허용 오차** : Ctrl+Option+왼쪽 클릭 및 세로 끌기(위/아래)
> - **가장자리 다듬기** : Shift+Ctrl+Option+왼쪽 클릭 및 수직 드래그(위/아래)
>
>

AI 선택(🪄)

캡쳐원의 v16.3부터 새롭게 추가된 AI 마스크 기능은 이미지에서 원하는 영역을 클릭만 하면 정확한 마스크를 빠르게 만들 수 있습니다. 또한 특정 영역을 클릭하고 드래그하여 마스킹할 영역의 주변에 직사각형을 그리면 직사각형 영역을 중심으로 더 정확한 결과를 얻을 수 있습니다.

기존의 매직 마스크 기능이 유사한 색상 영역에 국한되어 마스크를 분석했다면 AI는 더 지능적으로 원하는 피사체나 배경의 형태를 인공지능으로 분석하여 더 세밀하고 완벽한 마스크를 만들 수 있습니다.

• 주제 및 배경 마스킹

캡쳐원은 사진에서 주제(피사체) 또는 배경을 자동으로 감지하고 마스킹하여 고품질 가장자리로 다듬어진 마스크가 있는 새로운 레이어를 만들 수 있습니다.

1 주제와 배경을 분리하여 마스킹할 사진을 선택합니다.

© 김길수

2 [레이어 & 마스크] 툴에서 [주제]를 클릭합니다.

3 [주제 마스크 준비중] 안내 창이 나타나면서 마스킹 분석을 시작합니다.

Tip 마스킹 분석 시간은 약 5~10초 소요가 예상되지만, 컴퓨터 성능에 따라 다를 수 있습니다.

4 사진의 주제(피사체)만 자동으로 마스킹되어 표시되고, [레이어 & 마스크] 툴에 '주제 마스크 1' 이름의 레이어가 자동으로 생성됩니다.

5 [레이어 & 마스크] 툴에서 [배경]을 클릭합니다.

6 [배경 마스크 준비중] 안내 창이 나타나면서 마스킹 분석을 시작합니다.

7 사진의 배경만 자동으로 마스킹되어 표시됩니다. [레이어 & 마스크] 툴에 '배경 마스크 1' 이름의 레이어가 자동으로 생성됩니다.

Tip [사용자 스타일]에 배경 마스크와 주제 마스크 모두 레이어로 저장할 수 있습니다. 레이어 마스크가 포함된 [사용자 스타일]을 사용하면 한 번에 여러 장의 사진에 주제와 배경이 분리된 보정 효과를 적용할 수 있습니다.

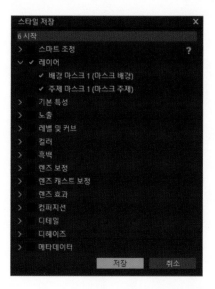

• AI 선택 마스킹

[AI 선택] 아이콘을 사용하여 사진에서 특정 개체나 영역을 손쉽게 마스킹할 수 있습니다.

1 [레이어 & 마스크] 툴에서 [AI 선택] 아이콘을 클릭하거나, 캡쳐원 상단의 가운데 커서 툴 모음에서 [AI 선택] 아이콘을 클릭합니다.

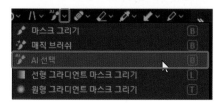

2 뷰어 창의 사진 상단에 [AI 마스크 준비 중...]이라는 메시지가 표시되며 AI 마스킹을 분석할 시간이 소요됩니다.

© 김길수

3 이미지에서 원하는 영역으로 마우스 커서를 이동시킵니다. 마우스 커서의 위치에 따라 해당 커서를 중심으로 AI 마스크가 자동으로 미리 보기로 표시됩니다.

▲ 얼굴 피부만 자동으로 선택

▲ 머리카락만 자동으로 선택

4 얼굴만 선택한 상태에서 마우스 커서를 클릭하면 [레이어 & 마스크] 툴에 '레이어 조정 1'이라는 이름의 레이어가 자동 생성되면서 얼굴에 마스킹이 됩니다.

5 얼굴이 선택된 '레이어 조정 1' 상태에서 마우스 커서를 머리카락으로 이동하여 클릭합니다. 기존 얼굴에서 머리카락까지 하나의 마스크로 합쳐져서 '레이어 조정 1'로 저장됩니다.

Tip ▶ 마스크를 선택한 후 키보드 Alt (윈도우) 또는 Option (맥) 키를 누르면 마우스 커서가 '+'에서 '-'로 변경되며, 일시적으로 'AI 선택'에서 'AI 지우개'로 전환할 수 있습니다.

AI 지우개로 전환한 상태에서 마우스 커서를 이동하면 지워질 마스크의 미리 보기는 기존 AI 선택의 보색으로 표시됩니다. 클릭하면 선택한 마스킹이 지워집니다.

6 AI 선택은 새로 클릭할 때마다 기존 레이어에 추가됩니다. 원하는 경우 마스크를 분리하여 별도의 레이어로 저장할 수도 있습니다. [레이어 & 마스크] 툴에서 마우스 오른쪽 버튼으로 [+] 아이콘을 클릭하여 [새로운 빈 레이어 조정]을 선택합니다.

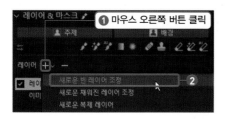

7 '레이어 조정 2' 이름의 레이어가 생성됩니다.

8 인물의 의상에 마우스 커서를 이동하고 클릭합니다. 인물의 의상만 마스킹된 '레이어 조정 2'가 저장됩니다. 이제 인물의 피부와 의상을 구분하여 의상만 별도로 보정할 수 있습니다.

• AI 마스킹 범위 지정하기

마우스 드래그만으로 AI 선택 범위를 원하는 만큼 지정할 수 있습니다.

1 사진의 꽃다발에서 분홍 꽃 부분으로 마우스 커서를 이동합니다. 분홍 꽃 한 송이만 마스킹되어 자동으로 미리 보기 표시됩니다.

© 함민수

2 분홍 꽃만 선택된 상태에서 원하는 범위만큼 직사각형으로 마우스 드래그합니다. 직사각형의 범위만큼 마스크 영역이 확장됩니다. 기존 분홍 꽃에서 꽃다발의 대부분으로 마스킹 영역이 확장됩니다.

3 범위 지정 완료 후 마스킹 꽃다발에서 마스킹이 빠진 부분을 확인하여 마우스로 차례대로 클릭하여 완벽한 범위를 지정합니다. 이제 인물 사진에서 꽃다발만 정확하게 마스킹 지정이 완료되었습니다.

선형 그라디언트 마스크(■)

브러시를 이용하여 사진에 점진적인 불투명도를 지닌 직선형의 마스크 레이어를 원하는 방향과 범위로 자동 생성해 줍니다.

사진에서 클릭과 동시에 원하는 방향으로 직선 마스크의 범위를 설정할 수 있으며, 설정을 마치고 언제든지 마음대로 수정이 가능합니다. 선형 마스크는 3개의 실선으로 표시되며, 가장 안쪽 실선은 전체 마스크 범위의 강약을 조절합니다. 가운데 실선은 마스크를 회전시킵니다. 바깥쪽 실선은 마스크의 전체 범위를 지정합니다. 선형 마스크는 그라데이션 ND 필터의 기능과 같이 수평선으로 배분되는 풍경 사진의 보정에 특히 유용한 레이어입니다.

▲ 선형 그라디언트 마스크 방향 : 아래쪽에서 위쪽 방향으로 마우스 드래그

▲ 선형 그라디언트 마스크 방향 : 위쪽에서 아래쪽 방향으로 마우스 드래그

• 선형 그라디언트(그라데이션) 마스크 만들기

(예제 파일 : sample_010.eip)

선형 마스크 기능은 수직, 수평선이 뚜렷한 풍경 사진이나 건축 사진 등과 같이 사진에 점진적인 필터 효과를 만들어 자연스러운 보정을 돕는 기능으로써 사용 방법이 매우 간단합니다. 레이어 마스크는 비파괴 방식으로 적용되기 때문에 마스크 끝 선을 클릭하고 드래그하여 그라데이션의 위치, 회전 및 길이를 언제나 마음대로 재조정할 수 있습니다.

1 [레이어 & 마스크] 툴 하단에서 [선형 그라디언트 마스크 그리기] 아이콘을 클릭하거나, 커서 툴 모음에서도 같은 아이콘을 클릭할 수도 있습니다. 또는 단축키 ⬜을 사용할 수 있습니다.

2 뷰어 창의 사진을 클릭하여 드래그하면서 원하는 방향으로 직선 그라데이션 마스크를 그립니다. 처음 클릭한 위치는 100% 마스크 범위를 적용하고 드래그를 중지하면서 마우스를 놓는 지점에서 그라데이션은 0% 범위로 자연스럽게 희미해집니다.

3 마스크를 그리는 동안 마스크 상태를 시각적으로 확인하려면 메뉴의 [레이어] 〉 [마스크 가시성] 〉 [항상 마스크 표시]를 클릭하거나, 뷰어 창의 상단에서 [마스크 가시성 설정] 아이콘을 클릭하여 설정할 수 있습니다.

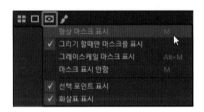

Tip ▶ 단축키 M을 사용하여 마스크의 가시성을 켜거나 끌 수 있습니다. 단축키 M은 레이어 마스크 기능을 사용할 때 마스크의 시각적 상태와 사진의 보정값 적용 상태를 빠르게 전환할 수 있는 단축키이므로 꼭 기억해야 할 단축키 중 하나입니다.

4 사진의 구도에 맞춰 마스크의 각도와 범위를 마우스로 조정합니다. 단축키 M을 사용하여 마스크를 숨깁니다. [노출] 툴이나 [하이 다이나믹 레인지] 툴 등을 이용하여 하늘과 구름의 톤을 보정합니다.

© 홍명희

5 작업한 그라데이션 마스크를 다른 이미지에 동일하게 적용할 수도 있습니다. 브라우저에서 마스크를 적용할 다른 사진들을 모두 선택합니다. Shift를 누른 상태에서 작은 양쪽 화살표 모양의 [툴 일괄 적용](🔲) 아이콘을 클릭합니다.

6 선택한 모든 사진에게 같은 마스크가 적용됩니다.

© 홍명희

선형 마스크가 그려진 상태에서 다시 클릭하면 이전의 선형 마스크가 사라지고 다시 새로운 마스크를 그리게 됩니다. 만약, 사진에서 선형 마스크를 그린 후에 선형 마스크를 추가하고 싶다면, 새 레이어를 만들어서 다시 적용해야 합니다.

마스크는 그 자체의 불투명도를 변경할 수는 없지만 [레이어] 툴에서 [불투명도] 슬라이더를 사용하여 효과의 강약을 조절하여 효과를 더 흐리게 할 수도 있습니다.

원형 그라디언트 마스크(◉)

브러시를 이용하여 사진에 점진적인 불투명도를 지닌 원형의 마스크 레이어를 원하는 모양과 범위로 자동 생성해 줍니다.

사진에서 마우스 클릭을 중심으로 원하는 범위만큼 원형 마스크의 범위를 설정할 수 있습니다.

설정을 마치고 언제든지 마음대로 수정이 가능합니다. 원형 마스크는 3개의 실선으로 표시되며, 가장 안쪽 실선은 전체 원형 범위의 강약을 조절합니다. 가운데 4개의 흰점은 원형의 모양을 조절할 수 있습니다. 가운데 실선은 마스크를 회전시킵니다. 바깥쪽 실선은 마스크의 전체 범위를 지정합니다. 원형 바깥쪽을 선택하거나 마스크 반전 기능을 통해 원형 안쪽을 선택할 수 있으며, 자연스러운 비네팅 효과나 반사판 조명 효과와 같이 인물이나 피사체를 부각시킬 수 있습니다.

© 방상식

© 방상식

• 원형 그라데이션 마스크의 구조

원형 마스크는 언뜻 보기에 마스크 그리기 브러시로 만든 마스크와 비슷해 보일 수 있지만 몇 가지 중요한 차이점이 있습니다. 레이어당 하나의 원형 마스크만 만들수 있지만 가장 큰 장점은 마스크가 비파괴 방식으로 적용된다는 것입니다. 이 기능은 원형 그라데이션 마스크를 다른 유사한 이미지에 복사할 때 특히 유용합니다.

3개의 실선 중 가장 바깥쪽 선은 100% 마스크 적용 범위를 나타내며 선택한 사진 보정의 전체 효과를 제공합니다.

© 강선준

가운데 중심선은 50% 마스크 적용 범위를 나타내며 적용된 이미지 보정의 50% 효과를 제공합니다. 이 중심선에는 두 가지 기능이 있습니다. 타원형일 경우 중심선을 통해 회전할 수 있고 4개의 꼭짓점을 통해 타원형의 모양을 변경할 수 있습니다.

가장 안쪽 선은 0% 마스크 적용 범위로의 전환을 나타내며 적용된 이미지 보정 효과를 종료합니다. 마스크의 크기, 모양 및 페더링을 제어할 수 있을 뿐만 아니라 원형 그라데이션 마스크 레이어의 불투명도 슬라이더를 사용하여 전체 효과를 페이드할 수도 있습니다.

• **원형 레이어 마스크 만들기**

　(예제 파일 : sample_001.cr2)

1 [레이어 & 마스크] 툴 하단에서 [원형 그라디언트 마스크 그리기] 아이콘을 클릭하거나 커서 툴 모음에서도 같은 아이콘을 클릭해도 됩니다.

Tip ▶ 단축키 T를 눌러도 됩니다.

2 뷰어 창에서 원하는 영역을 클릭하고 드래그합니다. 새 마스크와 레이어가 자동으로 생성됩니다. 마우스 버튼을 놓기 전에 커서를 위/아래 또는 옆으로 드래그하면 즉시 모양을 변경할 수 있습니다. 마스크 불투명도의 전환은 처음 클릭한 위치에서 100%로 이동하고 커서를 놓는 위치에서 점진적으로 0으로 사라집니다.

3 자연스러운 범위를 설정하기 위하여 3개의 선에서 맨 안쪽의 선을 더 작게 하고, 가장 끝쪽의 선을 더 넓게 조절합니다. 이렇게 하면 원형의 전반적인 범위가 부드럽게 퍼집니다.

4 단축키 M을 사용하여 마스크를 숨기고, 원하는 보정 작업을 합니다. 예를 들어, 노출과 밝기 등을 밝거나 어둡게 조절합니다.

© 강선준

Tip ▶ **원형 마스크에서 유용한 단축키**

마스크를 그릴 때 [Shift]를 누른 상태에서 드래그하면 1:1 종횡비로 완벽한 원형의 마스크를 그립니다.
[Alt]를 누른 상태에서 원형 마스크 만들기를 시작하면 기본 중심점 대신 왼쪽 상단 지점에서 그립니다. 이 방식
은 그리기 동작이 포토샵의 선택 툴처럼 작동하도록 변경됩니다.

힐링 마스크 그리기( )

'새로운 힐 레이어'와 동일합니다. 힐 브러시를 이용하여 사진의 특정 영역을 복구합니다.

뷰어 창의 사진에서 마우스 오른쪽 버튼을 클릭한 후 힐 브러시를 설정합니다. 잡티 크기에 맞
춰 브러시 크기를 조정한 후 잡티를 마우스로 드래그하면서 칠합니다. 마우스에서 손을 떼고 커
서를 이동하면 잠시 후 잡티가 제거되며 이미지 손상을 복구합니다. 마음에 들지 않는 경우, 실
행 취소를 하고 힐 브러시 설정을 조정하여 다시 칠합니다.

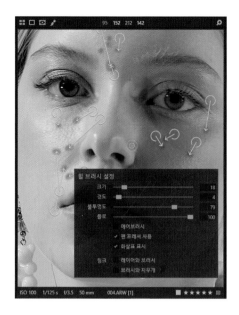

© 안성진

복제 마스크 그리기(👤)

'새로운 복제 레이어'와 동일합니다. 복제 브러시를 이용하여 사진의 특정 영역을 복제합니다.

뷰어 창의 사진에서 마우스 오른쪽 버튼을 클릭한 후 복제 브러시를 설정합니다. 잡티 크기에 맞춰 브러시 크기를 조정한 후 잡티의 컬러, 톤과 유사한 영역에 마우스 커서를 위치하고 Alt 를 눌러 타깃을 지정합니다. 복구를 원하는 영역을 마우스로 칠합니다.

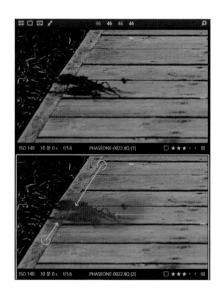

지우개(✐)

이미 칠해진 레이어 마스크를 브러시로 지웁니다.

매직 지우개(✐)

매직 브러시의 반대 개념으로 볼 수 있습니다. 브러시 설정값에 따라서 범위를 분석하여 이미 칠해진 레이어 마스크의 특정 부분을 자동으로 지웁니다.

• 루마 범위(LUMA RANGE)

루마(LUMA)는 빛의 밝기, 광도를 의미합니다. 즉 루마 범위는 광도의 범위를 지정하여 보정하는 방법입니다. 레이어를 만들어서 특정 영역에 대한 보정을 원할 때 루마 범위를 사용하면 깊은 그림자나 중간톤 또는 하이라이트에 대해서만 자동 선택하여 영역을 지정할 수 있습니다. 루마 범위는 모든 레이어 보정에서 사용 가능하며 비파괴 방식이기 때문에 품질을 유지하면서 보다 빠르게 특정 영역의 톤이나 컬러를 보정할 수 있습니다.

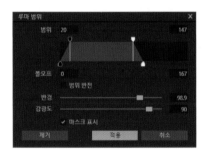

• 루마 범위를 이용하여 하늘이 포함된 풍경 사진 보정하기

1 [조정 툴] 탭 〉 [레이어 & 마스크] 툴로 이동합니다. [+] 아이콘에서 마우스 오른쪽 버튼을 클릭한 후 [새로운 채워진 레이어 조정]을 선택합니다.

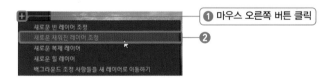

2 [레이어 & 마스크] 툴에 '레이어 조정 1'이 생성되었으며, 단축키 M을 반복해서 눌러서 사진 전체가 마스크 컬러로 표시되거나 마스크가 숨겨집니다.

3 [레이어 & 마스크] 툴에서 [루마 범위]를 클릭합니다.

4 [루마 범위] 창이 나타나면 [마스크 표시]에 체크하고 그래프 왼쪽 부분의 상단 포인트를 클릭하여 오른쪽으로 이동시킵니다. 이때 뷰어 창의 사진에서 마스크 범위의 변화를 확인하면서 원하는 범위가 표시되도록 그래프의 왼쪽과 오른쪽 포인트를 조정합니다.

5 사진에서 땅의 선택 영역이 해제되고, 하늘과 바다 영역만 빨간 마스크로 채워집니다. [반경]과 [감광도] 슬라이더를 조정하여 마스크 경계면을 좀 더 자연스럽게 조절합니다. [적용]을 클릭하여 [루마 범위] 창을 닫습니다.

6 단축키 M을 반복하여 눌러서 마스크를 숨기거나 표시해 봅니다. 마스크가 칠해진 영역의 사진 보정을 위해 M을 눌러서 마스크를 일시적으로 숨깁니다. 이제 [화이트 밸런스] 툴에서 [켈빈] 슬라이더를 이용하여 하늘의 색온도를 보정하고, [노출] 툴과 [하이 다이나믹 레인지] 툴을 통해 톤을 보정합니다.

7 뷰어 창에서 사진을 100% 확대하여 선택한 마스크의 경계면이 자연스러운지 확인하며 앞선 작업
   을 반복합니다.

• 루마 범위를 이용하여 하늘을 제외한 영역 보정하기

루마 범위를 이용하여 하늘 영역을 선택한 상태에서 보정을 마친 후, 그 상태에서 손쉽게 바로 반대 영역의 보정이 가능합니다. 이렇게 하면 좀 더 드라마틱한 효과나 풍부한 톤 보정을 기대 할 수 있을 것입니다.

1 이전에서 루마 범위로 작업한 하늘 영역의 레이어 상태를 유지합니다. [레이어 & 마스크] 툴의 [+] 아이콘을 마우스 오른쪽 버튼으로 클릭한 후 [새로운 빈 레이어 조정]을 선택합니다.

2 [레이어 & 마스크] 툴에 '레이어 조정 2'가 생성됩니다. '레이어 조정 2'를 선택한 상태에서 마우스 오른쪽 버튼을 클릭한 후 [마스크 복사] 〉 [레이어 조정 1]을 선택합니다.

3 '레이어 조정 1'과 마찬가지로 하늘만 선택한 레이어가 똑같이 복사됩니다. 이 상태에서 다시 '레이어 조정 2'를 선택하고 [루마 범위]를 클릭합니다. [루마 범위] 창에서 [범위 반전]을 체크하고 [적용]을 클릭합니다.

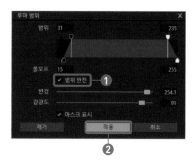

4 마스크 영역이 반전되어 하늘을 제외한 나머지 부분이 나타납니다.

5 단축키 M을 눌러 마스크를 숨긴 상태에서 [노출], [하이 다이나믹 레인지], [컬러 밸런스] 등 원하는 툴을 사용하여 톤과 컬러를 보정합니다.

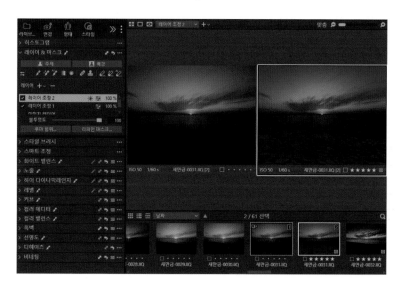

힐링 마스크(스폿 제거)

사진에서 작은 잡티나 사진에 나타난 센서 먼지를 빠르게 제거하기 위하여 캡쳐원에는 원형 커서를 사용하는 별도의 [스폿 제거] 툴이 존재하지만, 이 툴은 커서 크기와 점을 제거할 수 있는 사용 숫자에 제한이 있습니다.

◀ [스폿 제거] 툴

힐링 마스크 그리기는 사진의 넓은 영역에서 더 복잡하고 정밀한 복구 작업이 필요한 경우에 훨씬 유용합니다.

1 캡쳐원 중앙의 커서 툴 모음 또는 [조정 툴] 탭 〉 [레이어] 툴에서 반창고 모양의 [힐링 마스크] 아이콘을 클릭합니다.

2 뷰어 창의 사진 위에서 마우스 오른쪽 버튼을 클릭하면 [힐 브러시 설정] 창이 나타납니다.

3 사진을 100% 또는 적당한 크기로 확대하고, 지우려는 모양의 크기에 맞게 브러시의 [크기]를 정하고 브러시 주변의 [경도]와 [불투명도] 및 [플로]를 설정합니다.

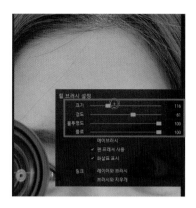

4 사진에서 지우기를 희망하는 영역을 확인하고 마우스로 복구할 영역을 클릭하거나 브러시 칠을 합니다. 사진에서는 모델의 이마에 있는 머리카락을 힐 브러시로 제거하고 있습니다.

5 주변 영역에서 최대한 비슷한 영역에서 자동으로 복제하여 사진을 복구합니다. 원하는 대로 복구될 때까지 반복적으로 브러시를 칠합니다. 단축키 [M]을 반복적으로 누르면 힐 브러시 영역을 마스크로 반복 표시합니다.

6 여러 개의 힐링 마스크 타깃 중 마음에 들지 않는 화살표를 클릭하면 클릭한 곳만 주황색으로 활성화됩니다. 여기서 Delete를 누르면 해당 주황색 화살표만 삭제됩니다. 또는 주황색의 원형을 선택한 후 드래그하면 포인트를 다른 곳으로 이동시킬 수 있습니다.

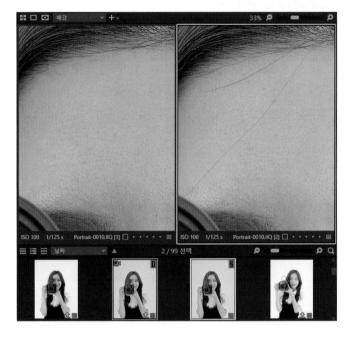

AI 지우개

AI 선택과 반대로 지정된 마스크에서 원하는 영역만 AI 지우개로 지울 수 있습니다.

1 AI 마스크 기능을 사용한 사진, 즉 '주제 마스크 레이어' 또는 'AI 선택 레이어'가 있는 사진을 선택합니다.

© 염종일

2 [레이어 & 마스크] 툴에서 [AI 지우개] 아이콘을 클릭합니다.

3 이미지에서 원하는 영역으로 마우스 커서를 이동시킵니다. 마우스 커서의 위치에 따라 해당 커서를 중심으로 지워지는 영역이 자동으로 미리 보기 표시됩니다.

4 원하는 곳을 클릭하면 해당 영역이 지워진 채로 선택 마스킹이 수정됩니다. 인물의 피부톤을 수정하기 위하여 AI 지우개로 의상과 머리카락을 클릭하여 피부만 마스킹으로 지정하였습니다.

Tip ▶ 마스크를 지운 상태에서 키보드 Alt (윈도우) 또는 Option (맥)을 누르면 마우스 커서가 '－'에서 '＋'로 변경되며, 일시
적으로 AI 지우개에서 AI 선택으로 전환할 수 있습니다. AI 지우개로 지웠던 머리카락을 다시 선택합니다.

스타일 브러시

스타일 브러시는 브러시에 특정 툴의 보정값을 '사용자 정의'하는 기능입니다. 브러시를 이용해
서 원하는 부분만 더 세밀하면서 자연스럽게 보정할 수 있는 게 특징입니다. 캡처원에 내장되어
있는 세 가지 항목의 '내장 스타일 브러시'와 사용자가 직접 제작하는 스타일 브러시를 사용하여
사진의 특정 영역을 브러시로 세밀하게 보정 작업을 수행할 수 있습니다.

© 조인채

브러시 설정 조정

레이어 마스킹 작업을 위하여 브러시의 [크기, 경도, 불투명도, 플로] 등을 설정합니다. [레이어 & 마스크] 툴 하단의 [브러시 설정 조정] 아이콘을 클릭하거나, 뷰어 창의 사진 위에서 마우스 오른쪽 버튼을 클릭하면 [브러시 설정 조정] 창이 나타납니다.

 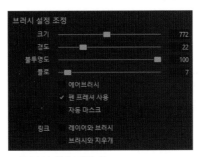

▲ [브러시 설정 조정] 창

내장 스타일 브러시

스타일 브러시는 [Color, Enhancements, Light & Contrast] 3가지 기본 그룹이 내장되어 있으며, 각각의 그룹에서 세부 기능을 선택할 수 있습니다.

Deep Sky로 풍경 사진의 구름을 더 강조하기

1 [스타일 툴] 탭 〉[스타일 브러시] 툴로 이동합니다. [스타일 브러시] 툴에서 [내장 스타일 브러시] 〉 [Enhancements] 〉[Deep Sky]를 클릭합니다.

2 뷰어 창의 사진 위에 마우스 오른쪽 버튼을 클릭합니다. [브러시 설정 조정] 창이 나타나면 브러시의 [크기, 경도, 불투명도, 플로]를 조정합니다.

3 하늘의 구름 부분을 마우스 드래그하여 칠을 하면서 사진의 결과물을 확인합니다.

© 조인채

4 [레이어 & 마스크] 툴에서 [불투명도] 슬라이더 조정을 통해 Deep Sky 효과의 강약을 조정합니다.

Tip ▶ 내장 스타일 브러시 기능 설명

- **Color**
  - Balance(Cool, Warm) : 색온도 조정
  - Saturation(–, +) : 채도 조정

- **Enhancements**
  - Add Detail : 디테일 추가
  - Deep Sky : 구름 선명도 강조
  - Iris Enhance : 인물의 눈동자 선명도 강조
  - Red Skin Reduction : 인물 피부의 붉은 기운 감소
  - Soft Flare : RGB 커브에서 셰도우(왼쪽 하단)를 끌어 올림
  - Whiten Teeth : 인물의 하얀 치아 강조

- **Light & Contrast**
  - Brghtness(–, +) : 밝기 조정
  - Burn(darken) : 어둡게 하기
  - Contrast(–, +) : 대비 조정
  - Dodge(brighten) : 밝게 하기
  - Haze(add, remove) : 헤이즈 추가 및 제거
  - Highlights(brghten, recover) : 하이라이트 밝게, 복원
  - Shadows(darken, recover) : 그림자 어둡게, 복원

커스텀(사용자) 스타일 브러시

사용자가 직접 브러시에 특정 보정값을 설정하여 커스텀 스타일 브러시로 저장하여 사진에 원하는 특정 톤이나 컬러, 샤프닝 등을 정밀하게 적용할 수 있습니다. 커스텀 스타일 브러시를 만들어 저장하기 위해서는 작업 시작 전 '채워진 레이어'를 만들어 놓고서 보정을 시작해야 하는 점을 반드시 기억해야 합니다.

커스텀 스타일 브러시 만들기 : '피부톤 보정용'

1 피부 보정을 위한 인물 사진을 선택한 후 [조정 툴] 탭 〉 [레이어 & 마스크] 툴의 [+] 아이콘에서 마우스 오른쪽 버튼을 클릭한 후 [새로운 채워진 레이어 조정]을 선택합니다. 또는 메뉴의 [레이어] 〉 [새로운 채워진 레이어 조정 추가]를 클릭해도 됩니다.

2 [조정 툴] 탭 〉 [선명도] 툴에서 [선명도] 슬라이더를 − 수치로 조정하여 피부를 부드럽게 보정합니다.

3 [조정 툴] 탭 〉 [컬러 에디터] 툴에서 3가지 메뉴 [기본, 고급, 피부톤] 중 [피부톤]을 선택합니다.
원형 오른쪽의 [컬러 선택] 아이콘을 클릭하고 인물의 피부에서 적당한 영역을 클릭합니다.

4 [균일성] 〉 [밝기] 슬라이더를 조정하여 피부 전체적인 밝기를 균일하게 보정합니다. [채도]와 [색상] 슬라이더를 이용하여 피부 컬러를 균일하게 보정합니다. [수치] 〉 [색상], [채도], [밝기] 슬라이더를 이용하여 원하는 피부톤을 최종 보정합니다.

5 [컬러 에디터] 툴의 [리셋] 아이콘을 Alt 를 누른 상태 또는 Option (맥)을 누른 상태로 누르면 적용 전과 적용 후를 즉시 비교할 수 있기 때문에 원하는 피부톤으로 보정되었는지 바로 확인할 수 있습니다.

6 피부톤 보정이 마음에 든다면, 이제 스타일 브러시로 저장합니다. [조정 툴] 탭 〉 [스타일 브러시] 툴로 이동합니다. [스타일 브러시] 툴 오른쪽의 ••• 아이콘을 클릭하여 [스타일 브러시 저장]을 선택합니다.

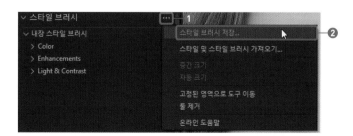

7 [스타일 브러시 저장] 창이 나타내며, 방금 보정했던 효과들이 자동 체크됩니다. 적용할 효과의 체크 표시를 확인한 후 [저장]을 클릭합니다.

8 원하는 사용자 스타일 브러시 이름을 입력합니다(예: 소프트 피부톤 01). [스타일 브러시] 툴 〉 [커스텀 스타일 브러시]에 '소프트 피부톤 01' 브러시가 생성됩니다.

9 브라우저에서 '소프트 피부톤 01'을 적용할 다른 인물 사진을 선택합니다. [커스텀 스타일 브러시]에서 '소프트 피부톤 01'을 선택하고 뷰어 창에서 마우스 오른쪽 버튼을 클릭하여 브러시 크기와 경도 등을 설정합니다.

10 인물의 피부 변화를 확인해가면서 피부 영역에 브러시를 칠합니다. 단축키 M을 반복적으로 눌러서 브러시가 칠해진 마스킹 영역을 확인합니다.

11 [레이어 & 마스크] 툴에서 '소프트 피부톤 01' 명칭 왼쪽의 체크 박스를 반복적으로 클릭하면서 피부톤의 변화를 확인할 수 있습니다. [불투명도] 슬라이더 조정을 통해 피부톤의 강약을 조질할 수도 있습니다.

스마트 조정

스마트 조정은 노출과 화이트 밸런스가 일관적이지 않은 촬영 이미지 전체를 유사하게 통일시키기 위한 쉽고 효율적이며 지능적인 방법입니다. 노출 및 화이트 밸런스는 한 장의 참조 사진을 기준으로 하여 스마트하게 조정됩니다. 행사 촬영이나 웨딩 스냅 촬영 등과 같이 변화가 많은 인물 사진을 작업할 때 노출 또는 화이트 밸런스에 대한 개별 슬라이더를 조정할 필요가 거의 없기 때문에 편집 작업 속도를 크게 높일 수 있습니다.

1 브라우저에서 적당한 사진을 선택한 후 사진에 대하여 적절한 노출과 화이트 밸런스를 보정합니다.

2 [조정 툴] 탭 〉 [스마트 조정] 툴에서 [참조로 저장]을 클릭합니다. 방금 보정한 사진이 [스마트 조정] 툴에 섬네일 사진으로 표시되어 스마트 조정에 적용할 기준 사진이 됩니다. [화이트 밸런스]와 [노출] 모두 체크합니다.

3 뷰어 창에서 스마트 조정을 적용할 다른 사진들을 선택합니다. 또는 Ctrl + A (맥 : Command + A)를 눌러서 브라우저의 전체 사진을 선택합니다. [스마트 조정] 툴에서 [적용]을 클릭합니다. 스타일 적용 그래프가 진행되며 모든 사진에 적용되기 시작합니다. 선택한 사진들이 기준 사진과 동일하게 화이트 밸런스와 노출이 통일되는지 확인합니다.

Tip ▶ [스마트 조정] 툴에는 [스타일 저장] 버튼이 포함되어 있습니다. 이렇게 하면 스마트 노출 및 또는 스마트 화이트 밸런스를 포함하여 나중에 사용자 스타일로도 사용할 수 있습니다.

화이트 밸런스

보통 화이트 밸런스의 정확한 보정을 위해서는 RAW 촬영을 권장합니다. 캡쳐원에서는 JPEG 편집도 지원하지만, JPEG 촬영은 카메라로 촬영할 당시부터 지정한 색온도로 촬영되어 압축 파일로 저장하는 형태이기 때문에, 촬영 후 색온도를 보정할 필요가 생길 때 컬러의 품질에 문제가 발생할 수 있기 때문에, JPEG 촬영은 처음부터 정확한 화이트 밸런스 설정에 주의를 기울일 필요가 있습니다.

RAW 촬영은 이러한 색온도에 대하여 캡쳐원에서 보정할 수 있는 모든 정보를 담고 있으므로, 고품질의 정확한 컬러로 보정할 수 있습니다.

자동 화이트 밸런스 설정

(예제 파일 : sample_011.iiq)

1 브라우저에서 원본 사진을 선택하고, [조정 툴] 탭 〉 [화이트 밸런스] 툴로 이동합니다.

2 [화이트 밸런스] 툴 제목 표시줄 오른쪽에 있는 마법봉 모양의 [자동 조정] 아이콘을 클릭합니다. [모드]가 '촬영'에서 '사용자 지정'으로 바뀌면서 [켈빈 및 색조] 슬라이더가 자동으로 보정 업데이트 됩니다.

3 자동 조정 후 추가적인 보정이 필요한 경우 [켈빈] 슬라이더를 미세 보정하고, [색조] 슬라이더를 왼쪽으로 이동하여 마젠타색 캐스트를 제거하거나 오른쪽으로 이동하여 녹색 캐스트를 제거합니다.

피커로 중성 영역 선택

1 [조정 툴] 탭 〉 [화이트 밸런스] 툴로 이동합니다. [화이트 밸런스] 툴에서 스포이트 모양의 [화이트 밸런스 피커] 아이콘을 클릭합니다.

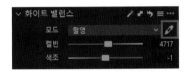 

2 사진에서 디테일이 보이는 밝은 흰색이나, 밝은 중성 회색 영역을 클릭합니다.

3 만족스러운 결과가 표시될 때까지 반복적으로 영역을 클릭합니다. 스포이트를 반복 클릭할 때마다
화이트 밸런스는 계속 새로운 값으로 갱신됩니다.

그레이 카드 및 컬러 차트를 사용하여 사용자 화이트 밸런스 설정

1 그레이 카드나 컬러 차트를 사용하여 사진을 촬영합니다.

2 [조정 툴] 탭 〉[화이트 밸런스] 툴에서 [화이트 밸런스 피커] 아이콘을 클릭합니다. 사진에서 컬러 차트의 중성 회색 영역을 결과에 만족할 때까지 반복해서 클릭합니다. 이전의 켈빈과 색조 값은 즉시 갱신됩니다.

3 추가 보정이 필요한 경우 [색조] 슬라이더를 왼쪽으로 이동하여 마젠타색 캐스트를 제거하거나 오른쪽으로 이동하여 녹색 캐스트를 제거합니다. 결괏값이 만족스럽다면, 이 설정을 복사하여 다른 사진에 일괄 적용합니다.

화이트 밸런스 모드별 설정

1 브라우저에서 사진을 선택하고, [조정 툴] 탭 〉[화이트 밸런스] 툴로 이동합니다.

2 [화이트 밸런스] 툴의 [모드]에서 사진 촬영 당시 가장 관련이 있는 색온도(조명) 모드를 선택합니다. 적당한 결과를 찾을 때까지 모드를 계속 바꿔볼 수 있습니다.

3 추가 조정이 필요한 경우 촬영 장면의 기억에 따라 [켈빈] 슬라이더와 [색조] 슬라이더를 조정합니다. 스포이트 모양의 [화이트 밸런스 피커] 아이콘을 사용하여 사진에서 중성 회색에 가까운 영역들을 찾아서 클릭해 보면 가장 빠르게 근사값을 찾을 수 있습니다.

켈빈 및 색조 슬라이더 조정

스포이트 선택, 모드 설정, 자동 조정 등의 옵션을 사용하여 화이트 밸런스를 보정합니다. [켈빈]과 [색조] 슬라이더를 사용하여 화이트 밸런스를 미세하게 보정합니다.

- **켈빈** : 800에서 14000도 켈빈 범위 내에서 사진의 색온도를 변경합니다. 더 따뜻한(노란색) 색조를 얻으려면 슬라이더를 오른쪽으로 이동하고 더 차가운(파란색) 색조를 얻으려면 왼쪽으로 이동합니다. 슬라이더의 눈금은 실제 켈빈 값을 나타내며 카메라마다 약간의 차이가 있습니다.

- **색조** : 슬라이더를 오른쪽으로 이동하면 형광등이나 튜브형 조명에서 흔히 발생하는 녹색 캐스트를 제거할 수 있습니다. 슬라이더를 왼쪽으로 이동하면 마젠타 캐스트가 제거됩니다.

노출

노출은 촬영된 사진에 대한 노출의 과부족을 보정하는 툴입니다. 대부분의 사진은 복잡한 보정 과정 없이 간단하게 노출을 보정할 수 있습니다.

1 [조정 툴] 탭 〉 [노출] 툴로 이동합니다. [노출] 슬라이더를 왼쪽으로 이동하여 사진을 어둡게 하거나 오른쪽으로 이동하여 밝게 보정합니다. 최대 '−4'에서 '+4'까지 보정이 가능합니다.

2 정밀한 입력을 위하여 숫자 입력란에 숫자를 직접 입력하거나, 마우스 휠 또는 키보드 ↑/↓를 눌러서 +~− 0.1 단위로 미세하게 조절할 수 있습니다. Shift 를 누른 상태로 마우스 휠이나 ↑/↓를 움직이면 +~− 1 단위로 크게 조절됩니다.

▲ Shift 를 누른 상태로 마우스 휠을 돌려서 각각의 노출 옵션을 큰 단위로 조절한 예

3 [대비] 슬라이더는 사진의 콘트라스트를 보정합니다. 최대 '-50'에서 '+50'까지 보정이 가능합니다. 마찬가지로 숫자 입력란에서 마우스 휠이나 ↑/↓를 이용하여 1단위 보정이나, Shift 를 누른 상태로 10단위로 보정이 가능합니다.

4 [밝기] 슬라이더는 주로 사진의 중간 톤에 영향을 미칩니다. 중간 톤의 대비를 높이려면 슬라이더를 왼쪽으로 이동하고, 그림자 영역을 밝게 하고 대비를 줄이려면 오른쪽으로 이동합니다.

5 채도 보정은 단순한 일반 채도 보정 이상의 역할을 수행합니다. 슬라이더를 오른쪽으로 이동 시 채도가 높아지는데 예를 들어, 인물 사진에서 피부톤이 더 부드러우며, 풍경 사진에서 푸른 하늘을 과하지 않게 향상시킬 수 있습니다. 반대로 왼쪽으로 이동 시 채도가 낮아지며, '−100'으로 끝까지 낮추면 흑백 사진이 됩니다. 참고로 [노출] 툴 채도를 낮춘 흑백 사진은 히스토그램에서 RGB는 단색으로 변경되지만, 내보내기의 설정에서 선택한 컬러 RGB 색공간(ICC 프로파일)을 그대로 유지합니다.

하이 다이나믹 레인지

하이 다이나믹 레인지(High Dynamic Range)는 단일 사진에서 HDR 이미지를 시뮬레이션하도록 설계되었으며 별도의 [하이라이트]와 [세도우] 슬라이더를 채택하여 사진의 극단적인 색조값을 압축하여 더 넓은 다이나믹 레인지를 시뮬레이션합니다.

1 [조정 툴] 탭 〉[하이 다이나믹 레인지] 툴로 이동합니다. [하이라이트] 슬라이더를 조정하여 하이라이트의 디테일을 복원합니다.

2 [세도우] 슬라이더를 조정하여 가장 어두운 그림자를 보다 밝게 보정합니다. 사진이 부자연스럽지 않도록 유의하여 수치를 조정합니다.

3 [하이 다이나믹 레인지] 툴의 마법봉 모양 [자동 조정](✎) 아이콘을 클릭하면 캡쳐원에서 자동으로 다이나믹 레인지를 보정합니다. 수동으로 보정하기 전에 자동 조정과 비교하여 보정에 참고할 수 있습니다.

4 [화이트]와 [블랙] 슬라이더를 조정하여 사진상에서 가장 밝은 하이라이트와 가장 어두운 셰도우의 대비를 미세하게 보정합니다.

Tip [하이 다이나믹 레인지] 툴만으로도 한 장의 사진에서 보다 풍부한 톤으로 보정할 수 있지만, 디지털 카메라 센서가 표현할 수 있는 범위의 한계가 있습니다. 이러한 한계를 벗어나 노이즈 없이 셰도우나 하이라이트의 표현력을 더 극대화하고 싶을 경우, 촬영 단계에서 노출 브라케팅을 통해 셰도우와 하이라이트를 각각 두드러지게 표현되도록 노출을 나누어서 촬영 후 캡쳐원에서 'HDR 병합' 기능을 사용하여 노출 브라케팅된 사진을 한 장의 사진으로 합쳐서 보다 깨끗하고 풍부한 톤을 기대할 수 있습니다. HDR 병합에 대한 자세한 사용 방법은 〈활용편 11. HDR 병합〉 편을 참조해 주세요.

레벨

레벨은 이미지의 밝기와 명암을 보정하는 데 사용되는 툴 중 하나로서 [노출] 툴, [커브] 툴과 함께 자주 사용하는 툴입니다. [노출] 툴에서는 단순히 슬라이더 조정을 통해 노출의 과부족과 중간톤의 밝기 및 대비를 보정할 수 있지만, [레벨] 툴은 RGB 전체 채널 또는 각각의 R,G,B 채널에서 히스토그램의 0과 255 사이에서 하이라이트와 세도우를 보정할 수 있습니다.

레벨을 통한 사진 보정 방법

1 [조정 툴] 탭 〉[레벨] 툴로 이동합니다. 만약 사진을 인화하기 위하여 캡쳐원에서 사진 보정을 한다면 하이라이트와 세도우의 디테일에 더 주의를 기울여야 하기 때문에 캡쳐원의 환경 설정에서 세도우 경고와 하이라이트 경고에 대한 적당한 수치를 조정하고 [세도우 경고 사용]을 체크합니다. 하이라이트 경고 표시는 캡쳐원 오른쪽 상단의 [노출 경고] 아이콘을 클릭하여 주황색으로 활성화시킵니다.

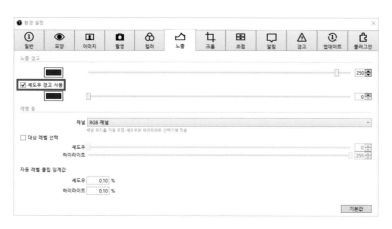

2 히스토그램 아래 왼쪽 끝점인 블랙 포인트 슬라이더를 오른쪽으로 이동시켜 적당한 그림자 지점을 설정합니다. 예를 들어, 앞서 환경 설정에서 [셰도우 경고 사용]을 체크했기 때문에 사진상에서 레벨의 왼쪽 블랙 포인트를 이동할 때 셰도우에 파란색 경고가 표시되기 시작하면 셰도우의 디테일이 사라진다는 것을 의미하므로 포인트 이동을 중지합니다.

3 오른쪽 흰색 포인트 슬라이더는 히스토그램이 오른쪽에서 상승하는 지점(가장 밝은 하이라이트)에 맞춥니다. 하이라이트 영역은 사진상에서 광원이 포함되거나 반사되는 지점을 제외하고서는 하이라이트 경고를 벗어나지 않는 범위 내에서 최소 상태로 만드는 것이 좋습니다.

Tip ▶ 필요에 따라 [하이 다이나믹 레인지] 툴의 [하이라이트] 슬라이더를 조정하여 하이라이트 영역의 클리핑(디테일 손실 영역)을 줄일 수도 있습니다.

4 중간(감마) 슬라이더로 밝기를 수정합니다. 왼쪽으로 이동하면 밝아지고 오른쪽으로 이동하면 어두워집니다.

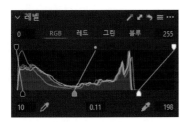 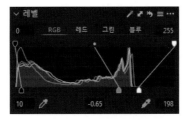

커브

커브는 캡쳐원에서 노출과 대비 보정을 위한 다재다능한 툴 중 하나입니다. [레벨] 툴을 이용하여 사진을 보정한 후 [커브] 툴을 사용하여 대비와 컬러 균형을 추가로 보정할 수 있습니다.

[커브] 툴에는 총 5개의 커브가 있으며, [레벨] 툴과 유사하게 각 커브는 독립적으로 조정할 수 있습니다. RGB가 결합된 커브와 루마 커브는 둘 다 대비와 밝기를 조정하는 데 사용합니다.

특히, 루마 커브는 노출을 보정하면서도 사진의 채도를 높이지 않는 장점이 있으며, 특히 극단적인 보정 작업 시 색상 간 전환에서 가끔 발생하는 밴딩 및 비정상적인 아티팩트를 방지할 수 있습니다.

[커브] 툴로 콘트라스트를 향상시키는 방법

1 [조정 툴] 탭 〉 [커브] 툴에서 [RGB]를 클릭합니다. 조정하려
는 색조 영역에 제어점을 추가하기 위해 경사 대각선을 직
접 클릭합니다. 기울기의 오른쪽 상단 부분은 하이라이트
를 조정하고 중앙은 중간 톤을 조정합니다. 왼쪽 하단 부분
은 세도우를 조정합니다.

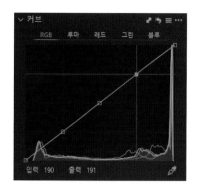

2 선택한 영역을 밝게 또는 어둡게 하려면 각각 제어점을 선택하고 위나 아래로 드래그(또는 스크롤)
하여 커브 형태를 만듭니다.

3 선택한 영역의 대비를 높이거나 낮추려면 제어점을 클릭하여 포인트를 각각 왼쪽 또는 오른쪽으로
이동합니다.

4 커브에 더 많은 점을 추가하여 영역을 더 세밀하게 조정할 수 있습니다. 커브에 추가한 제어점을 제거하려면 점을 클릭한 상태에서 키보드 Delete 또는 BackSpace 를 누르거나 점을 커브의 바깥으로 드래그합니다.

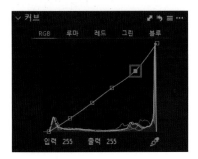

5 옵션으로 하단 오른쪽의 스포이트 모양의 [커브 포인트 선택] 아이콘을 클릭하고 뷰어 창에서 사진 위의 조정하려는 영역을 직접 클릭하여 커브 포인트를 추가할 수도 있습니다.

Tip ▶ 루마 커브를 사용하면, 채도를 변경하지 않고 대비만 개선이 가능합니다. 인물 사진과 같이 특정 사진에서 채도 증가를 원하지 않는 경우에 유용합니다.

컬러 에디터

컬러 에디터는 사진의 특정 색상 영역만 선택하여 보정할 수 있는 툴로써, 특정 컬러의 보정은 물론 보정한 컬러를 나만의 독립적인 ICC 프로파일로 저장하여 캡쳐원에서 계속 사용할 수 있습니다.

[컬러 에디터] 툴은 '기본, 고급 및 피부톤' 3가지 모드를 사용할 수 있으며, 3가지 모두 사용하기 쉬운 컬러 선택 도구가 제공되어 사진상에서 수정을 원하는 영역을 직접 선택하여 편리하게 보정할 수 있습니다.

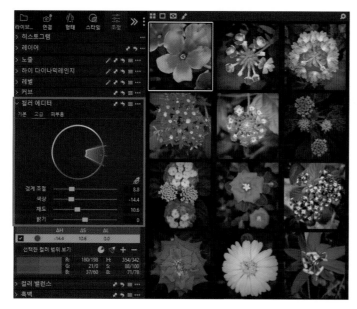

© 홍명희

[컬러 에디터] 툴 – '기본' 사용 방법

1 [조정 툴] 탭 〉 [컬러 에디터] 툴에서 [기본]을 클릭합니다. 오른쪽 하단 스포이트 모양의 [컬러 선택] 아이콘을 클릭합니다. 뷰어 창의 사진에서 원하는 영역의 색상을 선택합니다. 선택한 색상은 8개의 컬러 패치 중에서 강조하여 나타납니다. [색상]과 [채도], [밝기] 슬라이더 조정을 통해 특정 컬러를 보정합니다.

[컬러 에디터] 툴 – '고급' 사용 방법

1 [조정 툴] 탭 〉[컬러 에디터] 툴에서 [고급]을 클릭합니다. 오른쪽 하단 스포이트 모양의 [컬러 선택] 아이콘을 클릭합니다. 뷰어 창의 사진에서 원하는 영역의 색상을 선택합니다.

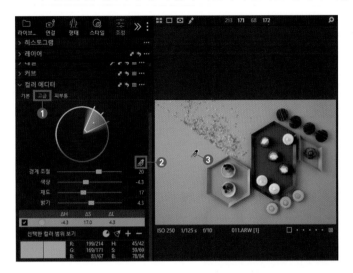

2 [선택한 컬러 범위 보기]를 체크하면 뷰어 창에서 선택하지 않은 모든 컬러의 채도는 자동으로 흑백으로 나타나면서 보정할 색상 범위만 컬러로 나타납니다.

3 컬러 선택의 범위를 변경하려면 [경계 조절] 슬라이더를 조절하여 컬러의 범위를 조절할 수 있으며, 동그라미 모양의 색상환표에서 마우스로 직접 경계면의 외곽선을 드래그하여 범위를 좁히거나 넓힐 수 있습니다.

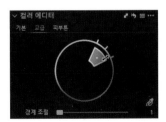

4 [색상, 채도, 밝기] 슬라이더를 사용하여 선택한 컬러를 개별적으로 보정합니다.

5 컬러 보정을 마친 후 다시 [컬러 선택] 아이콘으로 다른 색상 영역을 추가하여 다른 컬러 영역을 계속 순서대로 보정할 수 있습니다.

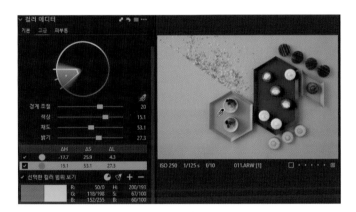

6 선택한 특정 컬러 보정 작업이 마음에 들지 않아 삭제하려면 목록에서 작업 중인 컬러를 선택하고 Delete 를 누르거나 [−] 아이콘을 클릭합니다.

7 개별 컬러 보정의 효과를 보려면 목록에서 작업 중인 컬러를 선택한 후 왼쪽의 체크 표시를 반복적으로 켜거나 끕니다.

한 장의 사진에서 같은 컬러 영역 중 일부 영역의 보정만 원할 경우 레이어를 이용해서 보정이 가능합니다.

예를 들어, 다음과 같이 중앙의 3개의 쟁반이 파란색 계열이지만 중복되는 컬러로 인하여 완벽하게 개별적인 보정이 어렵기 때문에 좌측의 파란색 쟁반의 컬러만 정밀하게 보정해 보겠습니다.

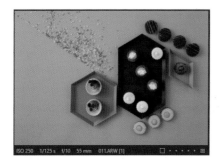

1. [조정 툴] 탭 〉[레이어] 툴에서 [브러시] 아이콘을 클릭하고 뷰어 창의 사진에서 마우스 오른쪽 버튼을 클릭한 후 브러시 설정을 조정합니다.

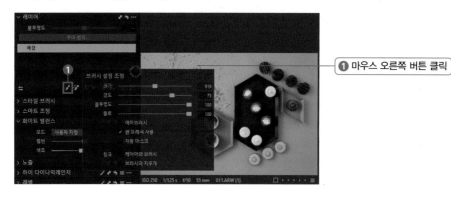

❶ 마우스 오른쪽 버튼 클릭

2. 브러시 크기와 경도를 적절히 조정한 후 뷰어 창에서 사진을 확대하여 왼쪽 쟁반 영역의 외곽을 따라 칠을 합니다. 이때 출발 지점에서 클릭하고 Shift 를 누른 상태로 도착 지점을 클릭하면 간단하게 일직선으로 칠해집니다.

3. [레이어] 툴 오른쪽의 ■■■ 아이콘을 클릭하여 [마스크 채우기]를 선택합니다.

4. 외곽선만 그려져 있던 마스크가 자동으로 채워집니다. 이런 방식을 사용하면 마스크를 그리는 시간을 단축할 수 있습니다.

5. [조정 툴] 탭 〉[컬러 에디터] 툴의 [고급]에서 [컬러 선택] 아이콘으로 칠한 쟁반의 컬러를 클릭합니다.

6. 단축키 M을 눌러 마스크를 임시로 숨기고, [컬러 에디터] 툴의 [색상, 채도, 밝기]를 보정합니다. 다른 쟁반이나 피사체의 파란색은 보정되지 않고, 오직 레이어 영역만 보정되는 것을 확인할 수 있습니다.

7. [레이어] 툴에서 '레이어 조정 1'의 체크 표시를 반복적으로 클릭하여 컬러 보정 전/후를 확인할 수 있습니다. 또는 [컬러 에디터] 툴의 [컬러 선택] 체크를 이용해서도 전/후 확인이 가능합니다.

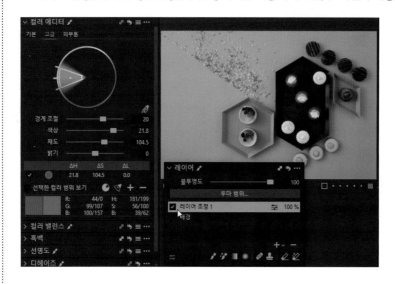

사용팁 한 가지 색상을 제외한 모든 색상 조정하기

[컬러 에디터] 툴의 [고급]에서 [반전 슬라이스](🔵) 아이콘을 사용하면 내가 선택한 특정 색상을 제외한 나머지 모든 색상을 조정할 수 있습니다. 예를 들어, 피부톤은 유지하면서 사진의 다른 모든 색상을 조정해야 하는 경우 등에 유용할 수 있습니다.

1. [조정 툴] 탭 〉 [레이어] 툴로 이동합니다. [+] 아이콘을 마우스 오른쪽 버튼으로 클릭한 후 [새로운 채워진 레이어 조정]을 선택하면 '레이어 조정 1'이 생성됩니다.

2. [컬러 에디터] 툴로 이동합니다. [고급]에서 [컬러 선택] 아이콘으로 피부 영역을 클릭합니다.

3. [컬러 에디터] 툴 하단의 [반전 슬라이스] 아이콘을 클릭합니다. 원형 모양의 색상환 표에서 선택한 피부 톤을 제외한 나머지 컬러로 반전됩니다.

4. 피부톤을 제외한 나머지 컬러에 대한 색상. 채도, 밝기를 보정합니다. 입술이나 헤어 또는 의상의 특정 영역이 피부톤과 동일할 경우 컬러가 함께 변화할 수 있습니다. 같은 영역의 변화를 막기 위하여 [레이어] 툴에서 [지우개] 아이콘을 클릭하여 지울 수 있습니다. [지우개] 아이콘을 이용하여 인물의 입술을 칠하여 마스크를 지웁니다.

5. 모델의 입술이나 헤어 컬러가 변화될 수 있습니다. 즉, 원하지 않는 컬러의 변화를 막기 위하여 [레이어] 툴에서 [지우개] 아이콘을 클릭하여 변화되는 컬러를 지우개로 지웁니다.

컬러 에디터 - '피부톤' 사용 방법

[컬러 에디터] 툴의 [피부톤]은 인물 & 패션 사진에서 피부톤을 더 밝고 자연스럽고 보기 좋게 만드는 데 사용할 수 있습니다. 또한 균일성 보정을 통해서 고르지 못한 부분의 균형을 맞추거나 메이크업을 적절히 보정하는 데 사용할 수도 있습니다. 피부톤 보정을 마친 후 사용자 프리셋 또는 ICC 프로파일로 저장하여 나만의 피부톤을 저장하면 캡처원에서 계속 같은 피부톤을 적용할 수도 있습니다.

1 피부톤을 보정할 인물 사진을 선택하고 [조정 툴] 탭 〉 [컬러 에디터] 툴 〉 [피부톤]을 클릭합니다. [컬러 선택] 아이콘으로 사진에서 피부 영역을 클릭합니다. 뷰어 창에서 사진을 적당히 확대합니다.

2 필요에 따라 [경계 조절] 슬라이더를 조정합니다. 경계 조절은 변경된 색상이 부드럽게 전환되어 자연스럽게 보입니다. [수치]에서 [색상, 채도, 밝기] 슬라이더를 사용하여 피부톤을 미세 보정합니다. [균일성]에서 [색상, 채도, 밝기] 슬라이더를 사용하여 피부톤의 전체적인 균일성을 맞춰줍니다.

컬러 밸런스

사진의 색상과 색조 및 채도를 정밀하게 제어할 수 있으며, 레이어를 이용하여 일부분의 보정도 가능합니다. 컬러 밸런스를 잘 활용하면 특정 아날로그 필름과 같이 보정하고 사용자 스타일로 저장하여 언제든지 창조적인 느낌으로 보정할 수 있습니다.

3-Way를 통한 셰도우, 미드톤, 하이라이트 조정 방법

1 [조정 툴] 탭 〉[컬러 밸런스] 툴에서 3가지 색상환을 모두 표시하려면 [3-Way]를 클릭하고 더 큰 색상환을 개별적으로 표시하려면, 독립적인 [셰도우, 미드톤, 하이라이트]를 각각 클릭합니다.

2 원의 중앙에 위치한 포인터를 클릭하고 원하는 방향으로 드래그만 하면 색상과 채도를 보정할 수 있습니다.

© Frank Doorhof

3 포인터를 중앙에서 원 주변으로 이동할수록 채도가 높아집니다.

4 좌측 슬라이더로 채도를 미세 조정할 수 있으며, 원 주변의 슬라이더는 색상을 변경할 수 있습니다. 오른쪽의 [밝기] 슬라이더로 밝기를 미세 조정할 수 있습니다. 세도우와 미드톤, 하이라이트를 각각 개별 조정 후 필요한 경우 마스터에서 다시 조정하여 전체 컬러 밸런스를 미세하게 조정할 수도 있습니다.

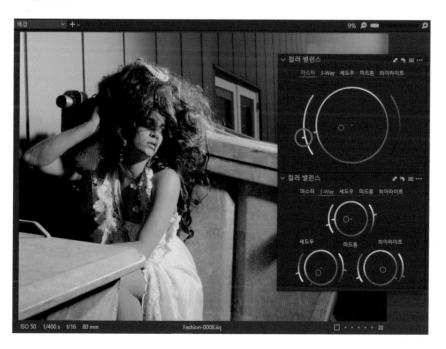

흑백

흑백 사진을 만들기 위해 색상 채널별로 톤을 정밀하게 조정하고 [색조 분리]에서 스플릿 토닝 효과를 생성하여 쉽고 간단하게 멋진 흑백 사진을 만들 수 있습니다.

1 [조정 툴] 탭 〉 [흑백] 툴 〉 [감색성]에서 [흑백 적용]을 체크합니다.

2 컬러 채널별 슬라이더를 조정합니다. 예를 들어, [레드] 슬라이더를 조정하면 원본 사진에서 빨간색으로 매핑된 모든 톤이 변경됩니다.

3 [색조 분리]에서 [흑백 적용]을 체크합니다. 하이라이트 및 셰도우에 대한 각각의 [색상]과 [채도] 슬라이더 조정을 통해 흑백 분할 톤의 사진을 생성합니다.

선명도

캡처원은 사진을 더 뚜렷하게 또는 부드럽게 보정하기 위한 방법으로 [선명도] 툴을 제공합니다. [선명도] 툴은 '내추럴, 펀치, 중립, 클래식'의 네 가지 방법과 [선명도, 구조] 슬라이더로 구성되어 있습니다.

[선명도] 툴은 [하이 다이나믹 레인지] 툴을 사용한 후 콘트라스트 보정을 수행하는 데 특히 유용하며 렌즈 회절 효과를 줄이고 피부를 부드럽게 하는 등 보다 전문적인 용도로도 사용할 수 있습니다.

[선명도, 구조] 슬라이더는 밝은 가장자리와 어두운 가장자리 사이의 전환 모양을 변경하여 유사하게 작동하지만, 영향을 미치는 크기에 따라 다릅니다. 즉, 대규모의 전환 또는 영역의 대비 차이는 [선명도] 슬라이더를 사용하여 변경할 수 있습니다.

예를 들어, + 값은 중간톤의 대비를 증가시키며 사진에서 연무 효과와 같은 헤이즈를 줄이는 데 사용할 수 있습니다. − 값을 선택하면 대비를 낮추면서 점진적으로 부드러운 느낌을 줍니다. 특히 인물 사진에서 디테일을 감소시켜 피부톤을 최대한 부드럽게 보정할 수 있습니다.

[구조] 슬라이더는 점점 더 작아지는 영역 사이의 대비를 변경하는 데 사용되며 전환의 색조 값은 약간만 다릅니다. 따라서 잔가지, 잎사귀, 풀, 천, 섬유 등 매우 미세한 디테일이 있는 사진에 특히 눈에 띄는 효과가 있습니다. 이 조정 슬라이더는 렌즈 회절로 연화 효과를 완화하는 데에도 사용할 수 있습니다.

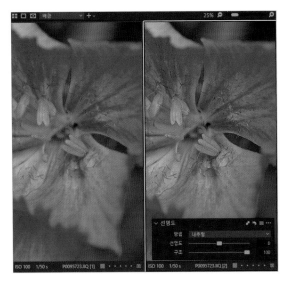

[선명도] 툴의 '네 가지 방법' 특징은 다음과 같습니다.

- **내추럴** : 약간의 로컬 콘트라스트를 적용하고 잘못된 색상이나 하이라이트가 잘리는 것을 최대한 방지합니다. 인물 사진을 부드럽게 하기 위해 선명도를 사용할 수 있습니다.
- **펀치** : 내추럴 또는 클래식 방법보다 더 높은 값의 로컬 콘트라스트를 추가하고 채도를 약간 높입니다. 과도하게 적용하면 일부 하이라이트에서 클리핑이 발생할 수 있습니다. 펀치에서의 + 값은 풍경 사진에서 특히 잘 어울립니다.
- **중립** : 펀치와 같은 수준의 로컬 콘트라스트를 추가하지만, 채도는 변경되지 않습니다. 강한 대비 보정의 적용을 원할 때 일반적으로 중립 방법이 가장 잘 작동하며, 보다 사실적이고 만족스러운 효과를 제공합니다.
- **클래식** : 채도를 높이지 않고 가장 약한 로컬 콘트라스트를 적용합니다. 이 방법은 펀치 및 중립 옵션보다 하이라이트 디테일을 더 잘 보존합니다. 클래식 설정에서 +값은 아키텍처 및 헤이즈가 있는 사진에서 더 잘 작동합니다. −값은 인물 사진을 부드럽게 만드는 데 사용할 수 있습니다.

디헤이즈

사진에서 연무, 안개 또는 스모그 등에 대해 원하지 않는 효과를 제거할 수 있습니다. [디헤이즈] 툴은 헤이즈의 양을 제어하고 평면 대비 사진의 채도를 개선하도록 설계된 툴입니다.

1 [조정 툴] 탭 〉[디헤이즈] 툴로 이동합니다. [수치] 슬라이더를 드래그하면 그림자 톤이 자동으로 감지되며, 슬라이더를 왼쪽 또는 오른쪽으로 드래그하는지 여부에 따라 사진에서 헤이즈 효과가 변경됩니다.

2 [디헤이즈] 툴에서 스포이트 모양의 [헤이즈 셰도우 톤 선택] 아이콘을 클릭하고, 다른 헤이즈 셰도우 톤을 결정할 수 있습니다. 최적의 결과를 위해 셰도우 톤은 흐릿하면서 어두운 영역을 선택하는 것이 좋습니다.

3 헤이즈 색상을 자동으로 계산된 색상으로 재설정하려면 [셰도우 톤]에서 [자동]을 선택합니다.

4 레이어와 함께 사용하여 이미지의 특정 부분에 대해서만 헤이즈 효과를 제어할 수도 있습니다. 레이어에서 마스크를 그리고 [디헤이즈] 툴로 조정합니다. ▓▓ 아이콘을 클릭하여 [헤이즈 셰도우 톤 재계산]을 선택하여 마스크를 기준으로 자동 색상을 다시 계산합니다.

© 조인채

비네팅

비네팅은 사진의 가장자리와 모서리를 어둡게 하거나 밝게 제어하는 노출 보정입니다. 인물, 풍경 사진에서 [비네팅] 툴을 사용하여 사진의 주변부를 강제적으로 어둡거나 밝게 보정하면 사진의 주제를 더 돋보이게 표현할 수 있습니다.

1 [조정 툴] 탭 〉[비네팅] 툴로 이동합니다. [수치] 슬라이더를 오른쪽으로 조정하여 사진을 밝게 하거나 왼쪽으로 조정하여 이미지의 주변부를 어둡게 합니다. 노출량은 ±4EV 범위에서 조정할 수 있습니다. [방법]에서 비네팅의 '원형' 또는 '타원형' 모양을 결정합니다. 사진을 크롭했을 때 비네팅 옵션의 적용 유무를 선택할 수도 있습니다.

© 홍명희

2 비네팅 적용 시 크롭 사진에 대한 옵션을 설정할 수 있습니다.

- **크롭된 이미지 주변의 타원형 쉐이드** : 크롭된 사진을 기준으로 타원형으로 비네팅이 적용됩니다.
- **크롭된 이미지 주변의 원형 쉐이드** : 크롭된 사진을 기준으로 원형으로 비네팅이 적용됩니다.
- **이미지 주변의 원형 쉐이드** : 크롭과 상관없이 전체 사진을 기준으로 원형의 비네팅이 적용됩니다.

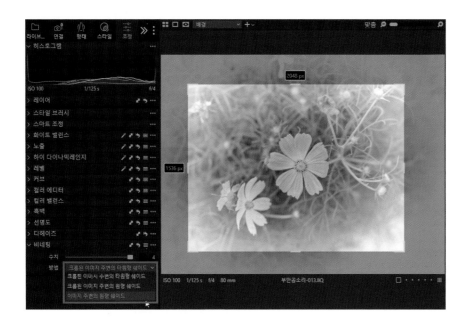

Tip [비네팅] 툴은 사진의 중앙을 기준으로 사각 모서리를 균등하게 배분하여 비네팅이 적용되는 특징이 있습니다. 인물 촬영과 같이 비대칭 구도로 촬영한 사진에서 자연스러운 비네팅 효과를 적용하고 싶을 경우, [레이어 & 마스크] 툴에서 '원형 그라디언트 마스크' 기능을 통해서 인물을 중심으로 원하는 위치에 원하는 크기와 모양으로 비네팅 효과를 만들 수 있습니다.

자세한 사용 방법은 본문 208p의 〈원형 그라디언트 마스크〉 기능을 참조해 주십시오.

04 리파인

[리파인 툴] 탭은 사진의 디테일을 강조하거나 표현에 불필요한 요소들을 보정하기 위한 툴의 모음입니다.

사진을 확대하여 초점을 확인하고 디테일을 빠르게 이동할 수 있는 [탐색 창] 툴과 [초점] 툴이 제공되며, 사진의 선명도를 추가할 수 있는 [샤프닝] 툴, 고감도나 장노출로 인한 사진의 노이즈를 제거나 완화할 수 있는 [노이즈 제거] 툴, 아날로그 필름의 다양한 느낌을 구현할 수 있는 [필름 입자] 툴, 캡쳐원 23에서 새롭게 개선된 [먼지 제거] 툴 등 사진을 깨끗하고 선명하게 보정하기 위한 툴로 구성되어 있습니다.

© Alexander Flemming

샤프닝

사진을 보다 더 선명하게 만들기 위한 여러 가지 방법중 하나로서 사진의 윤곽이나 경계가 되는 부분의 픽셀 대비를 증가시켜 선명도를 높이는 언샵 마스크 기능입니다. [샤프닝] 툴에서 수치, 반경, 임계값의 슬라이드 조정을 통해 사진의 선명도 범위를 조정할 수 있습니다.

1 뷰어 창에서 마우스 휠을 이용하여 사진을 적당하게 확대하거나, 커서 툴 모음에서 손바닥 모양의 [팬] 아이콘(단축키 H)으로 사진의 원하는 영역을 더블클릭하여 100%로 확대합니다.

2 [샤프닝] 툴에서 [수치] 슬라이더를 조정합니다. 사진의 가장자리에 적용할 대비에 대한 양으로써 오른쪽으로 값이 더 높아질수록 더 많은 대비가 적용됩니다.

Tip [반경] 슬라이더는 사진의 가장자리에서 밝고 어두워진 영역에 대한 너비를 조정합니다. 수치 조정과 마찬가지로 처음에는 낮은 설정값에서 사진의 가장자리에 미치는 영향을 관찰하면서 수치와 함께 증가시키며 조정합니다. 반경 값이 클수록 적용 범위는 넓어지고 효과가 더욱 두드러집니다.

3 [임계값] 슬라이더는 샤프닝 효과가 적용되는 인접한 가장자리 픽셀 간의 밝기 차이에 대한 제어입니다. 값이 0인 경우 사진의 모든 가장자리 픽셀에 샤프닝 효과가 적용됩니다. 높은 값은 가장자리 픽셀 간의 높은 색조 차이에 영향을 미칩니다. 보통 낮은 값으로 설정되며 0~1.0 사이 값이 일반적이지만, 노이즈가 심한 사진의 경우 수치와 반경을 조정한 후 임계값을 조금 더 높일 수도 있습니다.

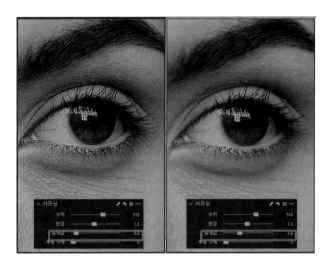

4 강한 샤프닝 효과를 주기 위하여 [반경] 슬라이더를 지나치게 높였을 때 예기치 않게 사진의 가장자리에 후광 효과가 만들어질 수 있습니다. 뷰어 창에서 사진을 100% 확대한 상태에서 사진의 가장자리에 어두운 선과 밝은 선(후광 효과)가 강하게 나타났다면 [후광 억제] 슬라이더를 오른쪽으로 조정하여 후광을 억제하거나 제거합니다. 조정이 완료되면 뷰어 창에서 50%, 100% 모두에서 사진의 다른 영역과 함께 확인해 봅니다.

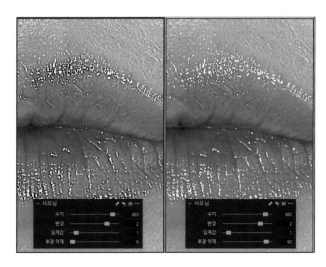

Tip Alt 를 누른 상태로 마우스로 [리셋](🔄) 아이콘([샤프닝] 툴의 좌회전 화살표 아이콘)을 클릭하면 전체 샤프닝 적용 전후를 직관적으로 비교해 볼 수 있습니다(맥은 Option +[리셋] 아이콘 클릭).

만약, 수치 효과의 적용 전후를 비교해 보고 싶다면 '수치' 글자를 마우스로 반복 클릭해 봅니다. 즉 마우스로 누른 순간 리셋되며, 손을 뗀 순간 원래의 수치로 돌아옵니다. 다른 효과도 마찬가지 클릭을 통해 적용 전후를 비교해 볼 수 있습니다.

노이즈 제거

노출이 부족하거나, 고감도 촬영을 통해서 발생된 사진의 휘도나 컬러 또는 장노출 등으로 발생한 센서의 핫픽셀 노이즈 등을 제거합니다.

휘도

그림자 영역에 표시되는 패턴과 같은 형태의 노이즈를 제거합니다. 기본 설정값은 '50'이며, 설정값을 높이면서 노이즈 수준을 조절할 수 있습니다. 뷰어 창에서 100% 배율로 확대하여 효과를 확인합니다. 값이 높아질수록 노이즈는 완화되지만 선명도는 줄어듭니다.

디테일

사진 표면의 매끄러운 정도를 조정합니다. 기본 설정값 '50'은 사진의 디테일과 노이즈 간의 균형을 고르게 만드는 권장값입니다. 슬라이더의 작은 값은 사진의 표면을 더 매끄럽게 만들고, 값을 올릴수록 디테일은 증가되어 선명도가 개선되지만, 입자가 두드러져 그림자 영역의 노이즈가 증가할 수 있습니다. 특히 고감도의 ISO로 촬영한 사진의 경우 더 많은 입자가 생성될 수 있으므로 주의해야 합니다.

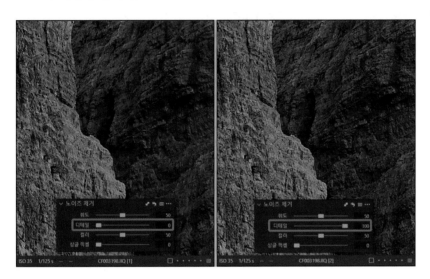

컬러 노이즈

고감도나 노출 부족의 이미지를 보정했을 때 그림자 영역에 표시되는 미묘한 녹색/마젠타 패턴으로 표시되는 컬러 노이즈를 제거하는 기능입니다. 특히 카메라별 센서의 특징에 따라 발생하는 노이즈 특성이 모두 다르기 때문에 추천 특정값이 없으므로 기본값에서 시작하는 편이 좋습니다.

참고로, 일반적인 노출 부족 사진을 100%로 확대한 상태에서 블랙 부분의 노출과 셰도우를 극한으로 밝게 합니다. [컬러 노이즈] 슬라이더를 '0'에서 '100'으로 조정하면서 컬러 노이즈의 제거 유무를 쉽게 확인할 수 있습니다. 과도한 보정은 채도가 떨어질 수 있으므로 주의합니다.

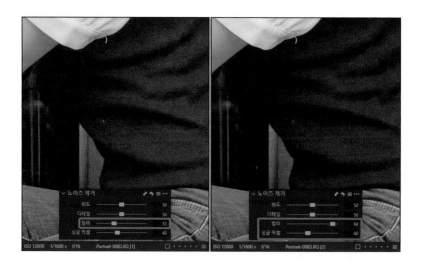

싱글 픽셀

고감도 촬영이나 장노출 촬영을 했을 때 1개 이상의 여러 점으로 표현되는 핫픽셀 노이즈를 제거하는 기능입니다. 예를 들어, 일정 노출 시간 이상의 긴 셔터 타임의 장노출 사진은 이론상 완전히 어둡게 표현되어야 하지만 상황에 따라 1개 이상의 흰색 또는 컬러의 점으로 표시될 수 있습니다.

이때 [싱글 픽셀] 슬라이더를 '0'에서 오른쪽으로 조금씩 이동시키면 사진의 핫픽셀이 사라지는 것을 확인할 수 있습니다. 이때 다른 영역에 영향을 끼치지는 않는지 확인하면서 조정합니다.

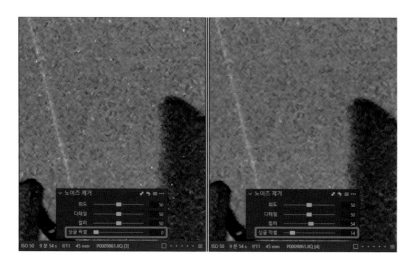

필름 입자

[필름 입자] 툴은 디지털 사진 고유의 이미지에 필름 입자(Grain)의 사실적인 해석을 추가하여 아날로그 필름 사진과 같은 미학적 표현을 위하여 사용할 수 있습니다. 또한 특정한 분야의 사진 보정에서 노이즈 제거나 선명도 조정 후에 사진의 표면적 느낌이 지나치게 부드럽거나 닦아낸 듯한 어색한 디지털 이미지에 질감을 추가시켜 좀 더 자연스러운 사진을 만들 수도 있습니다.

1 [필름 입자] 툴의 [유형]에서 원하는 입자의 유형을 선택합니다.

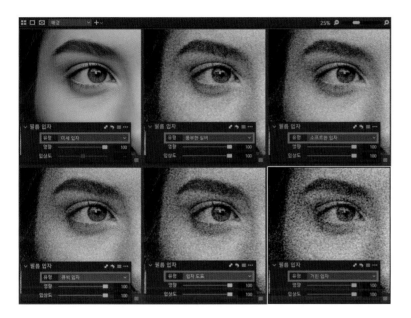

2 확대한 사진에서 균일한 컬러의 영역이나 질감이 없는 영역을 선택합니다. [영향] 슬라이더를 조정하여 원하는 양을 조정합니다. [입상도] 슬라이더를 조정하여 입자의 크기를 조정합니다. 슬라이더를 오른쪽으로 조정할수록 입자가 점점 더 거칠어집니다. [프리셋] 아이콘을 클릭하여 다양한 내장 프리셋을 사용할 수도 있습니다.

또한 사용자가 보정한 필름 입자 값을 사용자 프리셋으로 저장하여 캡쳐원에서 언제든지 사용 가능합니다.

Tip 필름 입자는 레이어 기능을 지원하지 않습니다(캡쳐원 23, v16.x 기준).

먼지 제거

[먼지 제거] 툴은 카메라 센서에 붙은 먼지로 인해 사진의 같은 자리에 계속 중복적으로 표시되는 먼지, 인물의 피부 등에 불필요한 잡티 등을 제거할 수 있는 기능입니다.

1 먼지가 보이는 사진을 선택하고, 사진을 확대하여 먼지를 확인합니다.

2 [먼지 제거] 툴에서 [먼지 제거]를 클릭합니다.

3 하늘에 표시된 센서의 먼지들이 자동으로 제거됩니다.

4 [먼지 제거] 툴의 동그라미 아이콘을 반복적으로 클릭하여 사진에서 제거되지 않은 먼지를 찾습니다. 제거되지 않은 먼지가 있다면 동그라미 아이콘을 주황색으로 활성화시킨 뒤 먼지를 클릭하여 제거합니다. 먼지의 양상에 따라 [먼지 제거]/[스폿 제거] 중 하나를 선택하여 제거할 수 있습니다.

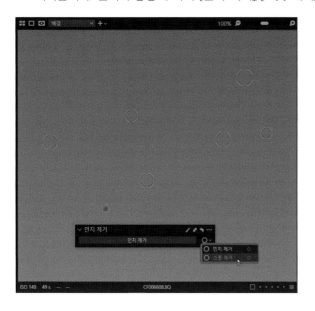

5 센서에 붙은 실제 먼지로 인해 발생한 점을 제거하려면 [먼지 제거]를 선택합니다. 뷰어 창에서 마우스 커서 모양이 4조각의 고리 모양과 같은 원으로 나타납니다. 인물 사진에서 피부의 잡티나 사진의 얼룩이나 불필요한 점 등을 제거하려면 [스폿 제거]를 선택합니다. [스폿 제거]는 뷰어 창의 사진 위에 동그라미 원 모양으로 나타납니다.

6 사진을 확대하여 얼굴의 잡티나 점을 클릭합니다. 잡티를 클릭한 상태에서 동그라미 원이 나타나면 가장자리를 클릭하고 드래그하여 잡티가 자연스럽게 제거되는지 확인하면서 잡티 크기만큼 재조정합니다.

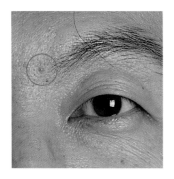
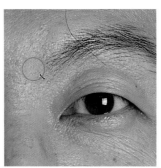

7 깨끗하게 제거되었는지 확인하기 위해 손바닥 모양의 [이동 커서] 아이콘(단축키 **H**)을 클릭하면 스폿 제거 원의 경계면이 숨겨지게 됩니다. 다른 점이나 얼룩을 제거하기 위하여 이 과정을 반복합니다.

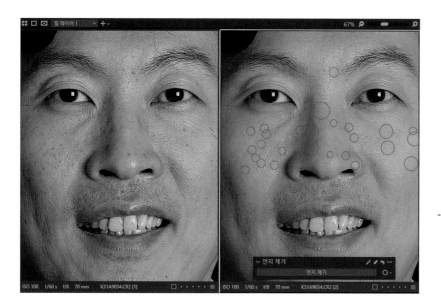

Tip 스폿 제거는 간단한 점이나 잡티를 제거할 때 권장하며, 인물의 피부를 보정할 경우 [레이어] 툴의 '힐링 마스크'와 병행하여 사용하는 것도 좋은 방법이 될 수 있습니다. 본문 [레이어] 툴 기능의 힐링 마스크(힐 브러시) 기능을 참고해 주세요.

퍼플 프린징

퍼플 프린징(Purple Fringing)은 사진, 특히 디지털 사진에서 발생하는 일종의 자주색 줄무늬와 같이 초점이 흐릿한 자주색이나 자홍색의 고스트 이미지와 같은 현상을 의미합니다.

사진의 고대비 가장자리를 따라서 퍼플 프린징이 발생한 영역을 100% 내외로 확대/축소합니다.

자주색 주변부 강도를 줄이기 위해 슬라이더를 오른쪽으로 조정합니다. 만약 퍼플 프린징이 심하게 발생한 사진일 경우 본 툴만으로 완벽하게 제거되지 못할 수도 있으므로 [컬러 에디터] 툴과 레이어 마스크 기능을 이용하여 특정 영역의 퍼플 프린징을 제거할 수도 있습니다.

슬라이드 조정을 통해 적절히 제거되었다면, 툴의 오른쪽에 위치한 [일괄 적용] 아이콘을 사용하여 다른 사진에 같은 값을 복사 및 적용할 수 있습니다. 뷰어 창에서 다른 사진들을 선택한 후 Shift 를 누른 상태로 [일괄 적용] 아이콘을 클릭합니다.

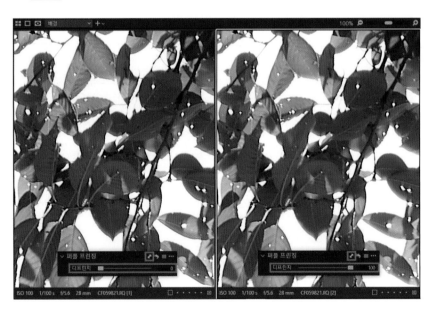

모아레

섬유 직물과 같은 종류의 피사체에 미세하면서 일정한 패턴을 지닌 피사체를 촬영할 때 일종의 간섭현상인 모아레(또는 무아레) 현상이 발생할 수 있습니다. 의류 소재에서 특히 자주 발생하며, 일부 건축 사진에서도 발생될 수 있습니다.

모아레 현상은 사진상에 패턴의 형태나 컬러 노이즈 형태로 발생할 수 있으며, 패턴 형태의 모아레를 피하기 위해 카메라의 위치를 변경하거나 조리개 설정 변경을 시도해 볼 수 있습니다.

캡처원의 모아레 제거 툴은 컬러 모아레를 쉽게 제거할 수 있으나, 패턴 형태의 모아레는 보정으로 제거가 힘들므로 촬영 단계에서 주의해야 합니다.

1 뷰어 창에서 100% 확대하여 모아레 영역을 표시합니다. [수치]와 [패턴]을 조정하면서 모아레 제거 유무를 관찰합니다. 모아레가 사라진 경우 사진의 훼손을 막기 위해 더 이상 슬라이더 값을 높이지 않도록 주의합니다.

내보내기

캡처원에서 보정 작업을 마친 사진을 웹(모바일) 또는 인쇄용으로 사용하려면 최종 출력 파일로 변환 작업을 거쳐야 합니다. 캡처원의 내보내기는 보정한 사진을 출력용 파일로 변환시키기 위한 최종 관문입니다. 캡처원의 '내보내기 레시피'는 출력 목적에 맞게 다양한 파일 형식과 해상도를 맞춤 지정하여 더욱 빠르고 효율적으로 내보내기 작업을 진행할 수 있는 기능입니다.

캡처원에서 내보내기를 진행하는 방법은 왼쪽 상단의 [내보내기]를 클릭하거나 브라우저에서 원하는 사진들을 선택하고 마우스 오른쪽 버튼을 클릭한 후 [내보내기]를 선택하면 [이미지 내보내기] 창과 함께 [내보내기 레시피] 툴을 이용하여 곧바로 모든 사진에 대한 내보내기를 진행할 수 있습니다.

© 방상식

01 내보내기 레시피

[내보내기 레시피] 툴은 사진을 최종 사용 목적에 맞게 출력 파일로 변환하기 위하여 여러 가지 파일 형식과 사진 크기를 미리 지정해 놓은 내보내기 방법입니다.
웹 갤러리 업로드용, 앨범 제작이나 사진 인쇄를 위한 출력 원고용 등 자주 사용하는 목적에 맞게 레시피 이름과 방법을 지정해 놓으면 캡쳐원에서 자동 저장되어 언제든지 그대로 사용 가능합니다.

레시피의 이해

캡쳐원에는 기본 내장된 내보내기 레시피를 제공합니다. 레시피는 각각의 사용 목적에 맞게 이해하기 쉬운 이름으로 표시되어 있습니다. 사용 목적별 레시피를 각각 선택했을 때 특히 [이미지 내보내기] 창에서 [형식 & 크기] 툴을 잘 확인해야만 합니다. 캡쳐원 [레시피] 툴에서 제공하는 이름보다 [형식 & 크기] 툴에서 정해진 파일의 속성을 따르기 때문입니다.

예를 들어, [내보내기 레시피] 툴에서 [JPEG-웹용 2048px]라는 기본 레시피를 선택했지만, 아래쪽에 위치한 [형식 & 크기] 툴에서 [형식]과 [해상도]를 'TIFF, 8bit', [배율]을 '고정 100%'로 변경하여 사진 내보내기를 진행한다면 최종 결과물은 레시피 이름의 JPFG 파일이 아닌 100% 오리지널 사이즈의 TIF 파일로 변환되어 저장된다는 점에 유념해야 합니다.

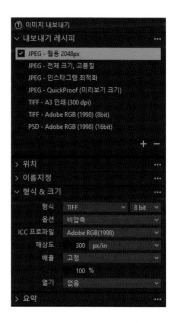

Tip	• 내보내기 레시피 이름을 더블클릭하여 레시피 이름을 변경할 수 있습니다.
	• [+] / [−] 아이콘을 클릭하여 언제든지 내보내기 레시피를 추가하거나 삭제할 수 있습니다.
	• 내보내기 레시피를 2개 이상 선택하면 동시에 선택한 만큼의 내보내기 파일이 생성됩니다.
	즉, JPEG 레시피와 PSD 레시피를 선택하고 [이미지 내보내기]를 클릭하면 1개의 보정 파일에 대해서 각각
	의 JPEG와 PSD 파일이 생성됩니다.

레시피 추가 및 제거

1 [내보내기 레시피] 툴에서 [+] 아이콘을 클릭하여 [새로운 레시피]를 선택합니다.

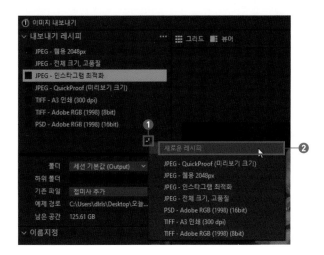

2 제목 없는 레시피가 생성되면, 더블클릭하여 레시피 이름을 'JPG·3000px'로 수정합니다.

3 [위치] 툴에서 [폴더] 〉 [폴더 선택]을 선택하여 내보내기 파일이 저장될 폴더의 위치를 지정합니다.

4 [형식 & 크기] 툴에서 출력 파일의 [형식]과 [해상도], [ICC 프로파일] 등 내보내기 파일의 형식과 속성을 지정합니다.

Tip [내보내기 레시피] 툴에서 가장 많이 하는 실수 중 하나가 레시피 선택과 체크를 다르게 하여 내보내기가 진행되지 않는 경우입니다. 아래의 경우, [JPEG 고품질]에 체크를 한 상태에서 TIFF가 주황색으로 선택 활성화되어 있습니다.

이 상태에서 [이미지 내보내기]를 클릭하면 '선택한 레시피는 사용하도록 설정되어 있지 않으므로 처리를 위해 사용되지 않습니다. 계속하려면 확인을 누르십시오.'라는 에러 메시지가 표시됩니다. 반드시 주황색으로 선택한 레시피에 체크되어 있어야만 사용이 가능합니다.

02 내보내기 설정

사진 편집 작업의 최종 관문인 내보내기에서 사용 목적에 맞게 정확한 설정이 필요합니다. 출력용 파일의 형식과 크기는 물론 워터마크와 샤프닝, 저작권이나 캡션이 명시된 메타데이터까지, 모두 설정할 수 있습니다.

위치

내보내기 파일이 저장될 폴더의 위치를 지정합니다.

❶ **폴더** : 저장 폴더의 기본 위치, 3가지 옵션이 있습니다.

- **'카탈로그 기본값' 또는 '세션 기본값(Output)'** : 오른쪽의 폴더 모양의 아이콘을 클릭하여 기본 위치를 변경할 수 있습니다.

- **원본 파일과 동일** : 보정 작업 중인 파일과 같은 위치에 저장됩니다.
- **폴더 선택** : 사용자가 원하는 폴더로 변경할 수 있습니다.

❷ **하위 폴더** : 하위 폴더 입력란에 '이름'을 입력하면 내보내기 폴더 위치에서 입력한 이름의 하위 폴더가 자동으로 생성되고, 하위 폴더에 내보내기 파일이 저장됩니다.

오른쪽의 ■■ 아이콘을 클릭하여 하위 폴더에 대한 이름 형식의 프리셋을 만들거나 불러올 수 있습니다.

❸ **기존 파일** : 내보내기 파일명이 중복될 경우 파일의 처리에 대하여 설정할 수 있습니다.
- **접미사 추가(기본값)** : 중복 파일명 뒤에 '1'을 자동 추가하여 새로운 파일로 저장합니다.
- **덮어쓰기** : 기존 파일에 새로운 내보내기 파일로 덮어씁니다.
- **건너뛰기** : 파일 이름이 중복되는 모든 사진은 내보내기를 하지 않고 그대로 건너뜁니다.

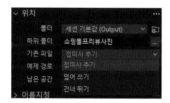

❹ **예제 경로** : 현재 지정된 내보내기 폴더의 위치를 보여줍니다. 오른쪽 큰 화살표를 클릭하면 대상 폴더가 나타납니다.

❺ **남은 공간** : 현재 지정된 내보내기 폴더의 남은 드라이브 용량을 표시합니다.

이름 지정

❻ **형식** : 촬영한 파일명을 내보내기 이름으로 동일하게 사용합니다. 내보내기 파일을 파악하기 쉽도록 기본값을 권장합니다. 특별한 목적을 위하여 내보내기 파일의 이름을 변경할 수도 있습니다. 형식란의 '이미지 이름'을 삭제하고 원하는 파일명을 직접 입력하거나 오른쪽의 [프리셋] 아이콘을 클릭하여 이름 형식에 대한 프리셋을 가져오거나 또는 새로운 형식을 만들어서 프리셋으로 저장하여 사용할 수 있습니다.

❼ **샘플** : 사용자가 지정한 이름 형식에 맞게 최종 내보내기 파일명을 미리 확인할 수 있습니다.

형식 & 크기

❽ **형식** : 출력 파일의 최종 파일 포맷을 지정합니다.

- **DNG** : 디지털 네거티브 사양을 기반으로 새로운 무손실 RAW 파일을 생성합니다. DNG 선택 시 특별한 옵션은 없습니다. 일반적으로 사진에 추가된 조정 및 메타데이터는 유지되지 않습니다.
- **JPEG** : 사진 품질은 최대한 유지하면서 용량을 최소화하는 포맷으로 가장 널리 사용되는 파일 형식입니다. 품질 설정을 낮출수록 파일의 크기는 작아지지만, 정보 손실로 인하여 사진의 품질이 저하될 수 있습니다.
- **JPEG QuickProof™** : 사진의 평가 목적을 위해 개발된 형식으로, 캡쳐원에서 추가적인 렌더링 연산 작업을 하지 않으므로 굉장히 빠른 속도로 JPEG 파일을 추출합니다. 따라서 많은 양의 사진을 검토하기 위한 시안용 파일을 내보낼 때 권장하는 형식입니다. 이 포맷은 인쇄나 배포를 위한 최종 파일 형식으로는 권장할 수 없으며, 매우 빠른 평가 목적에만 이상적입니다.
- **PNG** : 무손실 데이터 압축을 지원하고 배포용으로 적합하며 웹 브라우저와도 좋은 호환성을 제공하지만, 일반적으로 JPEG보다는 파일 크기가 큽니다.
- **PSD** : Adobe Photoshop과 최적의 품질과 호환성을 보장하며 레이어 작업을 위해 이상적입니다. 8비트 또는 16비트 심도 색상 옵션과 함께 사용할 수 있습니다.

- **TIFF** : 무손실 형식의 TIFF는 사진의 최대 품질을 유지합니다. 16비트 출력 옵션을 선택하면 색상 정확도를 높이고 품질을 최적화할 수 있습니다.

`Tip` TIFF 파일을 추가로 압축할 수 있습니다. LZW 및 ZIP 압축 옵션은 모두 무손실입니다.

- **섬네일 없음** : 시스템에서 미리 보기를 제거하고 파일 크기를 줄일 수 있습니다.
- **타일 크기** : 타일 없음(기본값), '제목 없음'은 번역 오류로 보여집니다. 타일을 사용하면 대형 고해상도 이미지(일반적으로 60MP 초과)를 효율적으로 압축 및 압축 해제할 수 있습니다. 디스플레이에 필요한 이미지 데이터만 압축 해제되므로 전체 크기의 TIFF 파일로 처리되면 타일링을 통해 탐색 환경을 향상시킬 수 있습니다.

❾ **품질** : JPEG 파일로 내보내기를 할 때 품질 설정(압축률)을 통해 사진의 실제 용량을 조정할 수 있습니다. JPEG 파일의 속성 자체가 이미지를 압축하여 용량을 줄이는 것이기 때문에 품질 설정(압축률)에 따라 사진 품질과 용량이 좌우됩니다. 예제에서 품질 50 설정과 품질 100 설정을 비교해 보면 사진의 크기(해상도)는 동일하지만, 파일 크기(용량)은 크게 차이가 있음을 알 수 있습니다.

❿ **ICC 프로파일** : 사진 파일의 최종 목적에 따라 색 공간을 선택할 수 있습니다. 시스템에서 사용할 수 있는 모든 프로필을 보려면 '모두 표시'를 선택합니다. 일반적으로 sRGB 색 공간은 웹용을 위한 사진에 많이 선택하는 편입니다. 더 넓은 색 영역을 지닌 Adobe RGB(1988. 색 공간은 일반적으로 인쇄를 위해 더 선호하는 선택입니다. 캡쳐원에는 자주 사용되는 여러 가지 공통 프로파일을 제공하며 CMYK 색 공간 프로파일을 포함한 모든 시스템 프로파일을 선택할 수 있습니다.

⓫ **해상도와 배율** : 드롭다운 메뉴에서 원하는 해상도를 지정할 수 있습니다. 배율에서 고정 100%를 선택하여 기본 화소수를 변경하지 않고 그대로 사용하거나, 원고의 사용 목적에 따라 파일의 크기를 개별적으로 선택하여 내보내기 사진의 크기를 조정할 수 있습니다.

조정

사진을 내보내기할 때 크롭과 샤프닝 옵션을 선택할 수 있습니다.

⓬ **크롭**

- **크롭 준수** : 모든 크롭이 내보내기에 적용됩니다.
- **크롭 무시** : 내보내기에 크롭이 적용되지 않고 내보내기가 진행됩니다.
- **패스(경로)로 크롭(PSD)** : 크롭을 포토샵용 패스(PATH)로 저장합니다. 따라서 내보내기 형식을 PSD 파일로 선택했을 때만 가능한 옵션입니다.

⑬ 샤프닝

- **출력 샤프닝 없음** : 내보내기 단계의 추가적인 샤프닝 옵션을 선택하지 않습니다.
- **스크린을 위한 출력 샤프닝** : 웹용 사진과 같이 모니터 화면에서 사진을 감상하기 위하여 원본에서 사진을 50% 미만으로 크기를 축소하면 원본의 선명도가 떨어질 수 있습니다. 이때 발생할 수 있는 소프트닝 효과를 상쇄하기 위하여 화면 출력용 샤프닝 옵션을 사용할 수 있습니다.
- **프린트를 위한 출력 샤프닝** : 인쇄를 위한 용도의 샤프닝 옵션입니다. 인쇄물에 대한 감상 거리를 지정하거나 대각선 %(보통 100~150%)를 선택합니다. 과장된 효과나 노이즈, 후광, 하이라이트 디테일 손실 등을 피할 수 있도록 사진을 50%~100%로 확대를 바꿔가며 임계값과 수치 슬라이더를 주의 깊게 조정합니다.
- **모두 사용 안 함** : 캡처원의 모든 샤프닝 옵션을 적용하지 않습니다.

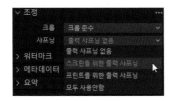

워터마크

내보내기를 이용하여 최종적인 사진 결과물에 워터마크를 추가할 수 있습니다. 종류에서 간단한 텍스트 기반, 그래픽 기반의 워터마크를 선택할 수 있습니다. 텍스트 워터마크는 시스템의 폰트를 사용하여 텍스트란에 원하는 글자를 입력하고, 원하는 위치에 불투명도와 크기를 조정할 수 있습니다. 이미지로 된 워터마크는 미리 만들어진 그래픽 파일이나 투명한 배경 이미지를 가져올 수 있습니다. 내보내기에서 PSD 파일 형식을 선택하면 워터마크를 별도의 레이어로 저장할 수 있습니다.

© 방상식

프리셋과 메타데이터를 이용하여 텍스트 기반의 워터마크를 적용하는 효율적인 방법이 있습니다.
예) 메타데이터에 사진가의 저작권을 입력하여 내보내기에 워터마크로 삽입하는 방법

1. [라이브러리 툴] 탭 〉 [메타데이터] 툴로 이동합니다. [IPTC·연락처] 〉 [만든이]에 사진가 이름을 입력합니다(예-ERIC PARK).

2. [내보내기]를 클릭하여 [이미지 내보내기] 창이 나타나면 [워터마크] 툴로 이동합니다. [종류]에서 '텍스트'를 선택하고, [텍스트] 입력란 오른쪽의 [프리셋] 아이콘을 클릭합니다.

3. [이름 형식]의 프리셋 창이 나타나면, [프리셋 옵션]에서 '© 만든이와 연도'를 선택합니다.

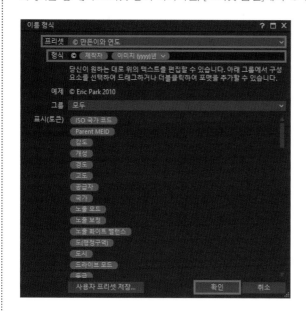

4. [이미지 내보내기] 창의 뷰어 창에 만든이 이름과 촬영 연도가 자동으로 나타납니다.

© 방상식

Tip ▶ 메타데이터를 이용한 저작권 자동 입력 방법은 본문 'PART 02 〉 라이브러리 〉 메타데이터' 편의 프리셋 만들기와 '활용편 01. 일괄 적용'에서 다른 사진에 메타데이터를 일괄 적용하는 방법을 참고하면 저작권 표시를 간단하게 적용할 수 있습니다.

메타데이터

사진 내보내기를 할 때 [내보내기] 창의 [메타데이터] 툴에서는 특정 키워드를 포함시킬 수 있습니다. 또한 특정 메타데이터를 선택하여 포함시킬 수 있으며, 캡쳐원의 주석이나 오버레이가 있는 경우 PSD 형식의 파일에 레이어로 함께 포함시킬 수도 있습니다.

> **Tip** ▸ • 오버레이는 'PART 03 〉 02. 테더링 설정 〉 오버레이' 편을 참고해 주세요.
> • 주석은 '활용편 〉 10. 주석' 편을 참고해 주세요.

캡쳐원에서 기본적으로 공유 키워드 라이브러리에서 할당시킨 모든 키워드가 포함되어 내보내기가 진행됩니다. 그러나 [내보내기] 창의 [메타데이터] 툴을 통해 이미지에 할당할 특정 키워드 라이브러리를 선택할 수도 있습니다.

예를 들어, 이 기능은 상업 사진 촬영에서 클라이언트나 뉴스 에이전시 및 스톡 라이브러리와 같은 사진 분야에서 특정한 키워드가 필요할 때 매우 유용하게 사용할 수 있습니다.

키워드 라이브러리는 [라이브러리 툴] 탭 〉 [키워드 라이브러리] 툴의 ▦ 아이콘을 클릭한 후 [키워드 라이브러리 생성]을 선택하면 만들 수 있습니다. 자세한 내용은 본문 'PART 02 〉 05. 라이브러리 〉 키워드 라이브러리' 편을 참조해 주세요.

1 [이미지 내보내기] 창에서 [메타데이터] 툴로 이동합니다.

2 키워드 선택 메뉴에서 다음 옵션 중 하나를 선택합니다. 선택한 항목은 '내보내기 레시피'에 자동으로 저장됩니다 .

- **없음** : 사진에서 키워드를 제외합니다.
- **모두** : 태그가 지정된 모든 키워드를 사진에 포함합니다.
- **시작** : [키워드 라이브러리] 툴에서 선택한 라이브러리의 모든 키워드를 포함합니다.

요약

[요약] 툴은 내보내기용 최종 파일에 대한 전체 개요를 표시합니다. 레시피 이름, 파일 이름, 사진 크기 및 배율, 프로파일, 형식, 예상 파일 크기를 보여줍니다.

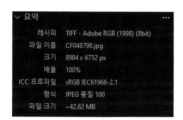

Tip ▶ [요약] 툴에서 빨간색으로 표시되는 경우, 예상대로 처리가 되지 않는다는 경고의 의미입니다. 예를 들어, 사진 보정 단계에서 실제 크롭 비율과 [이미지 내보내기] 창의 [형식 & 크기] 툴에서 지정한 배율(너비×높이)의 수치가 서로 다른 경우, [요약] 툴에서 [크기] 수치가 빨간색으로 표시됩니다.

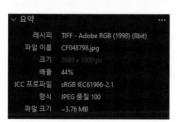

03 인쇄

사진 프린트나 밀착용 프린트를 인쇄하기 위하여 캡쳐원에서 적절한 레이아웃과 여러 가
지 다양한 인쇄 옵션을 사용할 수 있습니다.

프린터

현재 선택한 프린터 모델명이 나타납니다. 해상도와 샤프닝, 컬러 프로파일, 렌더링 방법을 설정
합니다.

1 프린터를 변경하거나 프린터 옵션 선택을 위해 [출력 설정]을 클릭합니다.

2 컴퓨터 시스템의 [인쇄] 창이 나타나면 프린터 선택 목록에서 인쇄할 프린터를 설정합니다. 인쇄 옵션 선택을 위해 [기본 설정]을 클릭합니다.

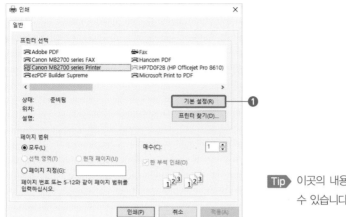

Tip 이곳의 내용은 사용자의 컴퓨터 환경에 따라 다를 수 있습니다.

3 컴퓨터 시스템의 [인쇄 기본 설정] 창이 나타납니다. 프린터 용지 크기와 용지 종류, 인쇄 품질 등을 설정합니다.

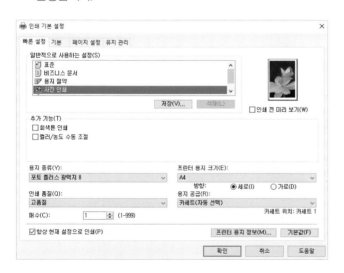

Tip 인쇄 기본 설정은 사용자의 프린터 환경에 따라 다를 수 있으므로 자세한 사용 방법은 프린터 조제사의 사용 설명서를 참고해 주세요.

Tip 사진가라면 누구나 사진의 컬러와 톤을 원하는 그대로 인쇄물에서 재현되기를 바랍니다. 모니터에 표현된 컬러를 프린터에서 일치된 컬러와 톤으로 인쇄하기 위해서는 올바른 모니터 캘리브레이션과 소프트웨어 및 프린터의 입출력 ICC 프로파일 관리 등 컬러 매니지먼트 프로세스를 이해하고, 디스플레이, 프린터, 캘리브레이터 등 컬러와 관련된 전문가용 하드웨어 공급사가 제공하는 매뉴얼과 사용팁으로 모니터와 프린터의 컬러 매칭 및 프로파일 설정하여 더욱 정확한 결과물을 얻는 것이 중요합니다.

장비와 가이드

여백 및 레이아웃 도구에서 사용되는 단위를 지정합니다(센티미터, 밀리미터, 인치 등) 미리 보기 창에 용지 안내선을 표시하기 위하여 가이드 표시 옵션 상자를 선택합니다.

- **눈금자 표시** : 인쇄 미리 보기 창에서 안내선을 표시합니다.
- **출력 가이드** : 표시 안내선이 인쇄 용지에 실제 출력됩니다.
  (사진 재단이 필요할 경우 출력된 안내선을 통해 쉽게 재단할 수 있습니다)

탬플릿

용지 크기 및 용지 한 장에 몇 장의 사진을 추가할 것인지 정합니다. 캡처원에서 제공하는 '기본 탬플릿'을 사용하거나 여백과 레이아웃을 수동 조절하여 적당한 설정을 만든 후 '사용자 탬플릿' 을 저장하면 언제든지 다시 사용할 수 있습니다.

© 한철동

여백

출력물의 왼쪽과 오른쪽 및 위아래 여백을 모두 조절할 수 있습니다.

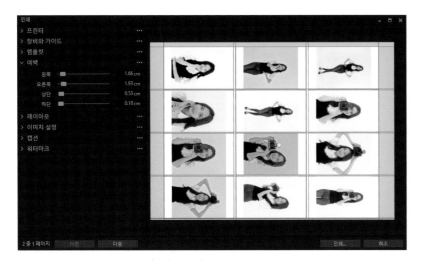

레이아웃

열, 행, 열과 행의 간격, 셀 크기 등의 인쇄 레이아웃을 설정합니다.

[크기 조절]을 이용하여 셀의 옵션을 정합니다.

- **간격 유지** : 캡쳐원은 인쇄 사진의 셀 사이 간격을 변경하지 않도록 최선을 다합니다.
- **셀 크기 유지** : 캡쳐원은 인쇄 사진의 셀 너비와 높이를 변경하지 않도록 최선을 다합니다.
  열과 행의 숫자를 정하고 각각의 간격과 셀의 옵션을 조절합니다.

이미지 설정

최종 인쇄물의 사진 표시 옵션 및 주석과 오버레이 등의 옵션 표시를 선택할 수 있습니다.

- **최대 줌** : 모든 사진을 용지에 맞게 최대한 채웁니다. 용지에 맞게 채우므로 일부 영역이 자동 크롭될 수 있습니다.
- **최대 회전** : 모든 사진의 레이아웃이 동일하면서 용지에 맞게 회전되도록 합니다.
- **페이지당 한 이미지를 반복** : 한 페이지당 같은 사진 한 장이 레이아웃에 따라 반복됩니다.
- **주석 포함** : 캡쳐원의 '주석' 옵션을 사용하여 사진에 표시된 주석이나 스케치 등이 인쇄물에 나타납니다.
- **오버레이 포함** : 캡쳐원의 [오버레이]에서 사용한 오버레이 이미지를 추가합니다. 인쇄 미리 보기 에 오버레이 이미지가 중첩되어 나타납니다.

캡션

인쇄물에 캡션의 표시 여부를 선택할 수 있습니다. 유형에서 '파일 이름'을 선택하면 밀착 프린트용 레이아웃을 설정할 경우 각각의 사진 아래 '파일명'이 표시되어 출력됩니다. 인쇄물의 사진을 캡쳐원에서 탐색하여 선택할 때 편리합니다.

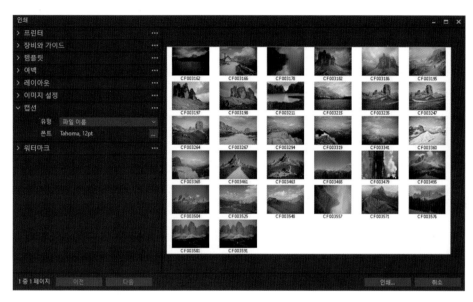

© 조인채

[유형]에서 '설명'을 선택하면 메타데이터의 설명에 입력한 내용을 사진 아래 출력 표시를 할 수 있습니다. 각각의 사진마다 설명을 함께 출력할 필요가 있는 경우 사용할 수 있는 옵션입니다.

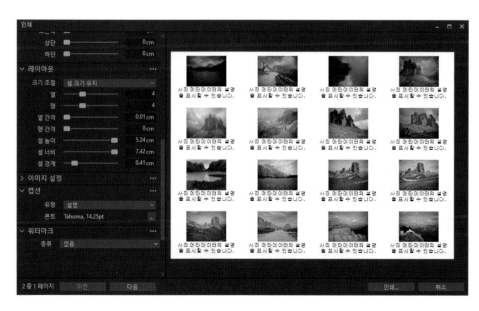

© 조인채

워터마크

인쇄물에 고유한 텍스트나 토큰 또는 두 가지 모두를 조합하여 고품질의 텍스트 기반 워터마크를 삽입하거나 이미지 기반의 워터마크를 삽입하여 인쇄할 수 있습니다.

텍스트를 선택하여 적당한 폰트와 크기를 설정한 후 불투명도와 가로, 세로 조정으로 워터마크가 삽입될 위치를 지정합니다.

또는 포토샵에서 불투명 배경의 PNG 이미지를 제작하여 멋진 로고 이미지를 직접 삽입할 수 있습니다.

© 정종철

© 정종철

실전에서 유용한
캡쳐원 활용 방법

활용편

01 보정값 일괄 적용 : 툴 일괄 적용, 전체 일괄 적용, 부분 선택 일괄 적용

캡쳐원은 테더링 촬영 단계부터 보정값을 자동으로 적용하면서 촬영할 수 있으며, 촬영을 마치거나 캡쳐원으로 가져온 사진들도 보정값을 일괄 적용할 수 있습니다. 즉, 보정을 마친 한 장의 사진에서 원하는 특정 값만 적용하거나 전체 값을 모두 적용할 수 있습니다.
일괄 적용 방법은 '특정 툴의 보정값'만 일괄 적용하는 방법과 '여러 가지 툴의 전체 보정값'을 일괄 적용하는 방법, 그리고 전체 보정한 값 중 '특정한 값만 부분 선택'하여 적용하는 세 가지 방법이 있습니다.

[샤프닝] 툴의 보정값만 일괄 적용하기

1 [리파인 툴] 탭 〉 [샤프닝] 툴로 이동하여 사진의 샤프닝 값을 조정합니다.

© 홍명희

2 브라우저에서 단축키 `Ctrl`+`A`(윈도우) 또는, `Command`+`A`(맥)를 눌러서 나머지 전체 사진을 선택합니다.

© 홍명희

3 메뉴의 [이미지] 〉 [모든 선택 편집] 〉 [모든 선택 편집]에 체크 표시하여 활성화합니다.

4 [샤프닝] 툴에서 `Shift`를 누른 상태로 양쪽 화살표 모양의 [일괄 적용] 아이콘을 클릭하면, 선택한 모든 사진에 같은 샤프닝 값이 적용됩니다.

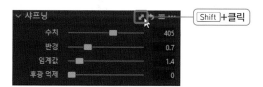

전체 보정값 일괄 적용 방법

여러 가지 툴로 보정한 모든 보정값을 다른 사진에 일괄 적용합니다.

예) 화이트 밸런스, 노출, 컬러 밸런스, 선명도, 샤프닝을 보정하여 전체 일괄 적용하기

1 한 장의 사진을 선택하고 '화이트 밸런스, 노출, 컬러 밸런스, 선명도, 샤프닝' 등을 모두 보정합니다.

2 메뉴의 [이미지] > [모든 선택 편집]에 체크 표시하여 활성화합니다.

3 메뉴의 [조정] > [조정 복사]를 클릭합니다.

Tip ▶ 캡쳐원 상단의 맨 오른쪽 [복사/적용] 아이콘에서 [복사] 아이콘을 클릭해도 됩니다.

4 브라우저에서 단축키 Ctrl+A 또는 Command+A를 눌러서 나머지 전체 사진을 선택합니다.

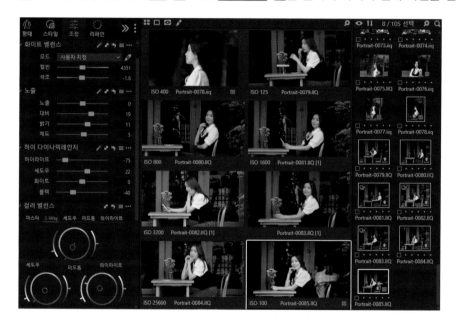

5 메뉴의 [조정] > [조정 적용]을 클릭하면, 선택한 모든 사진에 방금 작업했던 모든 보정값이 적용됩니다.

보정값 부분 선택하여 적용하는 방법

여러 가지 툴에서 보정한 모든 보정값 중에서 특정 보정값만 부분 선택하여 다른 사진에 일괄 적용합니다.

예) 화이트 밸런스, 노출, 컬러 밸런스, 선명도, 샤프닝을 보정한 후 '대비와 선명도' 2가지 보정값만 일괄 적용하는 방법

1 한 장의 사진을 선택하고 '화이트 밸런스, 노출, 컬러 밸런스, 선명도, 샤프닝' 등을 모두 보정합니다.

© 염종일

2 메뉴의 [이미지] 〉 [모든 선택 편집]에 체크 표시하여 활성화합니다.

3 메뉴의 [조정] 〉 [조정 복사]를 클릭합니다.

4 브라우저에서 단축키 Ctrl+A 또는 Command+A를 눌러서 나머지 전체 사진을 선택합니다.

5 메뉴의 [조정] 〉 [조정값 복사 및 적용]을 클릭하면 [조정 클립보드] 창이 나타납니다.

6 [조정 클립보드] 툴에서 방금 작업했던 툴만 자동으로 체크 표시되어 있습니다.

7 일괄 적용에서 제외할 툴은 체크를 해제합니다. 여기서는 [대비]와 [선명도]만 선택하고 나머지 툴은 선택하지 않았습니다.

8 하단의 [적용]을 클릭하면, 나머지 사진에 방금 작업했던 모든 보정값 중 [대비]와 [선명도]만 적용됩니다.

Tip 모든 보정값을 적용했을 때 크롭이나 키스톤 보정이 제외되는 경우 설정을 변경해야 합니다. [스타일 툴] 탭 〉 [조정 클립보드] 툴로 이동하여 오른쪽의 [...] 아이콘을 클릭합니다.

[자동 선택] 〉 [크롭을 제외한 조정값]에서
[자동 선택] 〉 [조정값]으로 변경하면 이제 모든 보정값이 일괄 적용됩니다.

02 Camera Default :
나만의 카메라를 만들자

캡쳐원에서 보정 작업을 하다 보면 특정 샤프닝 값이나 특정 커브 값 등을 선호하게 되어 반복적으로 사용할 수 있습니다. 이때 특정 툴에서 '사용자 프리셋'으로 저장하여 여러 가지 보정값으로 저장해 놓고 사용하는 방법도 있지만, 아예 내 카메라를 위한 캡쳐원의 기본값으로 저장하여 사용할 수 있는 팁이 있습니다.

처음부터 촬영할 때 내 카메라를 콘트라스트가 강한 커브의 사진으로 기본값을 만드는 방법입니다.

1 브라우저에서 적절한 샘플 사진을 선택하고 [조정 툴] 탭 〉[커브] 툴로 이동합니다. 커브를 조정하여 원하는 톤으로 보정합니다.

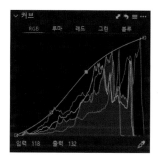

2 [커브] 툴 제목 표시줄 오른쪽의 █ 아이콘을 클릭합니다. [(카메라 모델명)을 위한 기본값으로 저장]을 선택합니다.

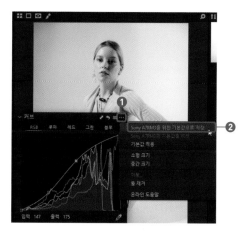

3 [새로운 디폴트를 선택한 변형 파일에 적용하시겠습니까?] 대화 창이 나타나면 [적용]을 클릭합니다.

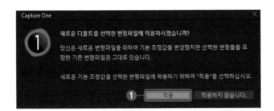

4 이제부터 새로운 테더링 촬영을 하거나 사진을 가져오면 내 캡쳐원의 기본 커브 값 자체가 새롭게 변경되어 적용됩니다.

5 노출이나 하이 다이나믹 레인지, 레벨 등 다른 보정 툴에서도 같은 방법을 적용하여 기본값을 변경할 수 있습니다.

Tip 카메라 디폴트 기능은 ⋯ 아이콘을 클릭했을 때 그림과 같이 [(카메라명)을 위한 기본값으로 저장]이 나타나는 특정 툴에서만 사용 가능합니다(즉, 모든 툴에서 지원하지 않습니다).

6 기본값을 초기화하려면 툴 제목 표시줄 오른쪽의 ⋯ 아이콘을 클릭하여 [(카메라 모델명)의 기본값을 리셋]을 선택합니다.

Tip 카메라 디폴트 기능이 프리셋 기능과 다른 점은 캡쳐원의 [리셋] 아이콘을 클릭하여 사진 보정값을 완전히 초기화시켰을 때 내가 만든 카메라 기본값으로 리셋이 된다는 점입니다. 이렇게 하면 카메라의 샤프닝 값이나 선명도 값, 레벨 값, 하이 다이나믹 레인지 값 등 내가 선호하는 특정 값을 아예 기본값으로 지정해 놓고 계속 사용할 수 있으므로, 불필요한 클릭을 줄여서 효율적으로 작업할 수 있습니다.

사용 팁

상업 인물 사진 분야에서 모델의 부드러운 피부톤을 추구하는 경우 선명도를 낮추어 보정한 후 카메라 기본값을 바꾸어서 사용할 수 있습니다. 이렇게 하면 사진가의 카메라는 처음부터 인물 사진을 위한 부드러운 피부톤으로 촬영을 진행할 수 있습니다.

ⓒ 안재철

03 내보내기 레시피 : 인쇄용 & SNS 원고를 동시에 빠르게 얻는 방법

사진 내보내기를 할 때 용도에 따라 파일 형식이나 파일 크기가 달라질 수 있습니다. 내보내기 레시피를 활용하면 한 장의 사진을 동시에 각각 다른 하위 폴더에 다른 형식으로 내보내기를 할 수 있습니다. 한 장의 사진을 인쇄용 원고, 인터넷 쇼핑몰용 사진, SNS 홍보를 위한 사진 등 다양한 원고로 사용해야 할 경우 한 번의 내보내기 클릭으로 동시에 여러 형식의 사진을 얻을 수 있습니다.

1 브라우저에서 내보내기를 진행할 사진을 한 장 선택하고 [내보내기]를 클릭하여 [이미지 내보내기] 창을 불러옵니다.

2 [이미지 내보내기] 창이 나타나면 [내보내기 레시피] 툴 〉 [JPEG·웹용 2048px]를 선택합니다. [위치] 툴 〉 [하위 폴더]에 '웹용 사진'이라고 입력합니다.

3 [형식 & 크기] 툴에서 'JPEG 형식'과 '배율 2048px' 등을 확인합니다.

4 다시 [내보내기 레시피] 툴 〉[TIFF·Adobe RGB(1998(8bit)]를 선택하고, [위치] 툴 〉[하위 폴더]에 '인쇄용 사진'이라고 입력합니다.

5 [형식 & 크기] 툴에서 '형식—TIFF—8bit, 배율—고정 100%' 등을 확인합니다.

6 [내보내기 레시피] 툴에 [JPEG...]와 [TIFF...] 2개의 레시피를 모두 체크합니다.

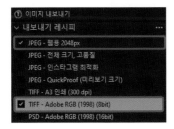

7 이제 [내보내기]를 클릭하여 내보내기를 진행합니다.

8 내보내기 지정 폴더, 또는 세션 작업 중이라면 기본으로 지정되어 있는 'Output' 폴더에 각각 '웹용 사진'과 '인쇄용 사진' 하위 폴더가 자동 생성되고 레시피에 지정된 형식과 사이즈에 맞는 사진이 해당 폴더에 생성됩니다.

Tip▶ [내보내기 레시피] 툴에서 체크 항목이 아닌 다른 레시피를 선택한 채로 [이미지 내보내기]를 클릭하면 '선택한 레시피는 사용하도록 설정되어 있지 않으므로...'라는 경고 메시지와 함께 내보내기가 진행되지 않습니다. 또한 [요약] 툴을 살펴보면 [레시피]에 선택한 레시피가 빨간색으로 경고 표시되어 있습니다. 따라서 내보내기를 진행할 때는 항상 선택한 레시피가 올바르게 체크되어 있는지 확인해야 합니다.

04 필터링 & 셀렉트 : A컷을 선택하고 분류하는 빠르고 정확한 방법

테더링 촬영할 때 비슷한 여러 장의 사진 중 마음에 드는 A컷 사진만 골라야 하는 경우가 자주 있습니다. 캡쳐원에서는 촬영을 마친 후 처음부터 각각의 사진에 별 등급의 순위를 지정한 후 A컷만 별도로 지정한 후 모든 사진을 한 번에 '셀렉트' 폴더로 옮겨서 별도로 관리할 수 있습니다.

1 프로젝트를 위한 '새로운 세션'을 만들어서 테더링 촬영을 진행합니다.

© 홍중식

Tip 캡쳐원에서 마음에 드는 사진을 셀렉트 표시하는 방법은 [별 등급]과 [컬러 태그] 2가지가 있습니다.

여기에서는 키보드 단축키 [0]~[5]를 사용하여 간편하게 셀렉트할 수 있는 별 등급을 사용했습니다. 만약 셀렉트 기능을 컬러 태그로 사용하면서 보다 간편한 키보드 단축키를 사용하고 싶다면, 메뉴 [편집] 〉 [키보드 단축키 편집] 〉 '단축키' 〉 '선택' 〉 '선택' 〉 '컬러 태그' 경로에서 원하는 컬러 태그에 대한 키보드 단축키를 사용자 지정할 수 있습니다.

자세한 사용자 단축키 설정 방법은 다음 〈활용편 05. 단축키〉 편을 참고해 주세요.

2 촬영을 모두 마쳤다면 이제 모든 사진에 대하여 별 등급 지정을 시작합니다. 메뉴의 [선택] 〉 [선택 후 다음 장 이동] 〉 [별 등급]을 클릭합니다. 이 기능은 브라우저에서 현재 사진에 별 등급을 지정하면 자동으로 다음 사진으로 이동하여 다음 사진의 별 등급을 바로 지정할 수 있게 도와주는 자동 이동 기능입니다.

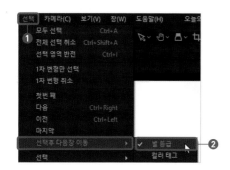

3 브라우저의 첫 번째 사진부터 사진을 평가하여 마음에 드는 순위를 매깁니다. 1을 누르면 섬네일에 별 1개가 표시되고, 5를 누르면 별 5개가 나타납니다. 0을 누르면 취소됩니다. 적절한 등급을 지정하면 자동으로 다음 장으로 이동합니다. 같은 방법으로 사진의 등급을 모두 지정합니다.

4 사진의 등급 지정을 마쳤다면, 이제 필터링 기능을 통해 특정 등급만 정렬해 보겠습니다. [라이브러리 툴] 탭 〉 [필터] 툴 〉 [등급]에서 별 5개를 선택합니다. 각각의 등급 옆에는 내가 지정한 별 등급만큼 숫자가 표시되어 있습니다.

5 브라우저에 별 5개 등급의 사진만 정렬되어 나타나면, Ctrl+A 또는 Command+A를 눌러서 별 5개 등급 사진 전체를 선택합니다.

6 메뉴의 [이미지] 〉 [선택 폴더로 이동]을 클릭합니다. 이동할 것인지 묻는 대화 창이 나타나며, [예]를 클릭합니다. 별 5개 등급의 사진을 선택 폴더로 이동하는 이유는 나중에 캡쳐원을 종료해도 A컷의 별 등급 5개 사진만 별도의 폴더에 구분되어 확인할 수 있기 때문입니다.

Tip 전체 사진을 선택한 상태에서 [라이브러리] 툴 〉 [세션 폴더] 〉 [선택 폴더]로 드래그를 해도 동일하게 파일이 이동됩니다.

05 단축키 : 스피드 에디트를 이용한 더 빠른 작업, 단축키 편집, 사용자 단축키 만들기

캡쳐원에서는 가장 많이 사용되는 보정 툴에 대해서 어느 곳에서나 더욱 빠른 단축키를 사용할 수 있는 '스피드 에디트' 기능을 제공합니다. 이 기능을 사용하면 반복적으로 불필요한 마우스 클릭을 방지할 수 있기 때문에 더 빠른 편집 작업의 효율성을 기대할 수 있습니다.

스피드 에디트 설정 및 사용 방법

1 메뉴의 [편집] 〉 [환경 설정]을 클릭합니다.

2 [환경 설정] 창이 나타나면 [일반] 탭의 하단에 [스피드 에디트 사용]의 체크를 확인합니다. 스피드 에디트의 [민감도]를 조정합니다. 민감도 숫자가 낮으면 스피드 에디트 기능의 마우스 휠 조작이 매우 미세하게 반응합니다. 반대로 민감도 숫자가 높으면 마우스 휠로 조정할 때 보정값이 크고 빠르게 반응합니다.

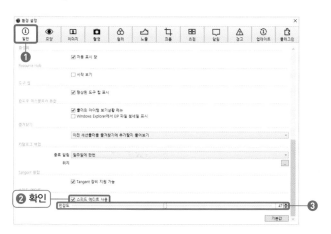

3 [환경 설정] 창을 닫고, 브라우저에서 보정할 사진을 한 장 선택한 후 1을 계속 누르고 있습니다. 뷰어 창의 사진 중앙 하단에 켈빈 보정용 슬라이더 조정 창이 나타납니다. 마우스 휠을 위아래로 돌리면서 숫자를 조정합니다. 이때 마우스 휠 보정은 바로 위에서 민감도 설정한 수치에 따라 반응합니다.

© 박무웅

4 켈빈 보정을 마쳤다면 같은 방법으로 2를 계속 눌러봅니다. 색조 보정용 슬라이더 조정 창이 나타나면 같은 방법으로 색조를 보정합니다.

5 같은 방법으로 아래 단축키를 이용해서 화이트 밸런스와 노출, 하이 다이나믹 레인지, 선명도 등을 보정할 수 있습니다.

> **Tip** 스피드 에디트 단축키

- 1 : 켈빈
- 2 : 색조
- Q : 노출
- W : 대비
- E : 밝기
- R : 채도
- A : 하이라이트
- S : 세도우
- D : 화이트
- F : 블랙
- Z : 선명도

단축키 편집하는 방법

1 메뉴의 [편집] 〉 [키보드 단축키 편집]을 클릭하면 [키보드 단축키] 창이 나타납니다. [스피드 에디트 키]에서 단축키 목록을 확인할 수 있으며, 기존 단축키를 변경하거나 일부 보정 툴의 단축키를 직접 지정할 수도 있습니다.

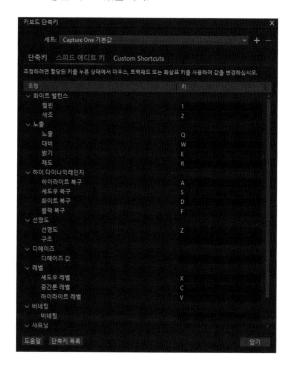

2 캡쳐원의 기본 단축키를 편집하고 싶다면, [세트]에서 [+] 아이콘을 클릭합니다. 새로운 단축키 저장 창이 나타나면 적당한 단축키 설정 이름을 입력하고 [확인]을 클릭합니다. 그림에서는 '캡쳐원 단축 키 2'라는 이름을 입력했습니다.

Tip 새로운 사용자 단축키를 만들면 기존의 기본 단축키를 덮어쓰지 않고 새로운 파일로 저장합니다. 따라서 사용자 는 언제든지 [키보드 단축키] 창의 [세트]에서 원래의 기본 단축키로 돌아가거나 원하는 사용자 단축키로 손쉽게 변경할 수 있습니다.

3 새로운 세트 '캡쳐원 단축키 2'가 생성되었습니다. [단축키] 〉[커맨드]에서 변경을 원하는 기능을 찾아서 단축키를 변경합니다. 이곳에서는 내보내기 기능인 기존의 단축키 `Ctrl`+`Shift`+`D`를 `Ctrl`+`E`로 변경했습니다. 하단에 기존의 '노출 경고'에서 사용 중인 단축키가 내보내기 기능으로 재할당된다고 알림이 나타납니다.

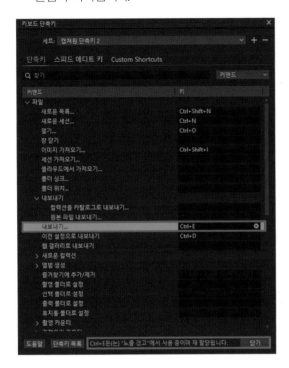

사용자 단축키를 만드는 방법

캡쳐원 23의 V16.2부터 단축키 편집 기능 중 '사용자 단축키(Custom Shortcuts)'라는 새로운 기능이 추가되었습니다. 이 기능은 자주 사용하는 중요한 명령을 직접 지정하여 사용할 수 있습니다. 이 기능을 사용하여 즐겨 사용하는 '스타일' 효과를 사용자 단축키로 지정해 보겠습니다.

1 [커맨드] 아래쪽의 [+] 아이콘을 클릭합니다.

2 명령 선택(Select Command) 옵션에서 '스타일 적용'을 선택하고, 즐겨 사용하는 스타일 중 하나를 선택합니다. 그림에서는 '기본 스타일 〉 IQ Styles 〉 B&W Contrast'의 흑백 스타일을 선택했습니다.

3 키 입력란을 선택하고 단축키 Shift + 1 을 누릅니다. 자동으로 Shift + 1 이 입력되며, 하단에 기존의 '블랙'에서 사용 중이던 단축키가 흑백 스타일을 위한 단축키로 재할당될 것이라는 메시지가 나타납니다.

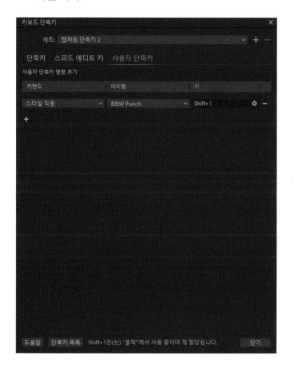

4 사진을 한 장 선택하고 단축키 ⌈Shift⌉+⌈1⌉을 누르면 B&W Contrast 스타일이 바로 적용된 흑백 사진으로 변경됩니다.

© 한철동

5 같은 방법으로 여러 개의 스타일에 대하여 단축키를 지정할 수 있습니다.

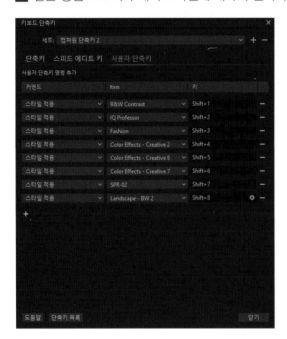

6 또한 사진을 곧바로 내보내기하여 포토샵에서 열 수 있는 단축키를 지정할 수도 있습니다. [커맨드] 〉 [편집]에서 응용 프로그램을 '포토샵'으로 선택합니다. 단축키는 ⌈Ctrl⌉+⌈P⌉(윈도우) 또는 ⌈Command⌉ +⌈P⌉(맥)로 지정합니다. 하단에 기존의 인쇄에서 사용하던 단축키가 포토샵 내보내기를 위한 단축키로 재할당될 것이라는 메시지가 나타납니다.

06 LCC 툴 : 더 완벽한 렌즈 만들기

렌즈의 광학적 설계 특성상 일반적으로 렌즈의 주변부는 중심부에 비해 더 어둡게 표현되는 데, 특히 광각 렌즈의 경우 더 두드러집니다. 또한 중형 디지털 카메라나 디지털 백을 초광각 렌즈나 또는 테크니컬 카메라의 무브먼트를 사용할 때 카메라 센서가 매우 예리한 각도에서 빛에 노출되어 나타나는 '렌즈 캐스트' 현상이 종종 발생할 수 있습니다.

캡처원의 'LCC(Lens Cast Calibration)' 기능은 렌즈 보정 기능에서 해결되지 못한 센서와 특정 렌즈 간에 발생하는 광학적 문제점을 개선시키는 기능으로 '컬러 캐스트' 보정과 렌즈 주변부의 '밝기 오차 보정'이 가능합니다. 여기에 센서에 달라붙은 먼지로 인해 사진의 같은 자리에 발생하는 '점(먼지)'들도 제거할 수 있습니다.

그린과 마젠타가 보이는 전형적인 렌즈 캐스트 현상·렌즈 중심부에 비해 주변부도 어둡습니다.

이 기능의 완벽한 지원을 위해서는 순백색 아크릴 소재의 LCC 플레이트가 필요합니다. 중형 카메라 제조사인 페이즈원을 비롯한 일부 제조사에서는 캡처원 LCC 기능을 사용하기 위하여 정밀한 LCC 플레이트를 별도로 판매하고 있습니다.

LCC 툴 사용 방법

(**예제 파일** : sample_012.iiq, sample_013.iiq)

1 LCC 플레이트로 촬영하기(LCC 기준 값 만들기) 렌즈 앞에 LCC 플레이트를 밀착시킵니다. 조리개 값은 동일하게 유지하면서 셔터 스피드 또는 조명의 광량으로 노출을 조절합니다. 가급적 같은 색온도를 유지합니다.

2 중간 회색 정도의 이미지가 표시되도록 노출을 정하여 촬영합니다. 좀 더 정확한 기준값을 얻기 위하여 밝게 또는 어둡게 적절히 브라케팅하여 촬영하고, 촬영한 LCC 사진을 캡처원으로 가져옵니다.

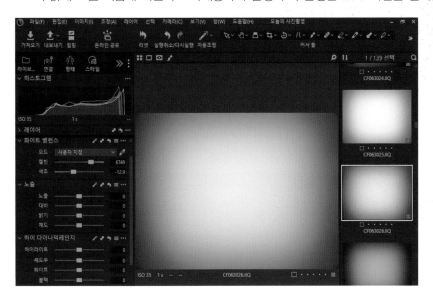

3 캡처원 23(16.x 버전)부터는 [LCC] 툴이 숨겨져 있으므로, 표시해야 합니다. [형태 툴] 탭 〉[그리드] 툴로 이동합니다. 아래 빈 곳을 마우스 오른쪽 버튼으로 클릭한 후 [툴 추가] 〉[LCC]를 선택하면, [LCC] 툴이 나타납니다.

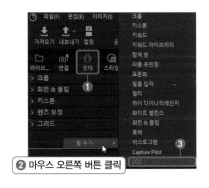

4 플레이트로 촬영한 LCC 사진을 선택한 상태에서 [LCC 생성]을 클릭합니다.

5 [LCC 옵션 생성] 창이 나타나면, 옵션 해당 유무 확인 후 [생성]을 클릭합니다.

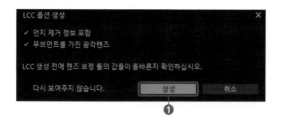

6 컬러 캐스트와 렌즈 주변부 밝기 오차, 먼지 등이 제거되는지 확인합니다. LCC 생성이 정상적으로 작동했다면 깨끗하고 균일한 회색 이미지로 바뀌며 섬네일 사진 상단에 LCC가 나타납니다.

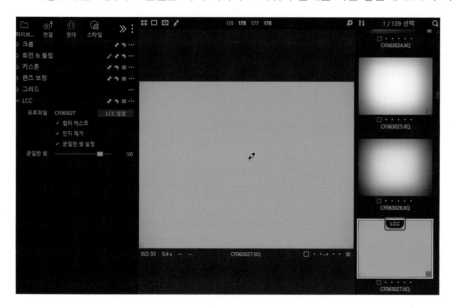

7 언제든지 사용하기 위하여 프리셋으로 저장합니다. [사용자 프리셋] 아이콘을 클릭하여 적당한 이름으로 저장합니다(예 : Rodenstock 23mm f8 Daylight).

8 원래의 촬영된 이미지에 LCC 프리셋을 적용하고 최종적인 결과물을 확인합니다. LCC 적용 전 사진과 적용 후 사진을 비교해 봅니다.

▲ LCC 적용 전

▲ LCC 적용 후 (**예제 파일** : sample_012.iiq, sample_013.iiq)

Tip 렌즈 캐스트는 렌즈 평면과 센서 평면 사이에 발생하는 현상이기 때문에 테크니컬 카메라를 통한 무브먼트(틸트/스윙)에 의해 센서의 각도가 바뀌거나 렌즈를 변경하는 경우, LCC 조건도 바뀌게 됩니다.

따라서 촬영 현장에서 무브먼트 및 렌즈 교환과 같이 촬영 조건이 변경될 경우 LCC 플레이트로 변경된 조건을 촬영해 놓고 각각의 파일들이 혼돈되지 않도록 메모를 해두는 것이 좋습니다.

세션 방식으로 작업 중인 경우 LCC 생성 파일은 캐시 폴더 'CaptureOne/Settings100' 폴더에 저장됩니다. 파일을 EIP로 압축하거나 내보내는 경우 LCC 조정 정보도 EIP에 포함됩니다. 카탈로그 방식으로 작업 중인 경우 LCC 생성 파일은 카탈로그 자체에 저장됩니다.

LCC 생성 파일은 해당 카메라 센서의 RAW 파일에만 사용할 수 있습니다.

07 Capture Pilot : 스튜디오 안의 작업자들과 커뮤니케이션하는 방법

 캡쳐원에서는 가장 많이 사용하는 보정 툴을 어느 곳에서나 빠른 단축키를 사용할 수 있는 '스피드 에디트' 기능을 제공합니다. 이 기능을 사용하면 반복적으로 불필요한 클릭을 방지할 수 있기 때문에 더욱 빠른 편집 작업을 기대할 수 있습니다.

프로 사진가가 광고주와 함께 테더링 촬영을 진행할 때 사진가와 광고주, 스타일리스트, 디자이너 등 여러 명의 스탭과 함께 촬영 모니터를 보면서 커뮤니케이션을 나누다보면 사진가로서 부담이 되며, 모니터 주변에 둘러앉아서 사진을 볼 때 서로 불편한 경우가 종종 발생하기도 합니다.

캡쳐원의 [Capture Pilot] 툴은 촬영 모니터와 감상 및 셀렉트용 아이패드를 분리하기 때문에 원활한 커뮤니케이션과 함께 스탭의 작업 능률 향상과 클라이언트의 만족도 향상을 기대할 수 있습니다.

애플 아이패드와 아이폰용 무료 앱인 Capture Pilot(캡처 파일럿)을 이용하면 클라이언트는 사진가의 실시간 테더링 촬영을 아이패드로 편안하게 모니터링 할 수 있으며, 즉석에서 사진들을 셀렉트할 수 있습니다. 클라이언트가 셀렉트한 사진은 사진가의 촬영 중인 캡처원에 즉시 무선으로 적용됩니다.

Capture Pilot 사용 방법

1 애플 앱스토어에서 'Capture Pilot' 무료 앱을 아이패드나 아이폰에 설치합니다. 이때 캡처원과 연동하려는 아이패드/아이폰은 PC와 같은 Wi-Fi 네트워크에 연결되어 있어야 합니다.

Capture Pilot 4+
Capture One Companion
Capture One A/S
Designed for iPad
★★★★☆ 2.4 • 87 Ratings
Free · Offers In-App Purchases

Screenshots iPad iPhone

2 [Capture Pilot] 툴은 캡처원 23 버전부터 기본 툴에서 숨겨져 있으므로, 표시하기 위하여 툴 추가를 해야만 합니다. [연결 툴] 탭 〉 [오버레이] 툴 아래 빈 곳을 마우스 오른쪽 버튼으로 클릭한 후 [툴 추가] 〉 [Capture Pilot]을 선택합니다.

3 [Capture Pilot] 툴이 나타나면 [기본]의 [서버명]에 적당한 이름을 입력합니다(가급적이면 영문으로 입력합니다). 세션을 만들었다면 서버명은 자동으로 현재 '세션 이름'으로 표시될 것입니다. [서버 시작]을 클릭한 후 아이패드(아이폰)의 Capture Pilot 앱에 입력한 서버명이 나타납니다.

4 서버명을 클릭하면 현재 테더링 촬영 중인 폴더의 사진이 모두 표시되기 시작합니다.

5 사진을 확대하여 포커스를 확인합니다.

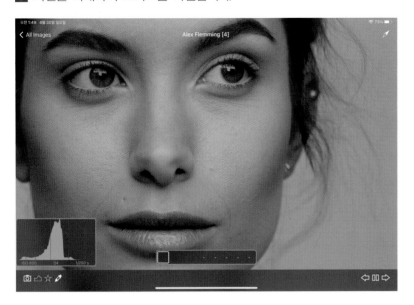

6 마음에 드는 사진에 대하여 별 등급과 컬러 태그를 지정합니다.

웹 브라우저 이용 방법

아이패드/아이폰의 애플 모바일 기기가 없더라도 [Capture Pilot] 툴의 '웹' 기능을 이용하면 다른 컴퓨터의 웹 브라우저로 사진을 확인하고 선택할 수 있습니다.

[Capture Pilot] 툴의 [웹] 하단에 표시된 로컬 IP 주소를 메모합니다. 다른 컴퓨터에서 웹 브라우저를 실행하여 인터넷 주소창에 메모한 로컬 IP 주소를 입력합니다.

웹 브라우저에 현재 촬영 중인 사진이 순서대로 표시됩니다. 웹 브라우저에서 각각의 사진에 '별등급' 또는 '컬러 태그'를 설정하여 평가 또는 선택할 수 있으며, 촬영 중인 컴퓨터의 캡쳐원 사진에 즉시 반영됩니다.

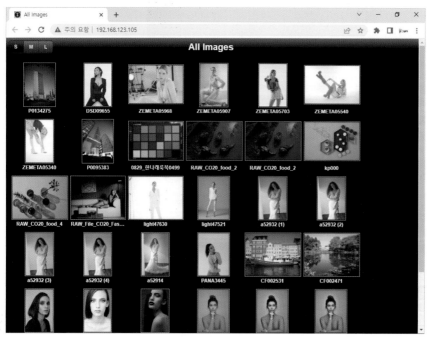

Tip Capture Pilot은 촬영 중인 캡쳐원 컴퓨터와 아이패드(아이폰)가 같은 공유기의 WiFi 환경에서 적용되며, 공유기 보안이나 방화벽 등의 문제로 지원 장애나 오류가 발생할 수 있습니다.

애플 기기나 웹 브라우저에서 사진이 표시되지 않을 경우 캡쳐원의 '온라인 공유(LIVE)' 기능을 이용할 수 있습니다. 자세한 사용 방법은 본문 '온라인 공유(LIVE)' 기능을 참조해 주세요.

Tip **카메라 리모트 컨트롤**

Capture Pilot 앱은 카메라를 제어하고 촬영할 수 있는 리모트 컨트롤 기능을 제공합니다. 이 기능을 사용하면 아이폰, 아이패드로 카메라 설정과 무선 릴리즈 촬영이 가능합니다. 단, Capture Pilot 앱은 무료 앱이지만 리모트 컨트롤 기능은 인 앱 구매를 해야 사용할 수 있습니다.

08 숨겨진 툴 탭 찾기 : 내보내기 대기열

캡쳐원 22, 23 버전부터는 [내보내기 툴] 탭이 숨겨져 있으며, 툴 탭 추가를 이용하여 다시 추가할 수 있습니다.

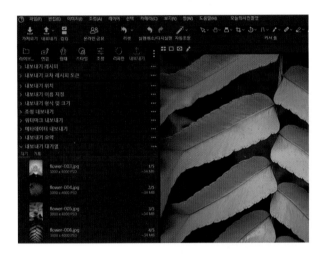

[내보내기 툴] 탭의 [내보내기 대기열] 툴은 현재 진행 중인 내보내기의 파일을 확인하거나 중지, 삭제시킬 수 있는 기능입니다. 또한 기존에 내보냈던 기록도 확인이 가능합니다.

내보내기 대기열 추가 방법

1 툴 탭 아이콘 중 [리파인] 바로 오른쪽에 아이콘을 클릭하고, [툴 탭 추가] 〉 [내보내기]를 선택합니다.

2 [리파일 툴] 탭 옆에 [내보내기 툴] 탭이 나타나면, [내보내기 툴] 탭의 맨 아래쪽 [내보내기 대기열] 툴로 이동합니다.

3 뷰어 창에서 Ctrl + A (윈도우) 또는 Command + A (맥)를 눌러서 내보내기를 할 사진을 모두 선택합니다.

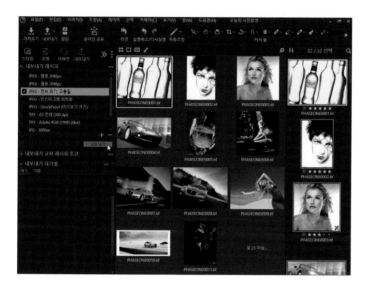

4 [내보내기 레시피] 툴에서 적당한 레시피를 선택하고 [내보내기]를 클릭하여 내보내기 진행을 시작합니다. [내보내기 대기열] 탭에 사진들이 추가되어 내보내기가 진행됩니다.

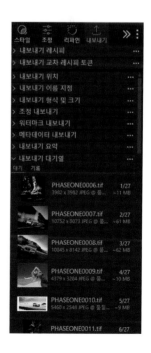

5 [내보내기 대기열] 툴 하단에 내보내기 진행 그래프가 나타나는데, 그래프 오른쪽의 [중지]를 클릭하면 내보내기 진행이 일시 중지됩니다.

6 내보내기를 모두 취소하기 위하여 [내보내기 대기열] 툴에 보이는 섬네일 사진 한 장을 선택하고 Ctrl+A 또는 Command+A를 눌러서 대기열의 모든 사진을 선택합니다. Delete를 눌러 대기열의 사진을 모두 삭제하여 내보내기 진행을 모두 취소합니다.

09 작업 공간 변경 : 기본값(레거시)

캡쳐원은 22 버전 이후부터 작업의 효율성을 위하여 툴 탭 워크플로우를 더욱 단순화시켰습니다.

▲ 캡쳐원 20의 툴 탭 인터페이스

▲ 캡쳐원 23의 툴 탭 인터페이스

이러한 변경은 이전 버전의 인터페이스에 익숙했던 사용자라면 오히려 불편하게 느껴질 수도 있습니다. 따라서 캡쳐원은 기존의 툴 탭 인터페이스 방식이 적용된 작업 공간을 선택할 수 있도록 하여 기존 사용자들도 최대한 불편함을 줄일 수 있도록 배려하고 있습니다.

캡쳐원 23 툴 탭 인터페이스를 '기본값(레거시)'로 변경하는 방법

기존에 작업했던 툴 탭과 툴의 배열에 대하여 작업 공간 저장을 눌러 백업을 진행합니다. 작업 공간 저장 및 백업 방법은 'FAQ-05' 편을 참고해 주세요.

1 메뉴의 [창] > [작업 공간] > [기본값(레거시)]를 클릭하면, 기존의 다섯 종류의 툴 탭 디자인이 아홉 가지로 구성된 툴 탭으로 변경됩니다.

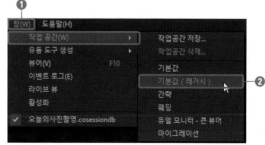

2 컬러 보정을 위한 [컬러 툴] 탭과 숨겨져 있던 [Capture Pilot, LCC] 툴 탭 등이 나타나는데, 툴 탭 아이콘에서 마우스 오른쪽 버튼을 클릭한 후 작업에 불필요한 툴 탭은 제거합니다.

3 툴 탭 아이콘을 드래그하여 툴 탭의 순서를 변경할 수도 있습니다.

4 각 툴 탭별로 불필요한 툴들도 제거합니다.

5 각 툴의 위아래 순서를 변경합니다. 자주 사용하는 순서로 툴의 위치를 변경합니다.

6 툴 탭과 툴의 배치가 완료되었다면 현재 변경한 인터페이스를 저장하기 위해 메뉴의 [창] 〉 [작업
공간] 〉 [작업 공간 저장]을 클릭합니다.

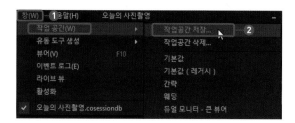

7 [작업 공간 저장] 창이 나타나면 변경된 툴 탭, 툴에 대한 새로운 작업 공간 이름을 입력합니다.

8 새로운 작업 공간 이름을 통해 이제부터 언제든지 작업 공간을 기본값이나 사용자 지정으로 바꿀
수 있습니다. 또한 다른 컴퓨터의 캡쳐원에서도 사용자 작업 공간을 불러들일 수 있습니다. 사용자
작업 공간의 백업과 불러오기는 'FAQ-05' 편을 참고해 주세요.

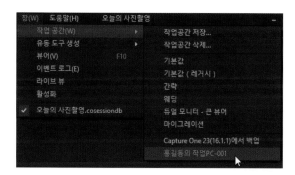

10 주석 : 사진 위에 주석 달기 또는, 스케치하기

패션 광고 사진과 같이 사진가와 리터쳐 또는 디자이너와의 협업이 필요한 경우, 사진가나 클라이언트는 리터쳐에게 사진의 수정 요청이 필요할 수 있습니다. 이때 캡쳐원의 주석 기능은 즉석에서 사진 위에 펜마우스 등으로 리터칭을 위한 지시 사항이나 시각적인 스케치, 메모 등을 표시하고 PSD 파일의 레이어로 저장할 수도 있습니다.

1 주석을 표시할 사진을 선택하고 캡쳐원 상단의 가운데 툴바에서 맨 오른쪽 연필 모양의 [주석] 아이콘을 클릭합니다(단축키 Ⅰ).

2 뷰어 창의 사진 위에서 마우스 오른쪽 버튼을 클릭하면 [주석 설정] 창이 나타납니다.

- **툴** : 주석 그리기, 주석 지우기 선택, 주석의 컬러와 크기를 설정합니다.
- **주석을 항상 표시** : 다른 아이콘이나 툴을 선택해도 주석이 나타납니다.

① 마우스 오른쪽 버튼 클릭

© 염종일

3 사진 위에 원하는 주석을 달거나 스케치, 메모 등을 적습니다.

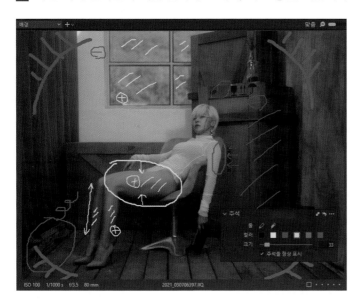

Tip 작성한 주석이나 스케치를 포토샵 PSD 형식의 레이어 파일로 저장할 수 있습니다. [이미지 내보내기] 〉 [메타데이터] 툴 〉 [워크플로] 〉 [주석(레이어로)]를 체크하여 PSD 파일로 내보낸 뒤 포토샵에서 열어보면 주석이 사진과 구분되어 별도의 레이어로 저장되어 있습니다. 리터쳐는 포토샵에서 작업 지시 사항을 살펴보면서 리터칭을 진행할 수 있습니다.

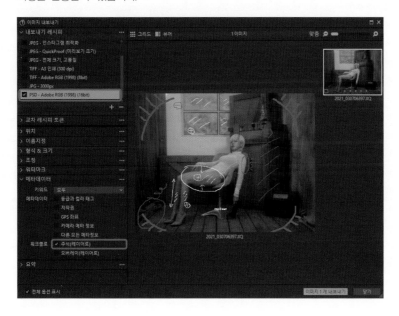

11 파노라마 스티칭 : 풍경 사진가를 위한 특별함

캡쳐원의 파노라마 스티칭 기능을 통해 RAW 파일을 파노라마 DNG 형식으로 스티칭할 수 있습니다. 완벽한 파노라마 스티칭을 위하여 촬영 시 몇 가지 원칙을 준수하면 캡쳐원에서 더 완벽한 결과물을 얻을 수 있습니다.

© Paul Reiffer

파노라마 촬영 전 주의 사항

- 가급적 35mm 화각 이상의 렌즈를 사용합니다.
- 시차를 없애기 위하여 렌즈의 노달 포인트(Nodal Point)를 찾아 설정합니다.
- 가능하다면 삼각대를 사용하여 촬영합니다. 완벽한 촬영을 위해 파노라마 촬영을 위한 전문 액세서리를 구비하는 것도 도움이 될 수 있습니다.
- 촬영 시 초점과 노출의 균일성을 유지하여 촬영합니다.
- 촬영물 간에 20~50% 사이에서 중첩(오버랩)하여 촬영합니다.
- 촬영물 간에 렌즈 주변부 노출 부족으로 인하여 샷과 샷 사이에서 얼룩이 발생할 수 있습니다(특히 풍경 사진 등의 하늘 등을 스티칭할 때).

따라서 사진을 스티칭하기 전에 캡처원의 [형태 툴] 탭 〉 [렌즈 보정] 툴 〉 [주변 밝기 조정]으로 사진마다 주변부의 노출 부족을 조정하여 더 완벽한 결과물을 만들 수 있습니다.

파노라마 스티칭 방법

1 브라우저에서 스티칭하려는 사진들을 선택하고 마우스 오른쪽 버튼을 클릭한 후 [파노라마로 스티치]를 선택합니다. 또는 메뉴의 [이미지] 〉 [파노라마로 스티치]를 클릭합니다.

2 [파노라마로 스티치] 창에 '미리 보기 생성 중...' 메시지가 나타납니다. 잠시 후 스티칭이 완료되면 합쳐진 사진이 나타납니다.

- **Spherical** : 수평 또는 수직으로 시야가 넓은 다중 행 스티칭에 유용합니다.
- **Cylindrical** : ~100도 이상의 시야를 포함하는 이미지의 단일 행에 유용합니다. 이 옵션에서 수직선이 유지됩니다.
- **Perspective** : 시야각이 ~ 100도 미만인 시야와 틸트/시프트 렌즈를 사용하는 테크니컬 카메라로 촬영한 이미지에 유용합니다.
- **Panini** : 소실점이 프레임 중앙에 있는 건축 사진에 유용합니다. 수직선은 수직으로 유지되고 소실점으로 향하는 선은 그대로 유지됩니다.

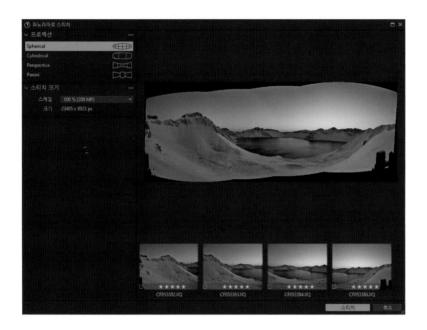

3 이미지의 숫자, 장면 및 시야에 따라 용도에 가장 적합한 이미지 투영 옵션을 선택할 수 있습니다. 파노라마 미리 보기 사진이 나타나면, 오른쪽 하단의 [스티치]를 클릭하여 스티칭 진행을 시작합니다. 진행률을 나타내는 그래프 창이 나타납니다.

4 스티칭이 완료되고 이미지 옆에 파노라마 DNG 파일이 생성되어 나타납니다.

© 서영희

스티치 크기 주의 사항

사진의 해상도가 높거나 사진 개수가 너무 많으면 DNG 파일의 크기가 상당히 커집니다. DNG 결과물의 해상도가 6억 화소 이상일 경우 캐시 파일 크기를 초과하여 성능 저하의 경고가 표시되지만, 사진 편집은 가능합니다.

스티치 크기는 25%, 50%, 75%, 100%의 네 단계로 결정할 수 있습니다. 지원 가능한 최대 해상도는 7억 1천 500만 화소(715MP)이며 파노라마의 긴 변은 65,000 픽셀을 초과할 수 없습니다.

© Paul Reiffer

예제 파일로 작업해 보기

(예제 파일 : sample_014.iiq, sample_015.iiq)

2장의 예제 파일로 파노라마 스티치를 완성해 보세요.

11 HDR 병합 : 더 풍부한 톤 만들기

HDR(High Dynamic Range)는 사진의 가장 밝은 곳부터 어두운 곳까지의 영역을 확장시켜 풍부한 톤으로 표현하는 것을 의미합니다. 같은 RAW 파일을 단계별로 노출 브라케팅하여 촬영하고, 캡쳐원에서 HDR 병합 기능으로 사진의 계조를 더 풍부하게 늘릴 수 있습니다.

HDR 병합 방법

(**예제 파일** : sample_016.eip, sample_017.eip, sample_018.eip)

1 각 사진 간에 EV 2.0으로 3장의 사진을 브라케팅 촬영한 후 브라우저에서 병합하려는 사진들을 선택합니다.

> **Tip** 브라케팅 촬영의 노출 간격은 사용자의 경험에 의해서 이상적인 노출 차이를 찾는 것이 더 중요합니다. 또한 카메라의 자동 브라케팅 촬영 모드를 사용하면 더 간편하게 노출 간격을 지정하여 촬영할 수 있습니다. 자동 브라케팅 촬영 설정에 대한 자세한 사용 방법은 카메라 제조사의 사용 설명서를 참고해 주세요.

2 브라우저에서 마우스 오른쪽 버튼을 클릭한 후 [HDR로 병합]을 선택합니다. 또는 메뉴의 [이미지] 〉
[HDR로 병합]을 클릭합니다.

3 [HDR로 병합] 창이 열리면서 미리 보기 자동 조정 및 자동 정렬 옵션이 나타납니다.

- **자동 조정** : 병합된 HDR 파일에 자동 조정을 적용합니다. 노출, 대비, 밝기, HDR, 레벨을 자동 조정하
  여 적용합니다. 병합 후에 추가 조정이나 제거도 가능합니다.
- **자동 정렬** : 브라케팅한 촬영들이 완벽하게 일치하지 않은 사진일 경우 사진을 정렬합니다.

예를 들어, 삼각대 없이 손으로 직접 촬영하여 병합할 사진 간에 오차가 발생했을 경우 병합에서 오차를
없앨 수 있습니다.

4 이미지의 숫자 및 해상도, 컴퓨터 성능에 따라 10초~5분 정도의 병합 시간이 소요될 수 있습니다.

5 병합이 완료되면 HDR DNG 파일이 생성되어 나타납니다.

© 박무웅

Tip **최적의 HDR 촬영을 위한 유의 사항**

- 3장의 사진을 약 EV 2.0 내외로 브라케팅하여 촬영합니다.
- 브라케팅 과정에서 사진이 어긋나는 것을 방지하기 위하여 튼튼한 삼각대를 사용합니다.
- 가장 밝은 사진의 하이라이트 영역에서 노출 과다로 인해 밝은 부분의 디테일이 모두 사라지는 번아웃 현상이나 가장 어두운 사진의 세도우 부분의 디테일 정보가 사라지지 않는지 주의하여 촬영합니다.
- 가장 밝은 프레임에 필요한 노출 시간을 고려하여 카메라의 ISO를 고정하고 가능한 낮게 설정하는 편이 좋습니다.
- 모든 프레임이 정확히 같은 거리에 초점이 맞도록 카메라에서 수동 초점을 사용하는 것이 좋습니다.
- 사람, 자동차, 바람에 흔들리는 나뭇가지 등과 같이 움직이는 피사체는 가급적 피합니다.

사진가의
캡쳐원 노하우

사용팁

01 이진수 : 패션 사진에서 모델 피부톤 만들기
[컬러 에디터와 스타일 브러시]

예제 파일 : sample_019.jpg, sample_020.cr2
패션 사진 촬영에서 모델에 대한 자연스럽고 아름다운 피부톤을 만들기 위한 과정을
살펴봅니다.

패션 사진가. Gondri by VISU 스튜디오 대표.
패션과 웨딩, 인물 전문 사진가로서 개성 있는 사진 조명 테크닉을 기법으로 인물의 아우라를 표현하는 데 탁월한
베테랑 패션 사진가

1 [조정 툴] 탭 〉 [레이어] 툴의 [+] 아이콘을 마우스 오른쪽 버튼을 클릭한 후 [새로운 빈 레이어 조정]
을 선택합니다.

2 새로운 '레이어 조정 1'이 생성되었습니다. 이름을 더블클릭하거나 마우스 오른쪽 버튼을 클릭한 후
[이름 변경]을 선택하고, '피부톤 보정'으로 레이어 이름을 변경합니다.

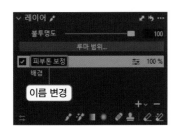

3 커서 툴 모음 또는 [레이어] 툴에서 붓 모양의 [마스크 그리기] 아이콘을 클릭하거나, 단축키 B를 누릅니다.

4 뷰어 창의 사진 위에서 마우스 오른쪽 버튼을 클릭하여 [브러시 설정 조정] 창을 불러옵니다. 사진에 맞춰 브러시의 적당한 [크기]와 [경도], [불투명도], [플로] 등을 설정합니다.

5 브러시 설정이 완료되면 얼굴과 피부 라인의 주변부를 따라 라인을 그려줍니다. 시간을 절약하기 위하여 피부 전체를 칠할 필요는 없습니다.

Tip 만약 브러시 칠이 표시되지 않는다면 단축키 M을 눌러서 마스크를 표시해 줍니다. 단축키 M은 레이어 마스킹 작업에서 필수적으로 알아두면 좋은 단축키 중 하나입니다. M을 반복적으로 눌러서 레이어 마스킹의 적용 여부를 판단할 수 있습니다. 마스크 컬러는 캡쳐원의 [환경 설정] 〉 [모양] 〉 [레이어]에서 컬러 및 불투명도 변경이 가능합니다.

6 주변부 라인이 완성되었다면, 레이어 이름 위에서 마우스 오른쪽 버튼을 클릭하거나 [레이어] 툴의 ••• 아이콘을 클릭하여 [마스크 채우기]를 선택합니다.

7 모델의 피부 전체에 자동으로 레이어 마스크가 채워졌습니다.

8 이 상태에서 단축키 `Alt`+`M`(윈도우) 또는 `Option`+`M`(맥)을 누르면, 마스크 모드가 흑백으로 전환됩니다.

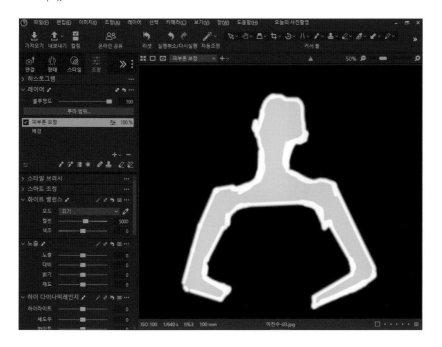

9 레이어 이름 위에서 마우스 오른쪽 버튼을 클릭하거나 [레이어] 툴의 ••• 아이콘을 클릭하여 [리파인 마스크]를 선택합니다.

① 마우스 오른쪽 버튼 클릭

Tip ▶ '리파인 마스크'는 마스크의 정밀도를 향상시키기 위한 마스크 다듬기 툴입니다. 칠해진 마스크를 따라 가장자리를 감지하여 머리카락이나 털, 복잡하고 미세한 디테일이 있는 피사체의 가장자리를 정확하고 깔끔하게 보정하는 데 큰 도움을 줍니다.

10 [리파인 마스크] 창이 나타납니다. 뷰어 창의 흑백 사진을 관찰하면서 [반경] 슬라이더를 적절히 조
정하여 마스크의 세밀함을 조절한 뒤 [적용]을 클릭합니다.

11 단축키 M을 두 번 눌러서 사진이 정상적으로 보이도록 하고, [조정 툴] 탭 〉 [컬러 에디터] 툴 〉 [피
부톤]을 클릭합니다. 스포이트 모양의 [컬러 선택] 아이콘을 클릭한 후 뷰어 창의 인물 사진에서 이
마나 볼 등 적당한 피부의 위치를 찾아 클릭합니다.

12 원형 모양 색상환 표에 클릭한 점을 기준으로 피부톤의 색상 영역이 나타납니다. [수치]에서 [색상, 채도, 밝기]를 조절합니다. 인물 사진의 톤에 직접적인 영향을 줍니다. [균일성]에서 [색상, 채도, 밝기]를 조절합니다. 인물 사진의 톤을 균일하게 통일시킵니다.

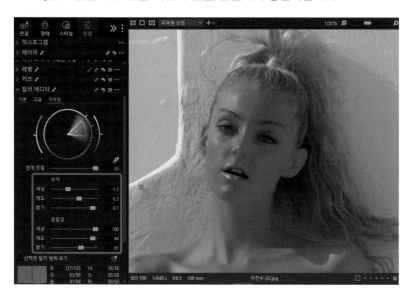

Tip [균일성]에서 주의할 점은. [색상]이나 [채도] 슬라이더를 조정하면 모델의 입술이나 메이크업의 컬러 채도가 빠질 수 있으므로, 원하지 않는다면 단축키 M을 누르고, 지우개 브러시를 이용해서 레이어 마스크에서 입술 영역 등을 지웁니다. 이렇게 하면 입술의 컬러는 변경되지 않습니다.

13 피부톤 보정의 적용 전후를 효과적으로 비교하기 위하여 [컬러 에디터] 툴에서 단축키 Alt (윈도우) 또는 Option (맥)을 누른 상태로 [리셋] 아이콘을 클릭하면 키를 누른 동안만 [컬러 에디터] 툴의 효과를 임시로 리셋하기 때문에, 피부톤 효과에 대해서만 적용 전과 적용 후를 보다 효과적으로 비교해 볼 수 있습니다.

14 [조정 툴] 탭 〉 [선명도]로 이동합니다. 방법에서 적당한 4가지 옵션 중 하나를 선택하고, [선명도]와 [구조]를 조정합니다.

- 선명도 '0'을 기준으로 슬라이더를 왼쪽으로 조정하면 인물의 피부가 부드러워집니다.
- 구조 '0'을 기준으로 슬라이더를 오른쪽으로 조정하면 피부의 디테일이 두드러집니다.

15 최종적으로 [레이어] 툴에서 피부톤 보정의 체크 표시를 반복적으로 체크/해제하면서 피부톤의 변화를 확인해보거나, [불투명도] 슬라이더를 이용해서 피부톤의 강약을 조절합니다.

© 이진수

사용 팁 피부톤을 사용자 스타일 브러시로 만들어서 사용하는 방법 ···

여러 가지 툴에서 보정한 피부톤을 '사용자 스타일 브러시'로 저장하여 언제든지 같은 값으로 사용할 수 있습니다. 이렇게 하면 모델이나 조명에 따른 색감이나 디테일, 밝기 등의 여러 가지 피부톤 예제를 만들어서 상황과 느낌, 목적에 맞게 선택하여 사용할 수 있습니다.

1. 피부톤 작업을 완료한 후 [조정 툴] 탭 〉 [스타일 브러시] 툴로 이동합니다. 오른쪽의 ■■■ 아이콘을 클릭하여 [스타일 브러시 저장]을 선택합니다.

2. [스타일 브러시 저장] 창이 나타나고, 방금 작업했던 모든 과정이 체크 표시되어 있습니다. 적용을 원하는 항목들만 체크 표시를 남겨두고 [저장]을 클릭합니다.

3. [스타일 브러시 저장] 창이 나타납니다. 적당한 파일 이름을 입력합니다.

4. 피부톤을 보정할 다른 사진을 선택하고, [스타일 브러시] 툴 〉 [커스텀 스타일 브러시]에서 방금 저장한 '피부톤–자연광–001'을 선택합니다.

5. 뷰어 창의 사진 위에 마우스 오른쪽 버튼을 클릭하면 [브러시 설정 조정] 창이 나타납니다. 적당한 브러시 크기와 경도, 불투명도, 플로 등 각종 설정을 지정합니다.

6. 모델의 피부 영역을 따라 브러시를 적당하게 칠합니다. 단축키 [M]을 반복적으로 눌러서 마스크의 적용 여부와 적용 영역을 확인할 수 있습니다. 리파인 마스크 기능을 활용하여 마스킹 경계 영역이 어색하지 않도록 합니다.

7. 사진을 확대/축소하면서 피부톤을 확인해 봅니다. 최종적으로 [레이어] 툴에서 [불투명도]를 조절하여 피부톤의 강약을 조절합니다.

© 이진수

8. 브라우저에서 현재 작업한 사진을 마우스 오른쪽 버튼으로 클릭하여 [보정값 복제]를 선택하면 브라우저에 같은 사진이 2장으로 가상 복제되어 표시됩니다. 복제된 한 장의 사진은 [레이어 & 마스크] 툴에서 피부톤 레이어의 체크를 해제합니다. 브라우저에서 2장의 사진을 모두 선택하면 피부톤 레이어의 적용 전과 적용 후를 동시에 비교하면서 수정할 수 있습니다.

02 한철동 : 입체적인 풍경 사진을 위한 레이어 작업[선형 마스크와 레이어]

예제 파일 : sample_021.eip

풍경 사진 촬영은 수평선이나 지평선이 있는 황금분할의 촬영이 많습니다. 캡쳐원의 선형 레이어 마스크를 이용하여 그라데이션 ND 필터 효과를 만들어서 더 풍부한 계조를 가진 입체적인 풍경 사진을 만들어 내는 과정을 살펴봅니다.

> 랜드스케이프 전문 사진가
> 한국의 아름다운 풍경을 담아내기 위하여 전국 곳곳을 누비며 사진을 기록한다. 특히 파노라마와 적외선, 장노출 기법 등을 사용하여 작가만의 감성으로 아름다운 풍경을 기록하고 있다.

1 사진의 화이트 밸런스, 노출 등을 조정합니다.

> **Tip** 풍경 사진에서 좋은 보정 작업이 되려면 정확한 초점과 노출은 가장 기본입니다. 근경에서 원경까지 선명한 풍경 사진을 얻기 위하여 기본적으로 렌즈의 성능도 중요하지만, 선명도 표현력이 가장 우수한 렌즈 조리개의 선택, 진동이나 미세한 흔들림을 막기 위한 튼튼한 삼각대와 릴리즈 사용, 과초점 거리 활용 등 사진의 기본에 충실해야 합니다.

2 메뉴의 [보기] 〉 [가이드]를 클릭하여 사진에 가이드를 표시하고, 캡쳐원 상단 가운데 커서 툴 모음에서 화살표 모양의 [선택] 아이콘을 클릭합니다. 마우스 커서가 화살표 모양으로 바뀌면서 이제 가이드 선을 움직일 수 있습니다. 수평 가이드 선을 움직여서 바다의 수평선에 맞춥니다.

3 [형태 툴] 탭 〉 [회전 & 플립]에서 [각도]의 오른쪽 숫자를 클릭합니다. [Shift]를 누른 상태로 마우스 휠을 돌리면 각도 숫자가 '0.1.. 0.2...0.3'으로 움직이며 사진이 회전합니다. 빨간색 가이드 선에 맞추어 정확한 수평선을 맞춥니다.

4 [형태 툴] 탭 〉 [렌즈 보정] 툴에서 [주변 밝기] 슬라이더를 조정하여 렌즈 주변의 밝기를 중앙부 밝기에 맞춥니다. 일반적으로 광각 렌즈를 사용할 경우 광학적 설계로 사진의 주변부가 중앙부에 비해 어두울 수 있습니다. 미학적 관점에서 광학적 비네팅 자체를 선호하는 경우 그대로 사용할 수 있지만, 원하지 않는 경우 주변 밝기를 조정하여 주변부 어두움을 보정합니다.

5 [조정 툴] 탭 〉 [레이어] 툴로 이동한 후 [선형 그라디언트 마스크] 아이콘을 클릭합니다(단축키 [L]). 뷰어 창의 사진에서 하늘로부터 수평선 방향으로 드래그하여 선형 마스크를 생성하면 [레이어] 툴에 '레이어 조정1'이 생성됩니다. 단축키 [M]을 눌러서 붉은색 마스크가 컬러로 나타나면 마우스로 마스크 범위를 자연스럽게 조정합니다.

Tip▶ 참고로 마스크 컬러는 붉은색이 기본값으로 표시되며, [환경 설정] 〉 [모양] 〉 [레이어]에서 마스크 컬러와 불투명도 변경이 가능합니다.

6 선형 마스크에 마우스 포인터를 위치시키면 3개의 선이 나타납니다.

- 위쪽 선은 마스크 그라데이션을 조정합니다.
- 중간 선은 그라데이션 각도를 조정합니다.
- 아래쪽 선은 마스크 범위를 조정합니다.

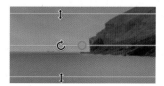

7 단축키 M을 눌러 빨간색의 레이어 마스크를 잠시 숨깁니다.

- [조정 툴] 탭 〉 [화이트 밸런스] 툴로 이동하여 하늘의 색온도를 보정합니다.
- [조정 툴] 탭 〉 [노출] 툴로 이동하여 하늘의 노출을 보정합니다.
- [조정 툴] 탭 〉 [하이 다이나믹 레인지] 툴로 이동하여 하늘의 하이라이트 등을 보정합니다.
- [조정 툴] 탭 〉 [컬러 에디터] 툴로 이동하여 하늘색이나 섬의 녹색을 보정합니다.

8 [레이어] 툴에서 '레이어 조정1' 왼쪽 체크 박스를 껐다 켰다 반복하면서 보정이 마음에 드는지 확인합니다. 보정이 과하다고 느낄 경우 [불투명도] 슬라이더를 조정할 수도 있습니다.

9 수평선(지평선) 위쪽 하늘 영역의 보정을 마쳤다면, 수평선 아래쪽 보정을 진행합니다. [조정 툴] 탭 〉 [레이어] 툴에서 [+] 아이콘을 클릭하여 '레이어 조정 2'를 생성합니다. [선형 레이어] 아이콘을 클릭하고, 사진의 맨 아래쪽에서 위쪽으로 드래그하여 선형 마스크를 추가 생성합니다.

10 단축키 **M**을 눌러 마스크를 표시하고, 같은 방법으로 마스크 범위를 조정합니다. 다시 단축키 **M**을 눌러 마스크를 숨기고, 화이트 밸런스, 노출, 하이 다이나믹 레인지 등 여러 가지 툴을 사용하여 컬러와 톤을 보정합니다.

11 '레이어 조정 2'의 체크 표시를 반복적으로 클릭하면서 아래쪽 보정을 점검합니다.

12 마지막으로 [이전/이후 비교] 아이콘을 반복 클릭하면서 최종 결과물의 보정을 점검합니다.

© 한철동

03 정종철 : 음식 사진에서 특정한 컬러만 수정하는 방법[컬러 에디터]

음식이나 제품 촬영에서 사진가나 클라이언트의 눈에 특정한 컬러가 마음에 들지 않는 경우가 있을 수 있습니다. 이때 특정 컬러 영역만 선택하여 사진을 보정하는 방법과 중복되는 컬러에서 원하는 영역만 보정하는 방법을 모두 살펴봅니다.

방송인, 요식사업가, 사진가
만능 엔터테이너로서 현재 옥주부라는 닉네임으로 인스타그램에서 왕성히 활동하며 사진 촬영도 무한한 열정을 갖고 있다. 특히 자신이 만든 요리의 표현을 위해 끊임없이 조명 테크닉을 연구하는 노력파이다.

특정한 컬러만 보정하는 방법

1 특정한 컬러를 보정할 사진을 선택하고, [조정 툴] 탭 〉 [컬러 에디터] 툴 〉 [고급]을 클릭합니다.

2 스포이트 모양의 [컬러 선택]( ) 아이콘을 클릭하면 아이콘이 주황색으로 활성화됩니다. 뷰어 창의 사진 위에서 보정을 원하는 컬러 영역을 찾아서 클릭합니다.

3 [고급]에서 원 모양의 색상환에 선택한 컬러 영역이 나타납니다. 클릭한 영역은 '점'으로 표시되며, 점을 중심으로 같은 영역대의 컬러 범위를 보여줍니다.

4 [경계 조절] 슬라이더를 조정하거나, 점 주변의 테두리 선을 직접 드래그하여 컬러의 범위를 완만하거나 좁게 조절할 수 있습니다. 즉, 변경될 컬러를 더 세밀하게 지정할 것인지 더 완만하게 할 것인지에 대한 범위를 사용자가 선택할 수 있습니다.

5 [컬러 에디터] 툴 하단의 [선택한 컬러 범위 보기]를 체크합니다. 선택한 컬러 외 다른 영역은 모두 흑백으로 나타납니다. 선택한 컬러 영역을 더 확실히 구분할 수 있습니다.

6 이제 [색상, 채도, 밝기] 슬라이더로 컬러와 톤을 보정합니다. 다른 컬러의 보정이 필요하면 [컬러 선택] 아이콘으로 다시 다른 컬러 영역을 클릭하고 같은 작업을 진행합니다.

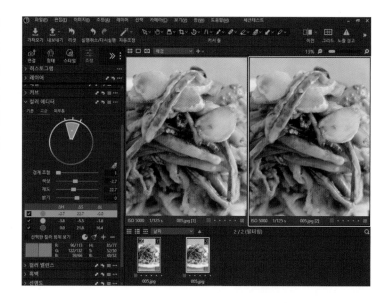

중복되는 컬러 영역에서 특정 영역만 보정하기

[컬러 에디터] 툴에서 [컬러 선택] 아이콘으로 컬러 선택을 하면 사진에서 원하는 컬러만 보정할 수 있습니다. 그런데 사진에서 중복되는 컬러가 존재할 경우, 원하지 않는 영역의 컬러까지 함께 보정되는 경우가 종종 있습니다. 이럴 경우 레이어 마스크를 사용하여 원하는 영역만 보정할 수 있습니다.

1 컬러가 중복되는 음식 또는 제품 사진을 선택합니다. 이 사진에서는 연어와 그릇, 앞의 간장까지 붉은색 영역이 중복되어 있습니다. 따라서 연어의 색을 조정할 경우 포함된 모든 컬러가 함께 보정되는 문제점이 있습니다.

2 레이어 마스크의 기본색이 붉은색이므로, 음식 사진의 붉은색과 겹치기 때문에 레이어 마스크 컬러를 바꿉니다. [환경 설정] 〉 [모양] 〉 [레이어]에서 [마스크 컬러]를 클릭하여 컬러를 변경합니다.

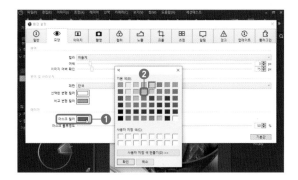

3 [조정 툴] 탭 〉 [레이어] 툴에서 붓 모양의 [마스크 그리기] 아이콘을 클릭합니다(단축키 B). 사진 위에서 마우스 오른쪽 버튼을 클릭하여 [브러시 설정 조정] 창을 불러옵니다.

4 적절한 브러시 옵션을 설정하여 컬러를 바꾸고 싶은 영역을 마스크로 칠합니다. [레이어] 툴에 '레이어 조정1'이 생성되면 단축키 M을 반복적으로 눌러서 마스크를 확인하면서 원하는 영역을 마스크로 채웁니다.

5 [조정 툴] 탭 〉[컬러 에디터] 툴 〉[고급]에서 스포이트 모양의 [컬러 선택] 아이콘을 클릭하면 아이콘이 주황색으로 활성화됩니다. 뷰어 창의 사진 위에서 마스크로 칠한 컬러 영역을 찾아서 클릭합니다.

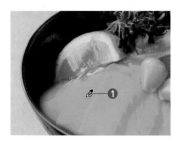

6 [고급]의 색상환 동그라미 원에 선택한 컬러 영역이 나타납니다.

7 난축키 [M]을 눌러 녹색의 레이어 마스크 컬러를 임의로 숨깁니다. [색상, 채도, 밝기] 슬라이더 조정을 통해서 컬러와 톤을 보정합니다. 마스크로 칠한 영역만 보정되는지 확인합니다.

8 같은 방법으로 뒤쪽의 붉은색 그릇의 컬러를 변경해 보겠습니다. [레이어] 툴로 이동하여 [+] 아이콘에서 마우스 오른쪽 버튼을 클릭한 후 [새로운 빈 레이어 조정]을 선택하면, [레이어] 툴에 '레이어 조정 2'가 생성됩니다.

9 [브러시] 아이콘(단축키 B)를 선택하고 그릇의 붉은색 영역을 칠합니다. 레이어 마스크가 보이지 않을 경우 단축키 M을 누릅니다.

10 다시 [컬러 에디터] 툴에서 그릇 영역을 [컬러 선택] 아이콘을 클릭하여 그릇에 대한 [색상]과 [채도], [밝기]를 보정합니다.

11 보정 전과 보정 후를 비교하면서 마무리 보정 작업을 진행합니다.

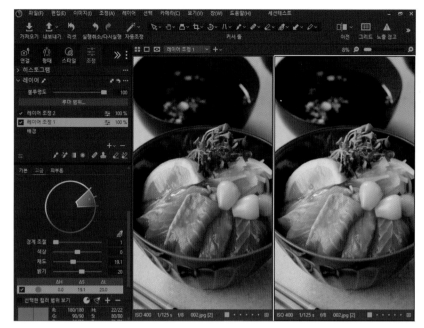

© 정종철

Tip [컬러 에디터] 툴에서 선택한 색상을 별도의 레이어로 만들 수 있습니다. 제목 표시줄 가장 오른쪽의 ▦ 아이콘을 클릭하고, [선택한 것에서 마스크 레이어 생성]을 선택합니다.

[레이어 & 마스크] 툴에 '레이어 조정 1' 이름의 레이어가 생성됩니다. 이제 선택한 레이어에 대해서 선명도나 노출 등 다양한 보정 효과를 적용하고 [불투명도] 슬라이더를 조정하여 효과의 강약 조절이 가능합니다.

04 염종일 : 인물의 느낌을 찾기 위한 효과적인 방법[변형 복제+스타일]

예제 파일 : sample_022.eip

캡쳐원의 변형 복제 기능과 스타일 기능을 동시에 적절히 사용하면 한 장의 사진을 여러 장의 다양한 느낌으로 동시에 비교해 볼 수 있기 때문에 더 완벽하고 창조적인 사진을 얻을 수 있습니다.

특히 상업 사진가 및 스튜디오에서는 클라이언트에게 더 효과적인 비주얼 프레젠테이션을 함으로써 비즈니스의 완성도를 높일 수 있습니다.

사업가, 인물 사진가

인물 사진의 매력에 푹 빠져 취미의 단계를 넘어 전문적인 사진의 길을 걷고 있다.

새로운 톤과 느낌을 얻기 위해 엄청난 열정으로 다양한 실험과 창조적 시도를 하고 있다.

변형 복제하여 각각의 스타일을 적용하는 방법

1 브라우저에서 스타일을 적용할 사진을 한 장 선택하여, 화이트 밸런스, 노출 등 기본적인 보정을 진행합니다.

2 섬네일을 마우스 오른쪽 버튼으로 클릭한 후 [보정값 복제](또는 변형 복제)를 선택합니다.

• **원본 복제** : 아무 보정값이 적용되지 않은 원본 사진이 복제됩니다.
• **보정값 복제** : 현재 보정값 그대로 적용되어 복제됩니다.

3 같은 사진이 가상 복제되면, 같은 방법으로 총 4장을 복제합니다.

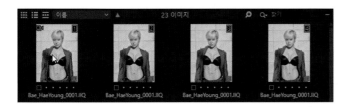

4 [Shift]를 누른 상태로 네 장의 사진을 모두 선택하면 뷰어 창에 네 장의 사진이 나타납니다. 만약 뷰어 창에 한 장의 사진만 보인다면, 메뉴의 [보기] 〉 [뷰어 사용자 지정] 〉 [멀티뷰]를 클릭하거나, 뷰어 창 왼쪽 상단에 [멀티뷰](▦) 아이콘을 클릭합니다.

5 메뉴의 [이미지] 〉 [모든 선택 편집] 체크 표시를 해제합니다. 이 설정은 보정값 적용이나 일괄 내보
내기를 위해 반드시 체크 표시를 해 놓아야 하는 중요한 기능이지만, 스타일이 동시에 모두 적용되
는 것을 막기 위하여 일시 해제를 해야 합니다.

6 [스타일 툴] 탭 〉 [스타일과 프리셋] 툴에서 원하는 스타일을 선택합니다. 첫 번째 사진에 선택한 스
타일이 적용됩니다.

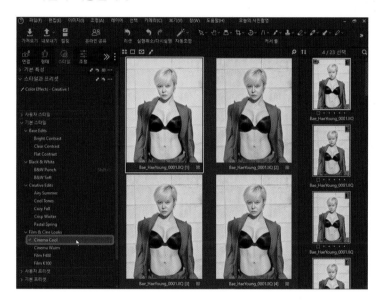

7 같은 방법으로 네 장의 사진을 각각 다른 스타일을 적용합니다.

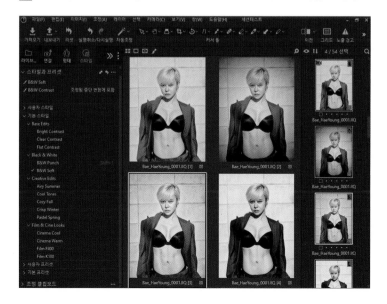

Tip 여러 장의 사진을 동시에 볼 때 단축키를 활용하면 좀 더 확장하여 볼 수 있습니다.
뷰어 창의 위치를 오른쪽과 하단으로 변경하여 확장시킵니다.

- Ctrl + Shift + B (윈도우) 또는 Command + Shift + B (맥)를 누릅니다.
- Ctrl + B 또는 Command + B 를 눌러서 브라우저를 숨기고 뷰어 창을 확장합니다.
- Ctrl + T 또는 Command + T 를 눌러서 툴 탭을 숨기고 뷰어 창을 확장합니다.

이렇게 하면 모니터에서 여러 장의 사진을 동시에 최대한 크게 확장하여 볼 수 있으며, 클라이언트나 모델과 효과적으로 커뮤니케이션을 할 수 있습니다.

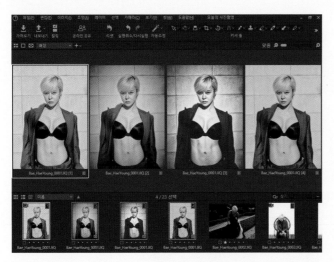

▲ Ctrl + T 를 눌러 툴 탭을 숨기고, Ctrl + Shift + B 를 눌러서 브라우저를 아래로 배치한 화면

Tip 동시에 네 장의 사진을 비교할 때, 중앙 상단의 [이동] 아이콘을 클릭하고, Shift 를 누른 상태로 원하는 지점을 더블클릭하면, 네 장의 사진이 동시에 100% 확대되어 정확한 디테일과 톤을 살펴볼 수 있습니다.
이 상태에서 Shift 를 누른 상태로 마우스 휠을 돌려 확대/축소하거나 드래그하면 사진이 동시에 확대 및 이동하면서 같은 영역의 디테일과 톤을 탐색할 수 있습니다.

Tip 여러 장으로 복제된 사진들을 각각 다른 앨범으로 즐겨찾기하여 구분하고 관리할 수 있습니다.

예를 들어, 한 장의 사진을 변형 복제하여 각각 흑백과 컬러로 스타일을 적용했을 때. 세션 작업 시 [라이브러리 툴] 탭 〉 [세션 앨범]을 생성하거나, 카탈로그 작업 시 [사용자 컬렉션] 〉 [앨범]을 만들어서 각각 흑백 앨범과 컬러 앨범을 만들면 사진마다 별도로 앨범으로 드래그하여 흑백 사진과 컬러 사진을 구분할 수 있습니다.

© 염종일

05 홍중식 : 보다 빠른 시안용 보고서 만들기 [JPEG QuickProof™]

수백~수천 장 이상 촬영한 모든 사진을 클라이언트가 보고 싶어 하거나, 기업에서 시안용으로 보고하기 위해 모든 사진을 변환해야 하는 경우가 종종 발생합니다. 이런 경우 캡쳐원에서 모든 사진의 해상도를 줄여서 JPEG로 내보내기를 진행하더라도, 기본적으로 고품질의 사진을 생성하는 것이 목적이기 때문에, 렌더링(변환) 진행 과정에서 생각보다 상당히 많은 시간이 소요될 수 있습니다.

현 동아일보 사진출판 부장으로서 미디어의 특성상 다양한 분야와 현장에서 많은 경험을 쌓고 있는 언론출판 사진 분야의 베테랑 사진가. 매일 엄청난 양의 사진을 작업하면서 자신만의 캡쳐원 노하우를 쌓게 되었다.

JPEG QuickProof™ 내보내기

1 브라우저에서 단축키 Ctrl+A(윈도우) 또는 Command+A(맥)를 눌러서 내보내기를 할 사진을 모두 선택합니다.

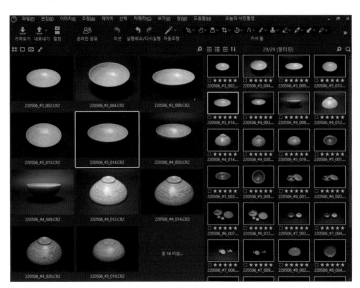

© 홍중식

Tip 중요한 사진을 고르기 위한 과정에서 전체 사진을 변환해야 한다면 굳이 고품질로 많은 시간을 허비할 필요가 없습니다. 캡쳐원의 QuickProof™와 밀착 프린트 기능은 이러한 불필요한 시간을 줄이고 바쁜 클라이언트를 만족시킬 수 있는 좋은 툴입니다.

JPEG QuickProof™ 기능은 기존의 일반 JPEG 내보내기 속도의 1/10 정도의 속도로 JPEG 파일이 저장됩니다.

2 캡쳐원 좌측 상단의 [내보내기]를 클릭합니다. [이미지 내보내기] 창이 나타나면 [내보내기 레시피] 툴 〉[JPEG·QuickProof(미리 보기 크기)]를 클릭합니다.

3 [형식 & 크기] 툴에서 [형식]이 'JPEG QuickProof™'로 설정되어 있는지 확인합니다.

4 [이미지 내보내기] 창 오른쪽 하단의 [이미지 ○○개 내보내기]를 클릭합니다.

5 내보내기 진행을 보여주는 [활성화] 창이 나타나며, 진행률을 보여주는 그래프와 남은 시간을 확인할 수 있습니다.

캡쳐원에서 밀착 프린트 만들기

QuickProof™로 생성된 JPEG 파일을 파일명이 표시된 PDF 문서로 밀착 프린트를 생성할 수 있습니다.

1 브라우저에서 밀착 프린트를 만들 사진을 선택합니다. 예를 들어, 사진 80장을 선택한 후 메뉴의 [파일] 〉 [인쇄]를 클릭합니다.

2 [인쇄] 창이 나타나면 [레이아웃] 툴로 이동합니다. [열]과 [행] 슬라이더를 조절하며, 오른쪽에 미리 보기 화면을 보면서 밀착 프린트에 표시될 섬네일의 숫자를 조정합니다. [열 간격]과 [행 간격]을 이용하여 섬네일 간의 여백을 조절합니다. [셀 높이]와 [셀 너비] 및 [셀 경계]를 이용해서 섬네일의 크기를 조절합니다.

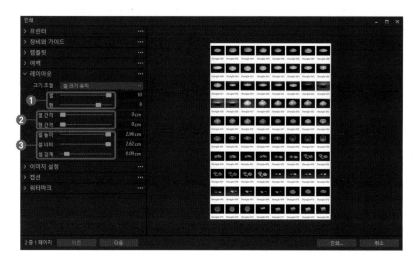

3 [캡션] 툴 〉 [유형]에서 [파일 이름]을 선택합니다. [폰트] 오른쪽의 ••• 아이콘을 클릭하면 [글꼴] 창이 나타납니다. 밀착 프린트에 인쇄할 파일 이름에 대한 글꼴(폰트) 종류와 적당한 크기를 선택합니다.

4 섬네일 아래로 설정한 글꼴과 크기대로 '파일명'이 나타납니다.

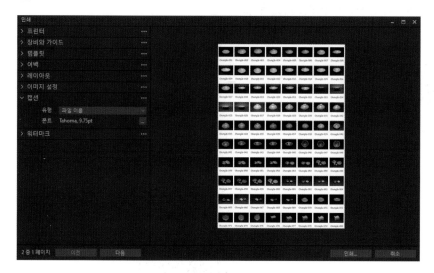

5 [템플릿] 툴 > [템플릿]에서 [사용자 템플릿 저장]을 선택합니다.

6 사용자 템플릿 저장 이름에서 적당한 템플릿 이름을 입력하고 저장합니다. 예를 들어, 'A4-80장'으로 저장합니다. 사용자 템플릿으로 저장되었기 때문에 언제든지 다른 사진에서도 저장한 레이아웃을 사용할 수 있습니다.

7 [프린터] 툴에서 [출력 설정]을 클릭합니다. 컴퓨터 시스템의 [인쇄] 창이 나타납니다. [일반] 〉 [프린터 선택]에서 'Adobe PDF'를 선택하거나, 인쇄할 프린터를 선택하고 [적용]과 [인쇄]를 클릭합니다.

8 다시 캡쳐원의 [인쇄] 창으로 돌아와서 오른쪽 하단의 [인쇄]를 클릭합니다.

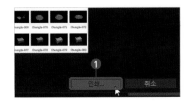

9 다시 컴퓨터 시스템의 [인쇄] 창이 나타나면 [인쇄]를 클릭합니다. 활성화 창이 표시되고, 인쇄를 위한 처리 그래프가 나타납니다.

10 잠시 후 [PDF 저장] 창이 나타나면 PDF 문서가 저장될 위치를 선택하고 적당한 파일명을 입력한 후 [저장]을 클릭합니다.

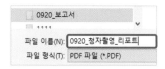

11 밀착 프린트된 PDF 문서가 완성됩니다. 클라이언트에게 곧바로 이메일로 발송하거나 출력할 수 있습니다. 파일명이 함께 출력되어 있으므로 캡쳐원에서 손쉽게 원본을 찾을 수도 있습니다.

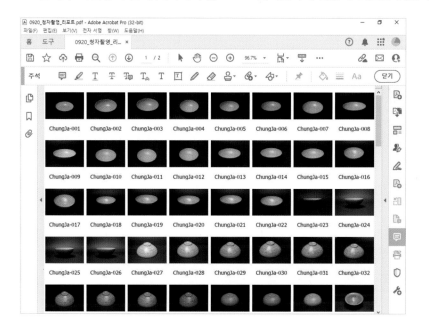

Tip ▶ 밀착 프린트에서 선택한 사진을 파일명으로 캡쳐원에서 쉽게 찾을 수 있습니다. 예를 들어, 밀착 프린트에서 8090, 8093, 8100 파일명이 포함된 사진 3장을 캡쳐원에서 찾는다면, 메뉴의 [선택] 〉 [선택] 〉 [파일명 목록]을 클릭합니다.

[파일명 목록으로 선택] 창이 나타나면, [구분기호]를 '쉼표'로 선택하고 [파일 확장자 무시]에 체크합니다. 빈 곳에 파일명 '8090, 8093, 8100'을 입력하고 [확인]을 클릭합니다. 캡쳐원에서 사진 3장을 찾아서 자동으로 브라우저와 뷰어 창에 나타납니다.

06 강선준 : 촬영 후 사진 선택하기[비교 설정]

"아까 그 사진과 함께 볼 수 있을까요?"

촬영을 마친 뒤 비슷한 표정과 다양한 포즈의 많은 사진 중에서 마음에 드는 사진을 선택하는 과정은 상당히 까다로울 수 있습니다. 특히 클라이언트가 편안하고 정확하게 사진을 비교해 볼 수 있도록 사진을 프레젠테이션할 수 있다면 더 큰 신뢰감과 만족감을 심어줄 수 있습니다.

캡쳐원의 '비교 설정' 기능은 사진을 비교해 볼 때 불필요한 키보드 클릭과 실수를 줄이고 클라이언트 앞에서 정확하고 편리한 프레젠테이션을 제공하는 간단하면서도 강력한 숨은 무기입니다.

무용 사진가, 스튜디오 쿠바디 대표.
무용 사진과 바디 프로필 전문 사진가로서 무용가의 움직임과 동적인 표현 및 표정을 작가의 독특한 시선으로 해석하여 표현하고 있다.

1 촬영 후 브라우저에서 기준이 되는 사진을 한 장 선택합니다.

2 브라우저에서 마우스 오른쪽 버튼을 클릭한 후 [비교 설정]을 선택합니다.

3 섬네일과 뷰어 이미지 상단 오른쪽 모서리에 주황색의 작은 '압정' 아이콘이 나타납니다.

4 이제 기준 사진과 함께 비교할 다른 사진을 브라우저에서 찾아 선택합니다. Ctrl(윈도우) 또는
Command(맥)를 누를 필요 없이 '비교 설정'으로 정한 기준 사진이 고정된 상태에서 클릭한 다른 사
진이 동시에 뷰어 창에 나타납니다.

5 브라우저 인터페이스나 모니터 해상도 등에 따라 사진이 세로로 정렬되거나 작게 보일 수 있습니다. 사진을 더 크고 편하게 보기 위하여 단축키 Ctrl + T (윈도우) 또는 Command + T (맥)를 누르면, 툴 탭이 숨겨지고 뷰어 창의 사진이 더 크게 보이면서 가로로 정렬됩니다.

6 브라우저에서 다른 사진을 선택하면, 기준 사진은 고정된 상태에서 뷰어 창에서 계속 선택한 사진들만 바뀌면서 동시에 나타납니다. 브라우저의 위치를 뷰어 창 오른쪽에서 하단으로 변경시켜 뷰어 창의 사진들을 가로로 확장시킬 수도 있습니다. 메뉴의 [보기] 〉 [브라우저 사용자 지정] 〉 [아래 위치]를 클릭합니다.

Tip 단축키 Ctrl + Shift + B 또는 Command + Shift + B 를 눌러도 동일합니다. 반복적으로 누르면 위치가 계속 바뀝니다.

7 사진의 디테일이나 표정 등을 비교해 보기 위하여 Shift 를 누른 상태에서 마우스 휠을 돌려 사진을 동시에 확대/축소하거나 드래그하여 확대된 사진을 동시에 이동할 수 있습니다.

8 '비교 설정'된 기준 사진을 바꾸거나 취소하려면 브라우저에서 '압정' 아이콘이 표시된 비교 설정 사진을 선택하고 마우스 오른쪽 버튼을 클릭한 후 [비교 해제]를 선택합니다. '압정' 아이콘 표시가 사라지고 기준 사진이 해제되면, 브라우저에서 다른 사진을 선택하여 '비교 설정'으로 다시 기준을 삼을 수도 있습니다.

❶ 마우스 오른쪽 버튼 클릭

07 김진수 : 1개의 PC에서 여러 명이 작업하는 방법[작업 공간]

대형 스튜디오나 기업에서 작업 구성원들이 특정 컴퓨터를 이용하여 촬영 및 편집 작업을 하는 경우들이 종종 있습니다. 한 대의 컴퓨터에서 여러 명이 작업을 하다 보면 어느새 누군가가 캡쳐원의 툴과 아이콘 위치를 바꿔버리는 경우가 많아서 불편함이나 다툼이 많이 발생했었는데, 캡쳐원의 사용자 맞춤 저장 기능을 사용하게 된 이후부터 이제 스튜디오 직원들끼리 다투거나 짜증을 가질 이유가 전혀 없게 되었습니다.

제품 중심의 광고 사진가, 킨 스튜디오(Keen Studio) 대표.
오랜 출판 미디어 분야의 촬영 경력을 바탕으로 공간을 매개로 한 리빙, 인물 작업을 병행하며 사진가로서의 사회적 책임에 관심을 두고 봉사 활동에도 적극적이다.

사용자 툴 탭을 만드는 방법

1 사용자 툴 탭 추가를 위한 방법 중 하나로, 메뉴의 [보기] 〉 [툴 사용자 지정] 〉 [툴 탭 추가] 〉 [툴 탭 사용자 지정]을 클릭하거나, 또는 [리파인 툴] 탭의 오른쪽 빈 곳을 마우스 오른쪽 버튼으로 클릭한 후 [툴 탭 추가] 〉 [툴 탭 사용자 지정]을 선택합니다.

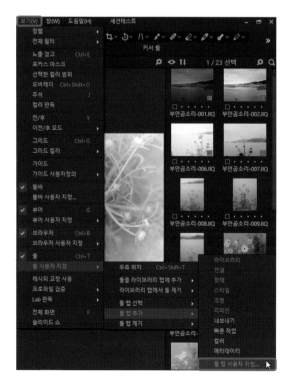

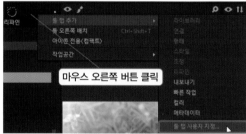

2 [툴 탭 사용자 지정] 창이 나타나면 '홍길동(사용자 이름)'을 입력한 후 [탭 추가]를 클릭합니다.

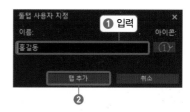

3 [리파인 툴] 탭 오른쪽에 1번 아이콘과 함께 '홍길동'이라는 사용자 툴 탭이 생성되면 선택합니다. 사용자 툴 탭을 추가하면 처음에는 비어있기 때문에 원하는 보정 툴을 추가해야 합니다. 빈 곳을 마우스 오른쪽 버튼으로 클릭한 후 [툴 추가] 〉 [노출]을 선택합니다.

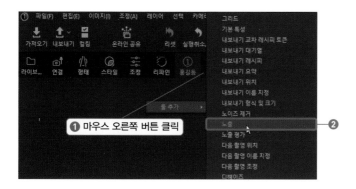

> **Tip** 같은 방법으로 내가 자주 사용하는 툴을 찾아서 툴 추가 작업을 반복합니다. 툴을 추가할 때 표시되는 툴의 명칭은 '가나다' 순으로 정렬되므로 원하는 툴을 찾기가 수월합니다.

4 툴 추가 작업이 완료되었으면 툴을 드래그하여 작업 순서에 따라 툴의 순서를 다시 정렬합니다. 예를 들어, [화이트 밸런스] 툴을 드래그하여 [노출] 툴 위로 순서를 변경합니다.

이런 방법을 통해 '화이트 밸런스, 노출, 하이 다이나믹 레인지, 선명도, 커브, 레벨, 컬러 밸런스, 샤프닝, 회전 & 플립 등등' 내가 작업하는 순서대로 자주 사용하는 툴의 배치 완료를 이용하여 홍길동만의 사용자 툴 탭이 완성되었습니다.

5 앞의 같은 과정을 반복하여 작업 구성원들 전용의 사용자 툴 탭을 생성합니다.

6 사용자 툴 탭이 모두 완성되었다면 작업 공간으로 저장하기 위해 메뉴의 [창] 〉 [작업 공간] 〉 [작업 공간 저장]을 클릭합니다.

7 [작업 공간 저장] 창이 나타나면 적당한 이름을 입력하고 [저장]을 클릭합니다.

8 메뉴의 [창] 〉 [작업 공간] 〉 [회사명]이 나타납니다. 회사명을 클릭하면 언제든지 최종 저장했던 캡쳐원의 툴 탭과 툴로 정렬되어 표시될 것입니다.

Tip▶ 참고로 [기본값]을 선택하면 캡쳐원을 설치했을 때의 최초 인터페이스로 되돌아 갑니다.

Tip▶ 작업 공간에서 저장한 '사용자 작업 공간'은 다른 컴퓨터의 캡쳐원에서 얼마든지 불러올 수 있습니다. 본문 〈FAQ 05. 사용자 지정 파일의 백업과 복원〉 편을 참조해 주세요.

사용자 작업 공간 파일의 저장 경로
• **윈도우** : C:/사용자/윈도우 로그인 아이디/AppData/Local/CaptureOne/Workspaces130

• **맥** : 사용자/사용자 이름/라이브러리/Application Support/Capture One/Workspaces

08 함민수 : 독립적인 R, G, B 툴로 컬러를 보정하는 방법

예제 파일 : sample_023.jpg

캡쳐원의 [컬러 밸런스] 툴에서 컬러를 보정하는 방법도 좋지만, 커브와 레벨의 R, G, B를 동시에 사용하는 팁이 있습니다. 캡쳐원은 같은 툴을 반복적으로 추가할 수 있는 팁을 활용하면 편리하고 직관적인 RGB 보정이 가능합니다.

웨딩 사진가. 스튜디오 더함 대표.
경력 30년의 인물, 웨딩 사진작가. 평생을 신부의 아름다움을 기록하는 데 헌신해 오면서도 세련된 감각을 유지하기 위하여 부단히 노력하는 센스 있는 사진작가이다.

사용자 툴 탭을 만들어서 RGB 독립 커브 툴 추가하기

1 메뉴의 [보기] 〉 [툴 사용자 지정] 〉 [툴 탭 추가] 〉 [툴 탭 사용자 지정]을 클릭합니다.

2 [툴 탭 사용자 지정] 창의 [이름]에 'RGB 툴'이라고 입력하고 [탭 추가]를 클릭합니다.

3 사용자 [RGB 툴] 탭이 생성되면, 빈 곳에서 마우스 오른쪽 버튼을 클릭한 후 [툴 추가] 〉 [커브]를
선택합니다.

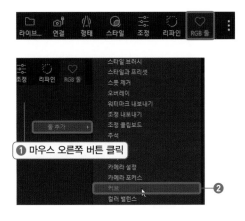

4 [RGB 툴] 탭에 [커브] 툴이 한 개 생성됩니다.

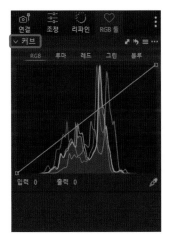

5 같은 방법으로 [커브] 툴을 또 추가합니다.

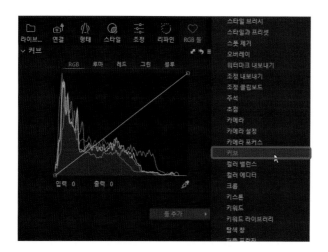

6 같은 방법으로 총 3개의 [커브] 툴을 추가하고, 각각의 커브 툴에서 '레드, 그린, 블루'를 선택합니다.

7 브라우저에서 마우스 오른쪽 버튼을 클릭한 후 [보정값 복제]를 선택합니다.

8 두 장의 같은 사진이 복제되면 브라우저에서 두 장을 모두 선택합니다. 단축키 [Ctrl]+[Shift]+[B](윈도 우) 또는 [Command]+[Shift]+[B](맥)를 눌러서 브라우저 위치를 아래로 변경합니다. 이렇게 하면 두 장 의 사진이 가로로 확장되어 좀 더 편리하게 볼 수 있습니다.

9 `Shift`를 누른 상태에서 마우스 휠을 돌려 사진을 확대/축소하면서 각각의 R, G, B 커브를 보정합니다. 복제 기능을 통해 보정 전후를 비교하면서 원하는 컬러로 보정합니다.

10 같은 방식으로 [레벨] 툴을 3개 추가하고 독립적인 R, G, B 툴로 작업할 수 있습니다.

11 같은 방식으로 [컬러 밸런스] 툴을 추가하고, '셰도우, 미드톤, 하이라이트'를 크게 확장하여 정밀하게 컬러 밸런스를 보정할 수도 있습니다.

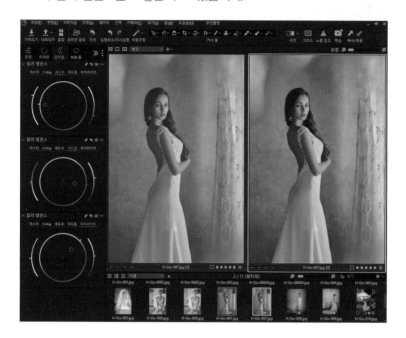

12 사용자 툴 탭을 만들고 툴 배치가 모두 완료되면 현재 인터페이스를 저장하기 위하여 메뉴의 [창] 〉 [작업 공간] 〉 [작업 공간 저장]을 클릭합니다.

13 [작업 공간 저장] 창이 나타나면 적당한 이름을 입력하고 [저장]을 클릭합니다.

09 임경태 : 건축 사진의 건물 왜곡 바로 잡기[키스톤]

예제 파일 : sample_024.iiq

건축 사진을 촬영할 때 사진가의 위치 및 렌즈의 종류에 따라 건축물의 왜곡이 발생하는 경우가 종종 있습니다. 캡쳐원의 키스톤은 촬영 단계에서 완벽하게 제어하기 어려웠던 건물의 수직 왜곡을 캡쳐원의 키스톤 기능을 통해 아주 간단하고 쉽게 왜곡을 교정할 수 있습니다.

광고 사진가, 스튜디오 이노베이션 대표.
빠르게 발전하는 디지털 테크닉에 뒤처지지 않게 끊임없이 연구하면서도 사진가 고유의 감성과 개성을 유지하기 위해서도 노력한다. 캡쳐원 초기 버전부터 20여 년 가까이 함께해 온 캡쳐원의 열정적인 팬이다.

수직 왜곡의 자동 보정

1 기울기 왜곡을 보정할 수직 건축물 사진을 선택합니다.

2 [형태 툴] 탭 〉 [키스톤] 툴 〉 [가이드]에서 세로 모양의 [자동 수직 키스톤] 아이콘을 클릭합니다.

3 사진의 왜곡이 올바르게 보정되었는지 확인합니다.

4 메뉴의 [보기] 〉 [가이드]를 클릭하면 사진의 중앙에 빨간색 가이드 선이 활성화되어 나타납니다.

5 커서 툴 모음에서 화살표 모양의 [선택] 아이콘을 클릭하거나 단축키 ⓥ를 누릅니다. [선택] 아이콘
은 뷰어 창에 표시된 빨간색 가이드 선을 움직일 수 있습니다. 수직 가이드 선을 드래그하여 건물
의 수직선에 맞춥니다.

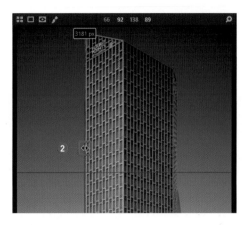

6 메뉴의 [보기] 〉 [가이드 사용자 정의] 〉 [세로(수직) 추가]를 클릭합니다.

7 같은 방법으로 가이드 선을 건물의 수직선에 맞추어 기울기를 확인합니다.

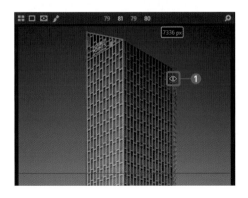

8 기울기를 수동으로 보완할 필요가 있다면 [가이드]의 [수치] 슬라이더를 조절하여 기울기를 미세 조정합니다.

9 [슬라이더]에서 4가지 옵션 [세로, 가로, 기울이기, 면] 각각의 슬라이더 조정을 통해 더욱 정밀하게 보정합니다.

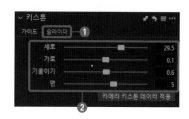

수직/수평 왜곡의 수동 보정

1 수직과 수평이 모두 불안정한 사진을 선택하고, [형태 툴] 탭 〉 [키스톤] 툴로 이동합니다.

2 [가이드]에서 [사각 키스톤] 아이콘을 클릭합니다.

Tip 캡처원 상단 중앙의 커서 툴 모음에서도 선택이 가능합니다.

3 사진에 4개의 동그란 제어점이 나타납니다.

4 사진을 적절히 확대하여 수직, 수평을 맞출 모서리 꼭짓점에 4개의 제어점을 정확히 일치시킨 후
중앙의 [적용]을 클릭합니다.

5 건물의 수직, 수평 왜곡이 보정되면서 자동으로 크롭됩니다.

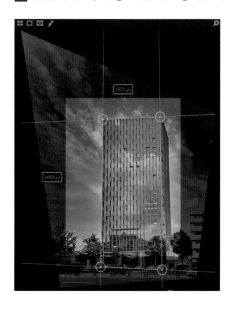

Tip 키스톤 보정을 실행하면 사진이 자동으로 크롭되기 때문에 하늘의 일부분이나 건물 주변의 중요한 요소들이 잘릴 수 있습니다. 따라서 키스톤 보정 후 자동 크롭이 될 것을 감안하여 사진 촬영 단계에서 건물 주변에 적절한 여백을 주어 촬영하는 것이 좋습니다.

또한 자동 크롭 후 사라지거나 부족한 요소들을 포토샵에서 합성하려면 촬영 단계에서 건물 주변부의 배경 요소를 넉넉히 촬영하는 것도 좋은 아이디어입니다. 만약 키스톤 보정 후 잘린 여백 부분을 포토샵에서 합성하고 싶다면 캡쳐원에서 아래와 같이 크롭 옵션을 바꿀 수 있습니다.

6 커서 툴 모음에서 [크롭] 아이콘을 클릭하거나 단축키 [C]를 누릅니다.

7 뷰어 창의 사진이 크롭 상태가 됩니다. 사진 위에서 마우스 오른쪽 버튼을 클릭하면 크롭 창이 나타납니다.

8 [비율]은 '제한 없음'으로 하고, [바깥 이미지 크롭]을 체크합니다.

9 이제 사진의 잘린 바깥 영역까지도 크롭이 가능합니다. 원하는 구도대로 자유롭게 크롭합니다. 즉 포토샵에서 복제나 합성할 공간까지 영역을 넓혀서 크롭을 진행합니다. 하늘의 여백을 더 주기 위하여 원하는 만큼 크롭을 진행합니다. 사진 오른쪽 모서리를 드래그하여 한계치 위로 올렸기 때문에 사진의 오른쪽 상단 부분에 잘려진 여백까지 포함합니다.

10 [Enter↵]를 누르거나 단축키 [H]를 눌러 크롭 여백을 가리고 최종본을 확인합니다.

11 포토샵으로 내보내기하여 잘린 여백을 포토샵의 도장 툴로 수정하거나, 원본 소스와 합성하여 최종 사진을 완성합니다.

12 수정 전과 수정 후를 비교해 봅니다.

10 황영진 : 사진의 특정 컬러를 표준화하는 방법[표준화(정규화)]

주변광이나 색온도의 변화에 따라 피사체의 컬러가 뜻하지 않게 미묘한 변화를 일으키는 경우가 있습니다. 표준화(정규화) 툴은 평면 예술작품의 복제 촬영과 같이 정확한 컬러의 일치가 필요한 촬영을 비롯하여 상업 광고 촬영에서 광고주가 민감하게 생각하는 제품 로고의 메인(시그니처) 컬러나 제품의 특정 컬러 또는 인물의 피부톤 등에 대해서 캡쳐원의 '표준화(정규화)' 기능으로 특정 컬러를 표준화하여 다른 사진에 통일시킬 수 있습니다.

스튜디오 Works 대표로서 광고 사진 촬영, 특히 주얼리를 전문으로 작업하고 있다. 상당히 까다로운 촬영 분야이지만, 보석의 미묘하고 영롱한 아름다움을 표현하는 데 큰 매력을 느껴 늘 열정을 다해 촬영에 임한다.

1 [표준화(정규화)] 툴은 16.x 버전부터 숨어있는 툴입니다. 원하는 툴 탭에 추가시키기 위하여 [조정 툴] 탭 〉 [비네팅] 툴로 이동합니다. [비네팅] 툴 아래의 빈 곳을 마우스 오른쪽 버튼으로 클릭한 후 [툴 추가] 〉 [표준화]를 선택합니다.

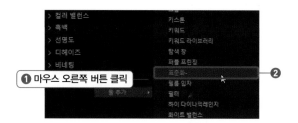

> **Tip** 캡쳐원 버전에 따라 명칭이 '표준화' 또는 '정규화'로 다르게 보여질 수 있습니다.

2 [비네팅] 툴 밑에 [표준화] 툴이 추가됩니다. 아래 두 개의 스포이트 아이콘 중 왼쪽의 [색상 표준화 선택] 아이콘을 클릭합니다.

3 사진에서 컬러 표준화를 원하는 영역을 찾아 클릭합니다.

4 [표준화] 툴의 [선택]에 클릭한 영역의 컬러와 RGB 수치가 나타납니다. [조정]에서 [화이트 밸런스]와
[노출]을 모두 체크하고, 두 개의 스포이트 아이콘 중 오른쪽의 [표준화 적용] 아이콘을 클릭합니다.

5 브라우저에서 선택한 표준화 값을 적용할 다른 사진을 선택합니다.

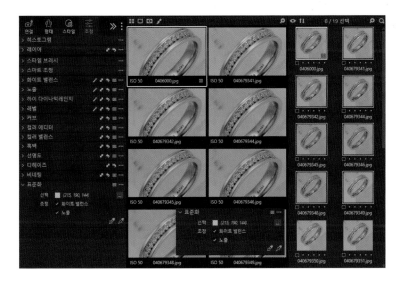

6 뷰어 창의 사진에서 원하는 영역을 클릭하여 표준화 적용을 합니다. 클릭과 동시에 표준화가 적용된 사진으로 업데이트됩니다. 결과가 예상과 다르다면 원하는 톤과 더 적합한 영역을 표준화 선택하여 다시 적용하는 작업을 반복합니다.

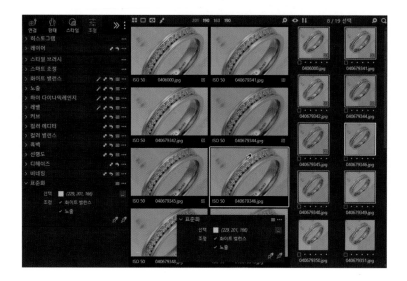

Tip 표준화로 선택한 컬러는 '사용자 프리셋'으로 저장하여 나중에 언제든지 사용할 수 있습니다. 이렇게 하면 인물의 스킨톤이나 자주 사용하는 제품의 컬러, 기업의 로고와 같이 특정 컬러 값을 프리셋으로 불러와서 바로 적용할 수 있습니다.

표준화 제목 표시줄 오른쪽에서 [프리셋] 아이콘을 클릭한 후 [사용자 프리셋 저장]을 선택하고 적당한 프리셋 이름으로 저장하면 됩니다.

11 문형일 : 복사 촬영에서 균일한 노출을 얻는 방법[LCC]

박물관이나 갤러리의 고문서 및 미술품을 복제 촬영을 할 때 원본 작품을 최대한 있는 그대로 재현하는 것이 중요합니다. 따라서 작품에 균일한 사진 조명을 적용시켜 원본 작품의 왜곡 없이 노출을 조정하는 것이 중요한 데, 때로는 모니터 밝기나 조명 비율의 불균형으로 어려움을 겪을 수 있습니다.

캡처원의 LCC 기능은 고르지 못한 사진 주변부의 균일한 노출을 잡을 수 있도록 도와주며, 컬러 판독기는 모니터 캘리브레이션이 안 된 모니터를 사용할 경우에도 더욱 정확한 노출과 컬러 분포도를 수치로 확인해 볼 수 있습니다.

스튜디오 딜라이트 대표. 광고 사진가로서 다양한 분야에서 상업 촬영 경력을 쌓아왔다. 새로운 주제에 대한 호기심이 많으며 최근에는 국내외 화가들의 유명 작품들을 기록하면서 미술 작품의 고해상도 작업에 큰 관심을 갖고 작업을 진행 중이다.

1 문서나 작품을 올려놓을 균일한 흰색 배경 또는 흰색 배경을 테더링 촬영합니다. 이 흰색의 배경은 LCC 기준 이미지가 됩니다.

2 흰색 배경의 사진이 저장되어 뷰어 창에 나타납니다.

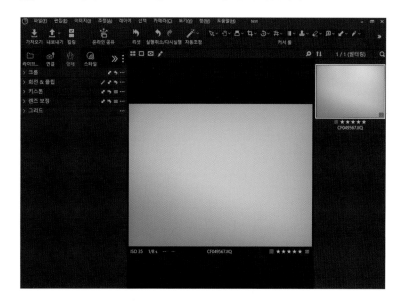

3 캡쳐원 상단의 커서 툴 모음에서 스포이트 모양의 아이콘을 마우스 오른쪽 버튼을 클릭합니다. '+' 모양의 [컬러 판독 추가] 아이콘을 클릭합니다.

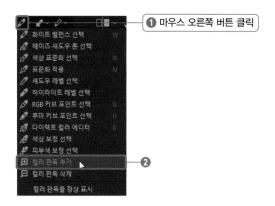

4 뷰어 창의 사진 위에 마우스 커서를 위치시키면 '+' 모양으로 변경됩니다.

5 '+' 모양의 마우스 커서를 사진에서 원하는 영역에 클릭합니다. 클릭한 부분에 R, G, B 수치와 그레이 레벨(0~255사이의 수치)가 나타납니다. 특히 0~255 사이에 표시되는 그레이 레벨 수치는 사진의 노출 과부족을 판단하는 데 도움이 됩니다. 특히 캘리브레이션이 되어 있지 않은 모니터를 사용할 때 모니터가 지나치게 밝거나 어두운 경우 노출 판독에 유용합니다.

6 같은 방법으로 각각 사진의 네 모퉁이와 중앙부를 클릭합니다.

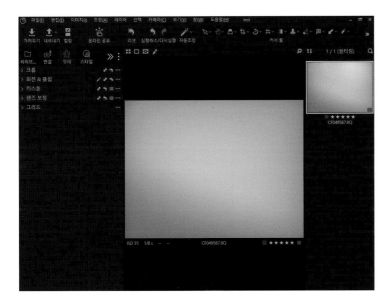

7 LCC를 보정하기 위하여 [LCC] 툴을 추가합니다. [LCC] 툴은 캡쳐원 16.x 버전부터 숨어있는 툴이기 때문에 추가시키기 위하여 [형태 툴] 탭 〉 [그리드] 툴 아래의 빈 곳을 마우스 오른쪽 버튼으로 클릭한 후 [툴 추가] 〉 [LCC]를 선택합니다.

8 [그리드] 툴 아래에 [LCC] 툴이 추가되면, [LCC 생성]을 클릭합니다.

9 [LCC 옵션 생성] 창이 나타나면 [생성]을 클릭합니다. 진행 창이 나타나면서 LCC 생성이 진행됩니다.

10 LCC 생성이 완료되어 [LCC] 툴의 옵션에 체크 표시되고 섬네일에 LCC가 생성되었음을 시각적으로 표시하는 LCC 마크가 나타납니다. 사진에 표시된 각각의 모서리와 중앙의 그레이 레벨 수치는 거의 노출이 균일화됩니다.

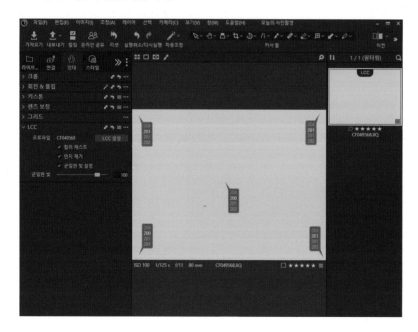

11 촬영 후 다시 적용할 경우를 대비하여 생성된 LCC 파일을 사용자 프리셋으로 저장합니다. [LCC] 툴의 오른쪽에서 [프리셋] 아이콘을 클릭하여 [사용자 프리셋 저장]을 선택합니다.

12 [프리셋 저장] 창이 나타나면 모든 항목을 체크하고 [저장]을 클릭합니다.

13 프리셋으로 저장할 이름을 입력합니다. 같은 촬영 조건에서 LCC 프리셋을 적용하기 쉽도록 프리셋 이름에 사용 렌즈와 조리개, 사용 조명 등이 포함된 이름으로 저장하면 나중에 LCC 프리셋을 적용하기가 더 수월합니다.

14 흰 배경 위에 작품을 놓고 촬영하면 LCC가 적용되어 작품이 촬영됩니다.

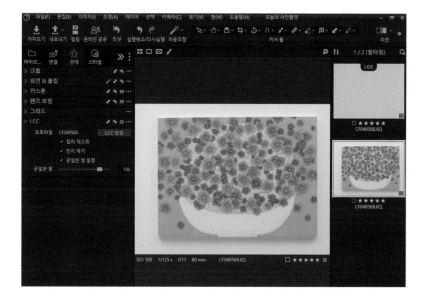

15 [LCC] 툴에서 [균일한 빛 설정]의 체크 및 해제를 반복해 봅니다. R, G, B 값과 그레이 레벨 수치의 변화는 물론 사진의 노출 변화를 이용해서 LCC의 균일한 노출 적용을 시각적으로 확인할 수 있습니다.

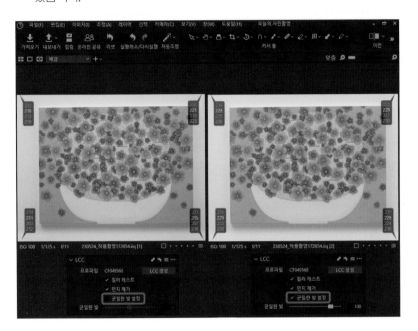

12

홍명희 : 완벽한 사진 정리와 검색
[카탈로그+앨범+키워드]

캡처원 카탈로그를 사용하면서 사용자 컬렉션의 앨범 기능과 키워드 작업을 적용시켜 많은 양의 사진을 더욱 일목요연하게 정리하고 빠르게 찾을 수 있게 되었습니다.

(주)코렘시스 대표, 사진애호가
사진과 캡처원의 매력에 빠져 인물과 풍경 및 드론 항공 촬영 등 다양한 시도를 하고 있다. 특히 캡처원의 카탈로그 기능을 통해 다양한 작업을 체계적으로 관리하며 새로운 기능을 늘 연구하고 있다.

카탈로그와 앨범 만들기

카탈로그를 만들기 전에 사진의 주제를 고려하여 카탈로그를 하나로 만들어서 모든 사진을 관리할 것인지, 여러 개의 카탈로그를 만들어서 사진을 성격에 따라 더 전문적이고 체계적으로 관리하는 게 좋을지 나의 사진 분야나 촬영 스타일에 따라 고민하는 것이 좋습니다.

한 개의 카탈로그 생성하기

사진의 주제에 따라 앨범을 만들고, 카탈로그 안에서 사진을 분류하고 관리합니다. 내가 촬영한 모든 사진을 성격에 따라 각각의 앨범으로 나누어서 한 개의 카탈로그로 관리하므로 모든 사진을 한 번에 검색하면서 비교해 볼 수 있는 장점이 있지만, 사진이 많아질수록 카탈로그의 용량은 더 커질 것입니다.

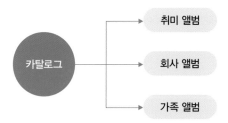

여러 개의 카탈로그 생성하기

처음부터 사진을 주제별로 독립적인 카탈로그로 생성하여 각각 전문적으로 관리합니다.

각각의 카탈로그는 주제별 카탈로그와 관련된 앨범을 만들어서 사진을 체계적으로 분류합니다.

카탈로그는 더 세밀하고 체계적으로 관리할 수 있지만, 카탈로그는 서로 호환되지 않으므로 동시에 검색하거나 비교하기 어렵습니다.

취미 카탈로그 ▶ 풍경 앨범, 인물 앨범, 꽃 앨범, 여행 앨범, 야경 앨범...

회사 카탈로그 ▶ 임직원 앨범, 제품 앨범, 행사 앨범...

가족 카탈로그 ▶ 가족행사 앨범, 돌잔치 앨범, 졸업식 앨범, 결혼식 앨범...

1 전체적인 사진을 비교하고 검색하며, 관리하기 위하여 한 개의 전체 카탈로그를 만들어 보겠습니다. 메뉴의 [파일] 〉 [새로운 카탈로그]를 클릭하여 [새로운 카탈로그] 창이 나타나면 '나의 사진생활'이라는 카탈로그 제목을 입력하고, 위치는 Desktop(바탕 화면)을 선택한 후 [확인]을 클릭합니다.

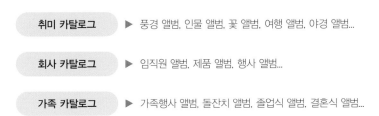

2 [라이브러리 툴] 탭 〉 [라이브러리] 툴에 '카탈로그: 나의 사진생활'이 표시되며, 바탕 화면에 '나의 사진생활'이라는 카탈로그 폴더가 생성됩니다.

3 내가 주로 많이 촬영하는 사진의 성격에 따라 '앨범' 이름을 정하여 앨범을 생성합니다. [라이브러리] 툴 〉 [사용자 컬렉션]에서 [+] 아이콘을 클릭하여 [앨범]을 선택합니다.

4 [앨범] 창에서 '풍경 사진'이라고 입력하고 [생성]을 클릭합니다.

5 같은 방법으로 '드론 사진', '인물 사진', '꽃 사진' 앨범을 각각 생성합니다. 참고로, 이미 생성된 앨범은 언제든지 이름 변경이나 삭제가 가능합니다.

6 가져오기를 이용하여 카탈로그로 가져온 사진이나 테더링 촬영으로 카탈로그 내부에 저장된 사진 중 마음에 들거나 중요한 사진들을 해당 앨범으로 드래그합니다. 이렇게 하면 가져오거나 촬영한 날짜와 관계 없이 카탈로그의 사진 중 마음에 드는 사진들은 분류별로 나눈 앨범에서 따로 관리할 수 있습니다.

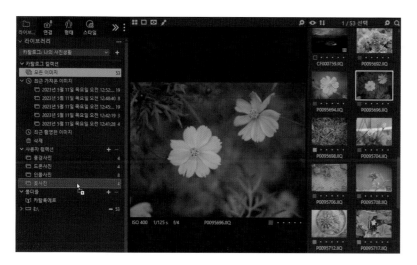

카테고리를 만들어서 앨범을 관리하기

사진의 주제나 성격이 다르고 앨범이 너무 많을 경우 체계적이고 시각적으로 보기 편하게 관리할 필요가 있습니다. 이런 경우를 위하여 사용자 컬렉션에서는 각각의 독립적인 앨범 생성 기능뿐만 아니라 주제에 따라 앨범을 따로 묶어서 관리할 수 있는 카테고리 개념의 프로젝트와 그룹 기능이 있으며, 이들의 개념은 다음과 같습니다.

사용자 컬렉션에서 [+] 아이콘을 클릭하면 '앨범, 스마트 앨범, 프로젝트, 그룹'의 4개가 나타납니다.

- 가장 큰 상위 개념은 '그룹' 폴더입니다.
- '그룹'의 하위 폴더에 '프로젝트'를 위치시킵니다.
- '프로젝트'의 하위 폴더에 '앨범'을 위치시킵니다.

그룹 〉 프로젝트 〉 '앨범=스마트 앨범'

앨범(스마트 앨범)은 언제든지 원하는 그룹이나 프로젝트로 드래그하여 위치를 변경할 수 있습니다. 이런 방법을 통해 다음과 같은 구조로 사용자 컬렉션을 만들어 볼 수 있습니다.

> 내 사진(그룹) 〉 취미(프로젝트) 〉 풍경, 드론, 인물, 꽃(앨범)
> 　　　　　　　　회사(프로젝트) 〉 행사, 임직원, 제품(앨범)
> 　　　　　　　　가족(프로젝트) 〉 아빠, 엄마, 누나, 형, 나, 가족행사(앨범)

1 [사용자 컬렉션]에서 [+] 아이콘을 클릭하여 [그룹]을 선택합니다.

2 이름 입력란에 '내 사진'이라고 입력합니다.

3 최고 상위 카테고리인 '내 사진' 그룹이 생성됩니다.

4 '내 사진' 그룹을 선택한 상태에서 [+] 아이콘을 클릭하여 [프로젝트]를 선택합니다.

5 이름 입력란에 '취미'라고 입력합니다.

6 '내 사진' 그룹의 하위 카테고리인 '취미' 프로젝트가 생성됩니다.

7 '취미' 프로젝트를 선택한 상태에서 [+] 아이콘을 클릭하여 [앨범]을 선택합니다.

8 이름 입력란에 '풍경'을 입력합니다.

9 이와 같은 방법으로 '드론, 인물, 꽃' 앨범을 각각 생성합니다. '취미' 프로젝트의 하위 카테고리에 각각의 앨범들이 생성됩니다.

10 4번 따라하기와 동일하게 '내 사진' 그룹을 선택한 상태에서 [+] 아이콘을 클릭하여 [프로젝트]를 선택한 후 입력란에 '회사'라고 입력합니다. '내 사진' 그룹에서 '취미' 프로젝트 아래로 '회사' 프로젝트가 생성됩니다.

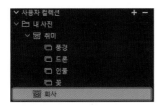

11 앞선 따라하기와 같이 '회사' 프로젝트를 선택한 상태에서 [+] 아이콘을 클릭하여 [앨범]을 선택하여 '행사' 앨범을 생성합니다. 같은 방법으로 '임직원'과 '제품' 앨범을 각각 생성합니다.

12 위와 같은 방법을 통해 '가족' 프로젝트를 만들고, 하위 앨범으로 '아빠, 엄마, 누나, 형, 나, 가족행사' 등의 앨범을 생성합니다. 최종적으로 '내 사진' 그룹에 '취미, 회사, 가족'으로 프로젝트를 구분하여 각각의 앨범을 만들었습니다. 이제 사진을 카탈로그로 사진을 가져올 때마다 원하는 앨범으로 드래그만 하면 됩니다.

사진 가져와서 앨범으로 분류하기

이제 오늘 촬영한 풍경 사진을 컴퓨터에 복사하고, 복사한 사진을 다시 카탈로그로 가져와서 앨범으로 분류해 보겠습니다.

1 메모리 카드에 저장된 풍경 사진을 용량이 넉넉한 하드 디스크에 적당한 이름의 폴더를 만들어서 모두 복사합니다.

2 캡처원 상단 왼쪽의 [가져오기]를 클릭하면, [이미지 가져오기] 창이 나타납니다.

3 [이미지 가져오기] 창이 나타나면 [가져오기] 툴에서 [선택]을 클릭합니다. [검토할 이미지 선택] 창에서 사진 폴더를 찾아 선택 후 [가져오기 검토]를 클릭합니다.

4 [이미지 가져오기] 창에 사진 폴더의 모든 사진이 나타납니다.

5 [그룹 오버뷰] 툴에서 [그룹 활성화]를 체크 표시하고 [유사성] 슬라이더를 조절합니다. 이제 불러올 사진들을 유사한 항목끼리 묶어서 시각적으로 구분하여 표시해 주기 때문에 가져올 사진을 선택하기가 더 편리해집니다.

6 사진을 선택하고 SpaceBAR 를 누르면 체크 표시와 함께 카탈로그로 가져올 사진들이 체크됩니다. 마음에 드는 사진 선택이 완료되었으면 오른쪽 하단의 [○○개의 이미지 가져오기]를 클릭하여 사진을 카탈로그로 가져옵니다.

[26개의 이미지 가져오기] 취소

7 [라이브러리] 툴〉[카탈로그 컬렉션]에서 [모든 이미지] 또는 [최근 가져온 이미지]를 클릭하면 가져온 사진들이 브라우저에 모두 나타납니다. 방금 가져온 사진 중 풍경 사진 7장을 선택하여 '풍경' 앨범으로 드래그합니다.

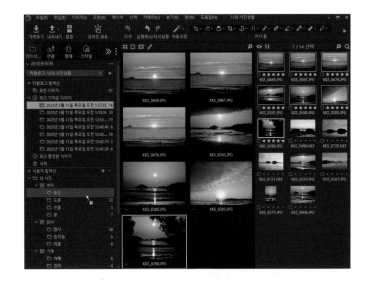

8 '풍경' 앨범 오른쪽에 숫자 '7'이 나타납니다.

9 '풍경' 앨범을 선택하면 이제 7장의 사진을 보여줍니다. 이렇게 가져오기를 이용하여 보정할 사진들을 카탈로그로 가져온 후, 가져온 사진들을 주제에 따라 각각의 앨범으로 드래그하여 분류 및 관리할 수 있습니다.

Tip ▶ 앨범을 선택한 상태에서 Delete로 사진을 삭제하면 앨범에서만 제거됩니다. 이것은 단지 앨범에서만 사진을 제거하는 것이지 사진 자체가 삭제되는 것을 의미하지 않습니다. 따라서 사진 자체는 카탈로그의 최근 가져온 이미지에 그대로 남아있으며 언제든지 다시 앨범에 추가할 수 있습니다.

카탈로그 사진에 간단한 키워드 삽입하기

빠르고 정확한 검색을 위하여 중요한 사진에 '키워드'를 삽입할 수 있습니다.

1 브라우저에서 풍경 사진을 한 장 선택하고 [라이브러리 툴] 탭 〉 [키워드] 툴로 이동합니다.

2 키워드 입력란에 사진과 관련된 적당한 키워드를 입력합니다. 이곳에서는 '풍경'이라고 입력합니다.

3 한 개의 단어를 입력하고 [Enter↵]를 누르거나, 쉼표를 사용하여 여러 개의 단어를 순서대로 입력한 후 [Enter↵]를 누르면 한 번에 여러 개의 키워드를 삽입할 수 있습니다. 예를 들어, 입력란에 '여행,서울,노을,도시,가을,하늘,태양,구름,풍경'이라고 입력하고 [Enter↵]를 누릅니다.

4 각각의 키워드가 모두 [키워드] 툴에 나타납니다.

5 이번에는 한 번에 키워드를 입력해 보겠습니다. 브라우저에서 원하는 사진을 선택하거나, [사용자 컬렉션]의 '풍경' 앨범에 있는 모든 사진을 선택했습니다.

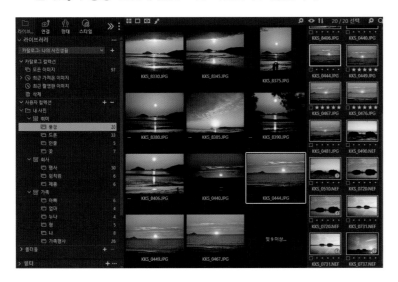

6 키워드 입력란에 '여행,풍경'이라고 입력하고 [Enter↵]를 누릅니다.

7 '풍경' 앨범에서 선택한 모든 사진에 '여행, 풍경' 키워드가 삽입되었습니다.

8 이전에 입력했던 키워드를 다른 사진에 넣을 수도 있습니다. [라이브러리 툴] 탭 > [키워드 라이브러리] 툴 > [카탈로그 키워드]에 입력했던 모든 키워드가 자동으로 저장되어 나타납니다.

9 브라우저에서 키워드를 삽입할 사진들을 선택하고 [카탈로그 키워드]에서 원하는 키워드를 선택합니다.

Tip **한 장 이상의 사진에 동일한 단일 키워드를 빠르게 추가하는 방법**

[라이브러리 툴] 탭 > [필터] 툴 > [키워드]에 보이는 키워드에 선택한 사진들을 드래그하여 끌어 놓기만 하면 됩니다. 만약 키워드가 없다면 한 장의 사진에 키워드를 삽입합니다. 이렇게 하면 단일 키워드가 드래그하는 모든 사진에 자동으로 삽입되면서 키워드 오른쪽의 숫자가 드래그한 숫자만큼 표시됩니다.

키워드를 프리셋으로 만들어 적용하기

반복되는 여러 가지 키워드를 하나의 '사용자 프리셋'으로 만들어서 일괄 적용할 수 있습니다.

1 브라우저에서 사진을 한 장 선택합니다. [라이브러리 툴] 탭 〉 [키워드] 툴에서 자주 사용할 적당한 키워드를 입력합니다. '풍경,하늘,도시,구름,서울,여행,출사,취미'라고 입력한 후 Enter↵를 눌러서 키워드를 삽입합니다.

2 [키워드] 툴에서 [프리셋] 아이콘을 클릭하여 [사용자 프리셋 저장]을 선택합니다.

3 [프리셋 저장] 창이 나타나면 [파일 이름]에 '여행사진'을 입력하고 [저장]을 클릭합니다.

4 브라우저에서 키워드가 없는 다른 사진을 한 장 선택합니다.

5 [라이브러리 툴] 탭 〉 [키워드] 툴에서 [프리셋] 아이콘
을 클릭하고 방금 저장한 [여행사진]을 선택합니다.

6 '여행사진' 프리셋을 선택한 순간 자동으로 키워드들
이 입력됩니다.

7 브라우저에서 프리셋을 일괄 적용할 사진들을 모두 선택합니다.

8 메뉴의 [이미지] > [모든 선택 편집]을 체크 표시합니다.

9 [키워드] 툴에서 '여행사진' 프리셋을 선택합니다. 선택한 모든 사진에 '여행사진' 프리셋의 모든 키워드가 적용되었는지 확인합니다.

키워드를 라이브러리로 만들어 적용하기

처음부터 키워드 라이브러리에 사진 분야별로 키워드를 구분하여 관리할 수 있습니다.

1 [라이브러리 툴] 탭 > [키워드 라이브러리] 툴 오른쪽의 ▪▪▪ 아이콘을 클릭하여 [키워드 라이브러리 생성] > [새로 만들기]를 선택합니다.

2 [키워드 라이브러리 생성] 창이 나타납니다. 이름 입력란에 '세계여행'이라고 입력하고 [생성]을 클릭합니다.

3 [키워드 라이브러리] 툴 > [카탈로그 키워드] 아래에 [세계여행]이 추가되었습니다.

4 컴퓨터에서 메모장 또는 TXT 파일을 만들 수 있는 간단한 프로그램을 실행합니다.

5 메모장에 여행한 국가명을 입력합니다. 주의할 점은 단어 입력 후 쉼표나 띄어쓰기를 하지 않고, `Enter↵`로 줄을 바꿔서 아래로 한 단어씩 입력합니다. 메모장에 다음과 같이 입력하고 '세계여행.txt' 파일로 저장합니다.

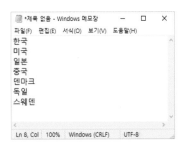

6 아까 만들었던 키워드 라이브러리의 [세계여행]에서 ⋯ 아이콘을 클릭하여 [키워드 라이브러리로 가져오기] 〉 [키워드 텍스트 파일]을 선택합니다. 메모장에서 저장했던 '세계여행.txt' 파일을 가져 옵니다.

7 방금 작성했던 메모장의 키워드들이 [세계여행]에 가나다순으로 차례대로 정렬되어 나타납니다.

> **Tip** 같은 방법으로 나만의 키워드 라이브러리를 여러 개 만든 후 촬영 분야 에 따라 적당한 키워드를 편리하게 적용할 수 있습니다.

> **Tip** 내가 만든 키워드 라이브러리에서 ⋯ 아이콘을 클릭하여 [키워드 라이브러리 보내기]를 선택하면 반대로 컴 퓨터에 TXT 파일로 내보내기 할 수 있습니다. 이렇게 하면 다른 컴퓨터의 캡쳐원에서 다시 같은 키워드 라이 브러리를 가져올 수 있습니다.

키워드로 필터링하여 사진 찾기

이제 입력한 키워드를 활용하여 사진을 찾는 방법입니다.

1 [라이브러리 툴] 탭 〉 [필터] 툴 〉 [키워드]를 클릭하여 하위 항목을 표시합니다. 입력된 모든 키워드 가 표시되며, 오른쪽에 키워드가 사용된 사진의 숫자가 나타납니다.

2 해당 키워드의 숫자를 선택합니다. 브라우저에 선택한 키워드가 적용된 사진만 정렬됩니다.

키워드로 스마트 앨범 만들기

이번에는 특정 키워드를 검색 조건으로 넣어서 [사용자 컬렉션]에 [스마트 앨범]을 만들어 보겠습니다.

1 [라이브러리 툴] 탭 〉[라이브러리] 툴 〉[사용자 컬렉션]에서 [+] 아이콘을 클릭하여 [스마트 앨범]을 선택합니다.

> **Tip** 그룹이나 프로젝트가 이미 생성되어 있다면, 그룹이나 프로젝트를 선택 후 [+] 아이콘을 클릭하여 [스마트 앨범]을 선택합니다.

2 [스마트 앨범] 창이 나타나면 '여행'이라고 입력하고 [생성]을 클릭합니다.

3 [스마트 앨범 편집·여행] 창이 나타납니다.

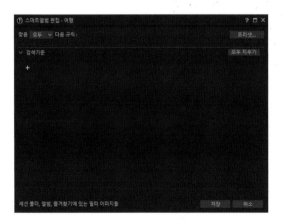

4 [검색 기준]에서 [+] 아이콘을 클릭하면 바로 아래 '아무것, 포함...'이 나타납니다.

5 '아무것'을 클릭하여 '키워드'를 선택합니다.

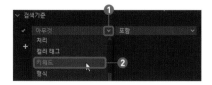

6 '포함'을 선택하고 오른쪽의 입력란에 '여행'이라고 입력합니다.

7 [사용자 컬렉션]에 '여행' 스마트 앨범이 자동 생성되면서 '여행' 키워드가 입력된 사진만 정렬되어 나타납니다.

Tip ▶ 스마트 앨범에서 '키워드'를 활용하면 일시적인 키워드 필터링과는 다르게 항상 '여행' 키워드의 사진은 앨범화 되어 별도의 앨범으로 관리할 수 있게 됩니다. 사진가의 사진 분야에 맞는 키워드와 스마트 앨범을 적절히 활용한다면 카탈로그 내부의 수많은 사진 속에서 원하는 주제의 사진들을 효율적으로 찾아서 관리할 수 있을 것입니다.

'카탈로그 내보내기'로 카탈로그 앨범 공유하기

작업한 카탈로그는 모든 카탈로그의 컬렉션이나 특정 폴더, 앨범을 다른 컴퓨터에서 공유하기
위하여 별도의 새 카탈로그로 내보낼 수 있습니다.

1 [라이브러리 툴] 탭 〉 [라이브리] 툴에서 내보내기를 위한 사용자
컬렉션 또는 특정 앨범을 선택합니다.

2 마우스 오른쪽 버튼을 클릭한 후 [카탈로그 내보내기]
를 선택합니다.

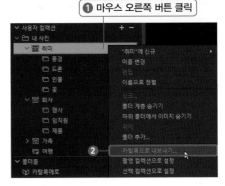

3 [카탈록으로 내보내기] 창이 나타나면 내보낼 카탈로그의 이름을 입력합니다. 원본 사진을 카탈로
그에 포함시키려면 [참조된 오리지널도 포함]에 체크합니다. 기존의 '취미' 컬렉션이 지정한 위치에
새로운 카탈로그로 생성되었습니다.

13 김영수 : 포커스 스태킹 촬영으로 피사계 심도 극복[헬리콘 포커스 플러그인]

제품의 접사 촬영과 같이 마크로 렌즈나 망원 렌즈를 사용하여 촬영할 경우 피사계 심도가 매우 얇아지기 때문에, 조리개 수치를 높여서 촬영해도 피사계 심도의 한계가 분명합니다. 따라서 피사체로부터 거리를 약간 더 떨어져서 작게 촬영하면 피사계 심도가 깊어지지만, 또 이런 경우에 디테일 묘사가 떨어지고 크롭으로 인하여 해상도도 떨어지는 단점이 발생합니다.

이러한 피사계 심도를 극복하기 위하여 과거에는 Tilt 및 Swing, Shift와 같이 무브먼트 촬영이 가능한 대형 뷰 카메라를 사용했었으나, 디지털 카메라의 단 렌즈로 포커스 스태킹 촬영하여 피사계 심도를 극복하고 있습니다.

프리랜서 사진가. 다음 카카오 디자이너 역임.
사진만의 독특한 매력에 빠져 디자이너에서 사진가로 변신을 꾀하며 피사체 고유의 아름다움을 디자인적 감각과 사진가의 감성으로 담아내고 있다.

포커스 스태킹 촬영이란 포커스의 전면에서 후면까지 원하는 거리만큼을 분할하여 촬영 후 보정 소프트웨어에서 각각의 사진을 합성하는 것을 의미합니다.

파노라마 촬영의 스티칭 방식과 비슷하지만, 파노라마 촬영이 왼쪽에서 오른쪽으로 선명한 사진들을 중첩하여 촬영하고 좌우를 각각 이어 붙이는 방식이라면, 포커스 스태킹 촬영은 같은 화각에서 포커싱을 브라케팅하여 선명한 부분만 합성하는 방식입니다.

1 마크로 렌즈를 사용하여 피사체를 클로즈 업 촬영합니다.

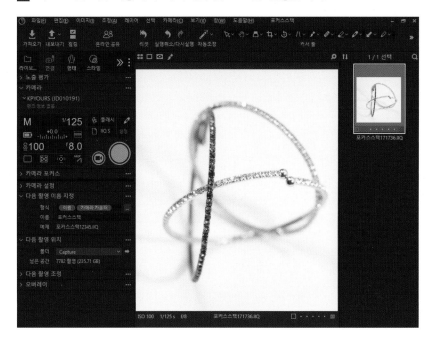

2 사진에서 초점이 선명한 영역을 확인합니다. 마크로 렌즈의 특성상 얕은 피사계 심도로 인하여 앞쪽 영역은 선명하지만, 뒤쪽 영역은 매우 흐리게 표현됩니다.

3 사진에서 선명하게 표현하고 싶은 영역의 앞쪽 면부터 뒤쪽 면까지 초점을 분할하여 촬영을 시작합니다. 캡쳐원의 라이브 뷰 창에서 [카메라 포커스] 툴의 [AF]를 이용하면 화살표 버튼을 눌러 포커스를 조금씩 이동하면서 촬영이 가능합니다.

Tip▶ 카메라 포커스 기능은 일부 소니, 캐논, 니콘의 특정 모델 및 페이즈원 XF 카메라에 한하여 지원되고 있습니다. 테더링 촬영은 잘 되지만 [카메라 포커스] 툴에서 화살표 또는 [AF]가 활성화되지 않는다면 기능이 호환되지 않는 카메라입니다.

Tip▶ 카메라 포커스 기능이 지원되지 않는다면, 카메라를 AF에서 MF 모드로 변경한 후 렌즈의 포커스 링을 수동으로 조금씩 움직이면서 촬영을 진행합니다.

Tip▶ Helicon Soft에서 개발한 Helicon Remote와 같은 소프트웨어를 사용하면 컴퓨터 또는 모바일용 소프트웨어를 이용해서 좀 더 편리하고 자동화된 스태킹 촬영을 할 수 있지만, 상용 소프트웨어이므로 제작사 홈페이지에서 데모용을 다운로드 받아 테스트 촬영을 해 볼 수 있습니다.

4 원하는 포커스 영역에 대하여 촘촘하게 나누어 촬영을 시작합니다. 세밀하게 나누어 촬영할수록 합성 단계에서 정확도가 높아집니다.

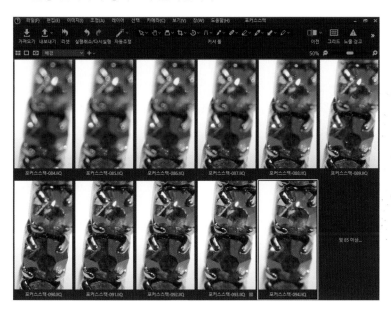

5 촬영이 완료되었다면 캡쳐원에서 기본 보정을 하고 포커스 스태킹 촬영한 모든 사진에 일괄 적용을 진행합니다. 브라우저에서 전체 사진을 선택하고, 합성을 위한 '헬리콘 포커스 플러그인'을 실행시키기 위하여 마우스 오른쪽 버튼을 클릭한 후 [편집] 〉 [Stack with Helicon Focus]를 선택합니다.

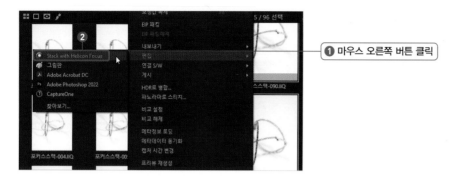

6 헬리콘 포커스 소프트웨어로 내보내기 위한 [내보내기 설정] 창이 나타납니다. [Keep processed variants]는 캡쳐원에서 변환한 스태킹 사진을 각각 보관하기를 원하는지 체크하는 옵션입니다.

7 [기본]에서 내보낼 파일 형식과 프로파일, 해상도 등을 설정합니다. 필요하다면 [조정]에서 샤프니스를 추가하고 메타데이터를 입력할 수도 있습니다.

8 설정이 완료되었다면 [편집]을 클릭하여 내보내기를 진행합니다. [활성화] 창이 나타나면서 내보내기 진행 상태가 그래프로 나타납니다.

9 내보내기가 모두 완료되면 잠시 후 헬리콘 포커스 소프트웨어가 자동으로 실행됩니다.

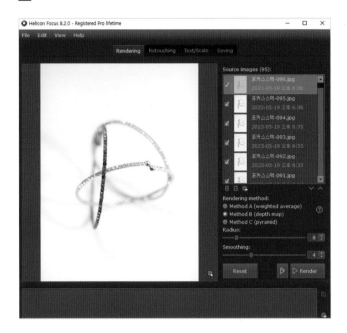

10 더 자연스럽고 완벽한 합성을 위하여 피사체의 소재와 재질에 따라 렌더링 옵션을 A, B, C 세 가지로 선택할 수 있습니다. 옵션에 대한 자세한 설명은 헬리콘 포커스 사용 설명서를 참고해 주세요. 렌더링 방법 옵션 A, B, C 중 하나를 선택하고, [Render]를 클릭하여 합성을 진행합니다.

11 자동으로 합성이 진행되며, 오른쪽 사진에서 진행 과정을 표시합니다.

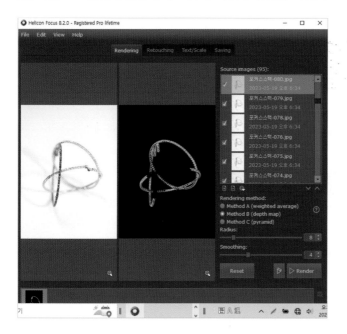

12 합성 전과 합성 후를 좌우 비교하여 어색한 곳이 없는지 살펴봅니다. 이상이 없다면 메뉴의 [File] 〉
[Save]를 클릭하여 원하는 형식으로 저장하고 스태킹 합성 작업을 마무리합니다.

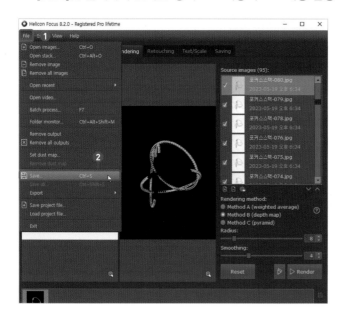

13 캡쳐원에서 포커스 스태킹 촬영된 사진과 일반 촬영된 사진 한 장을 동시에 띄워 피사계 심도의 차이를 비교해 보았습니다.

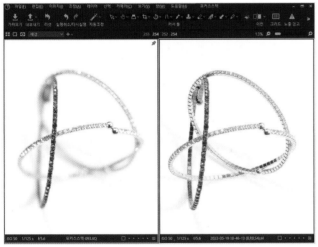

Tip 헬리콘 포커스 소프트웨어는 데모 평가판을 사용해 볼 수 있는 상용 소프트웨어이며, 캡쳐원에서 바로 자동 연동되는 플러그인 파일을 제공합니다. 플러그인 파일은 별도로 다운로드 받아서 설치해야 합니다. 꼭 헬리콘 포커스가 아니더라도 포토샵 등의 다른 소프트웨어에서도 포커스 스태킹 합성이 가능합니다.

14 김학선 : 레이어 마스킹을 통한 피사체와 배경의 완벽한 분리[레이어 마스크]

캡쳐원의 레이어 마스킹 기능은 맛밋한 사진을 더 입체적이고, 주제를 강조할 때 굉장히 유용한 기능입니다. 매직 지우개와 매직 브러시 기능은 물론 v16.3부터 새롭게 추가된 AI 선택과 AI 지우개는 스튜디오 호리즌트 배경 촬영이 많은 촬영에서 불필요한 배경을 지우고, 주제를 부각시키는 데 있어서 필수적인 툴입니다.

사진가, ㈜로이즈 대표, 펄스튜디오 대표.
무용가들의 동작과 사진의 순간 포착에 매료되어 아름다운 몸짓과 결정적 순간을 잡아내기 위해 끊임없이 활동을 이어가고 있다.

캡쳐원 22 버전 이후 달라진 마스킹

피사체와 배경의 분리를 위해 캡쳐원 마스킹 기능을 사용하면 매우 유용한 결과를 얻을 수 있습니다. 예를 들어, 플래시를 사용하여 다중 발광 촬영을 할 때 최초의 시작 동작과 마지막 종료 동작 과정에서 플래시 발광 중간 과정의 동작에 대해서는 플래시 발광이 여러 번 겹치게 됩니다. 그 결과 최종 완성된 이미지에는 노출 차이가 크게 존재합니다. 따라서 노출이 부족한 부분과 과다한 부분에 대한 노출 가감이 필요합니다. 과거에는 일단 캡쳐원에서 컨버팅한 후에 포토샵으로 마스크를 그려 넣어 어느 정도 보정을 했는데, 이제 캡쳐원의 마스킹 기능이 대폭 개선되어 RAW 파일 상태로 마스킹하기가 편리해졌습니다.

특히 캡쳐원 22 이전 버전에서는 마스크 그리기와 지우기 기능 제공 및 단순히 노출값, 대비, 밝기와 채도만 가능하여 효용성이 크지 않았습니다. 하지만 캡쳐원 22 버전부터 새롭게 추가된 '매직 그리기'와 '매직 지우기' 기능은 상당히 유용하게 활용할 수 있습니다.

더불어 마스크에 대한 보정도 노출은 물론 하이 다이나믹 레인지의 하이라이트, 셰도우, 화이트 그리고 블랙을 적용할 수 있을 뿐만 아니라 레벨, 커브, 선명도 비네팅 등도 적용이 가능하게 되어 더욱 창조적인 작업이 가능해졌습니다.

툴 사용 방법

[조정] 탭 〉[레이어] 툴에서 [+] 아이콘을 마우스 오른쪽 버튼을 클릭하여 [새로운 빈 레이어 조정]을 생성합니다. 원하는 영역에 마스크를 그리거나 지워가면서 마스킹 작업을 진행할 수 있습니다. 그러나 이렇게 빈 레이어에 마스크를 채우는 작업보다는 [+] 아이콘을 마우스 오른쪽 버튼으로 클릭하여 [새로운 채워진 레이어 조정]을 생성하고 [매직 지우개] 아이콘을 사용하여 반대로 마스크를 지워나가는 방식을 더 선호합니다.

[새로운 채워진 레이어 조정]을 생성한 후 단축키 M을 누르면 마스크를 볼 수 있고 다시 M을 눌러서 마스크를 숨길 수 있습니다. 이때 마스크의 기본 설정 색상은 붉은색으로 설정되어 있는데, 필자는 [환경 설정] 〉[모양] 〉[레이어] 〉[마스크 컬러]에서 마스크 컬러를 그린으로 바꾸어 사용합니다.

그 이유는 붉은 색상은 제가 촬영하는 사진과 자주 겹친다는 점과 캡쳐원의 노출 경고 컬러와 비슷해서 혼란스럽기 때문입니다. 그린 색상은 캡쳐원의 포커스 마스크 기본 설정 색상과 중복되지만, 보정 작업 중에는 포커스 마스크 기능을 사용하지 않으므로 그린 색상으로 바꾸어 사용합니다.

[매직 지우개] 아이콘을 선택한 상태에서 뷰어 창을 마우스 오른쪽 버튼으로 클릭하면 [매직 지우개 설정] 창이 나타나며, [크기, 불투명도, 허용오차, 가장자리 다듬기]의 수치를 조절할 수 있습니다.

여기서 특히 [허용오차]가 중요한데 수치를 올리면 올릴수록 선택되는 범위가 넓어집니다. [허용오차]가 클수록 원하지 않는 부분이 선택될 가능성이 크므로 낮은 수치인 '0~1'을 사용합니다.

하지만 필요에 따라서 [허용오차]를 '40' 정도로 올려서 사용하기도 하는데 이 경우 그리기와 지우기 과정이 반드시 필요합니다.

브러시 크기는 크게 상관없는 듯하지만, 필자는 가장 낮은 수치 '1'을 주로 사용합니다. 그밖에 특별한 이유가 없는 한 [불투명도]는 '100', [가장자리]는 '0'을 사용합니다.

설정을 마친 후 [매직 지우개] 아이콘으로 원하는 부분을 선택합니다. 선택한 색상과의 오차 범위에서 연산을 마친 후 마스킹 결과물이 곧바로 나타납니다. [레이어] 툴에서 해당 [레이어 조정]을 선택하고 마우스 오른쪽 버튼을 클릭하면 [마스크 반전]이 나타납니다.

마스크 반전을 반복해 가면서 배경이나 피사체 중에 원하지 않는 부위가 선택되었으면 지우기 툴이나 그리기 툴로 수정합니다. [허용오차]를 '1'로 설정해도 종종 원하지 않는 영역이 선택되는 경우가 있는데, 이때 [지우기] 툴과 [그리기] 툴을 적절하게 사용하면 더욱 정밀한 선택을 할 수 있습니다.

[노출] 툴을 사용하여 선택한 마스크의 노출을 올리거나 내리면 색상의 변화가 나타나는 경우가 많은데 필자는 [하이 다이나믹 레인지] 툴의 [셰도우]나 [블랙], [하이라이트]나 [화이트]를 주로 사용합니다. 필요에 따라서 [노출] 툴의 [노출, 대비, 밝기] 등을 사용하기도 하지만 예상치 못한 색상 변화 등이 수반되는 경우가 많으므로 주의를 기울여야 합니다. 따라서 필자는 되도록 노출 툴은 사용하지 않습니다.

업그레이드된 마스킹 기능은 더 나아가서 원하는 부위에 대하여 비네팅, 컬러 그레이딩, 선명도 등 여러 툴을 함께 사용할 수 있습니다.

배경 정리 방법

1 [매직 지우개 설정] 창에서 브러시 [크기]를 '1', [허용오차]는 '37'로 설정했습니다.

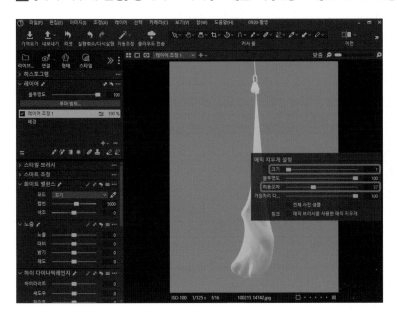

2 배경을 클릭하면 자동으로 배경의 마스크를 지웁니다. 나머지 완전히 지워지지 않은 마스크는 [지우개] 아이콘으로 지웁니다.

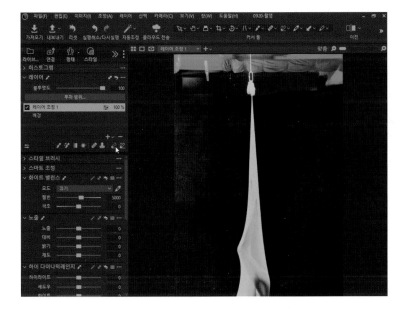

3 '레이어 조정1'에서 마우스 오른쪽 버튼을 클릭한 후 [마스크 반전]을 선택하면 마스크가 반전되면 서 원하지 않는 부위가 선택된 것이 보입니다. [지우개] 아이콘을 이용해서 원하지 않는 분위를 지 워나갑니다.

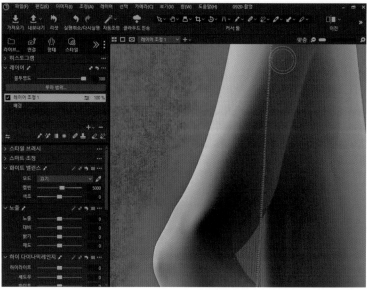

4 다시 한번 그리기 도구로 촘촘하게 채워줍니다.

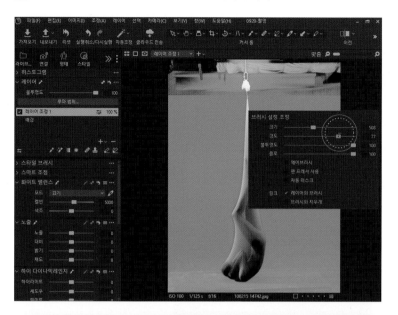

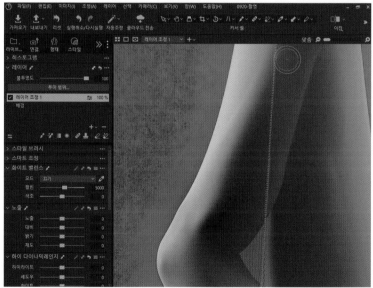

5 최종 마무리를 위하여 선택한 배경에서 [셰도우]와 [블랙]을 '−100'까지 줄여 배경을 완전히 어둡게 정리했습니다.

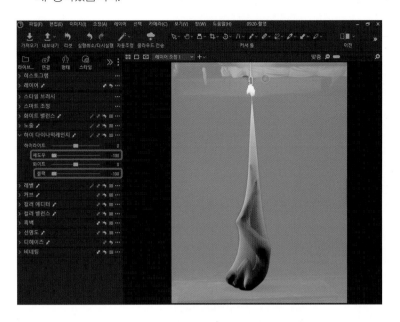

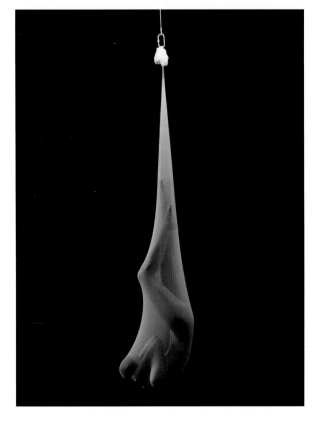

◀ 최종 완성본

다중 발광 촬영

1 이전과 같은 방법으로 채워진 마스크를 생성하여 [매직 지우개] 아이콘으로 피사체의 가장자리를 선택하여 배경을 지웁니다. 다음에 [지우개] 아이콘으로 주변 마스크를 지워서 정리합니다.

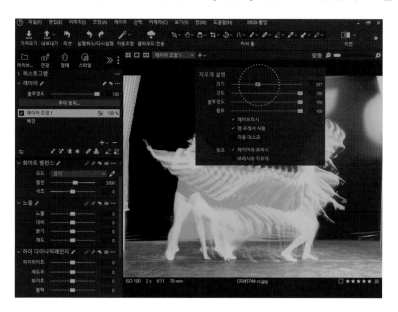

2 마스크를 반전시켜 선택을 원하지 않는 부분은 [지우개] 아이콘으로 정리합니다.

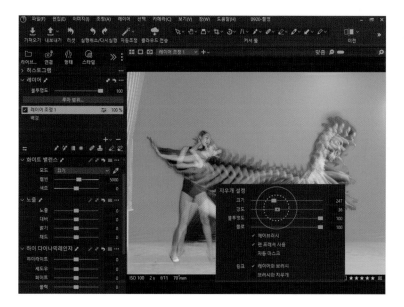

3 채워진 레이어를 하나 더 생성시켜서 [매직 지우개] 아이콘으로 노출이 과다한 부분을 지웁니다.

4 마스크를 다시 반전시키면 어두운 부분(노출을 더 줄 부분)이 선택되어 남습니다.

5 그리기 마스크를 사용하여 불투명도를 적절히 조절하여 어두운 부분을 추가로 선택합니다.
[세도우]와 [블랙]을 '40' 정도 끌어 올리고, 뿌연 부분에 대해 [노출] 탭에서 [대비]를 조금 올려줍니다.

6 이제 채워진 레이어 마스크를 추가로 생성시켜서 노출이 과다한 바닥을 매직 지우개로 지워서 마스크를 반전시킵니다. [하이 다이나믹 레인지] 툴의 [세도우]와 [블랙] 등을 '-100'까지 끌어내려 배경을 어둡게 조절합니다.

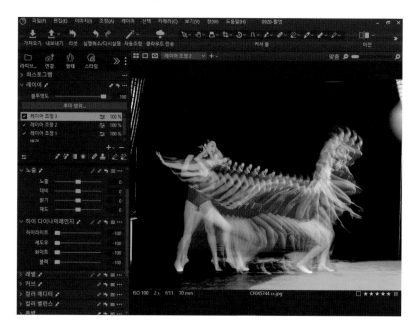

◀ 최종 완성본

아이폰/아이패드용 캡쳐원/컬러 차트로 카메라 프로파일 만들기

부록편

01 언제 어디서나 아이패드/아이폰 캡쳐원으로 촬영과 보정

▲ 아이패드

▲ 아이폰

캡쳐원은 PC용과 연동하여 사용할 수 있는 애플 아이패드/아이폰 전용 캡쳐원이 개발되어 사진가의 이동성을 확장하여 더욱 편리하고 유연한 작업을 돕습니다.

아이패드와 아이폰 자체에서도 PC용 캡쳐원과 마찬가지로 유무선 테더링 촬영이 가능하며, 사진(파일) 가져오기를 통한 자체 보정 작업분만 아니라 온라인 공유(LIVE) 그리고 클라우드 전송을 통해서 PC용 캡쳐원으로 가져올 수도 있습니다.

가볍고 간편한 휴대성의 장점을 통해 사진가는 이제 언제 어디서나 창조적인 작업에만 몰두할 수 있게 되었습니다.

© Gabija Morkunaite

아이패드/아이폰용 캡쳐원의 현재 기능

- 유무선 테더링 촬영, 다음 촬영 조정 기능으로 조정값 적용하여 촬영 지원
- 카메라롤, 연결 카메라 또는 SD 카드에서 가져오기
- 앨범 생성 및 사진 등급/태그와 필터링 지원
- 스타일 & 프리셋 지원
- 대부분의 사진 편집 지원(크롭, 회전, 화이트 밸런스, 노출, HDR, 선명도, 디헤이즈 등)
- 효율적인 워크플로 지원(이전/이후 비교 및 복사/적용, 선택 적용 등)
- 아이패드/아이폰에서 PC로 클라우드 전송 기능
- 내보내기 레시피를 통한 다양한 내보내기 기능

Tip 아이패드/아이폰용 캡쳐원은 PC용과 별개로 애플 앱스토어를 이용해서만 구매할 수 있는 유료 월간 구독 상품입니다. 7일 무료 체험판을 통해서 유무선 테더링을 비롯한 전반적인 워크플로우를 검토해 보고 구매를 고려해볼 수 있습니다.

아이패드용 캡쳐원 사용 방법

1 캡쳐원 아이패드용 설치 : 앱스토어에서 다운로드하여 설치합니다. 최초 설치일로부터 7일 무료 체험판 구독이 가능합니다.

Tip 7일이 지나면 자동으로 월 구독료가 청구되므로 원치 않을 경우 사전에 취소해야 합니다.

2 **테더링 촬영 선택** : 테더링 촬영을 위하여 USB 케이블이나, 무선 와이파이 연결 중 하나를 선택합니다. 내 카메라가 완벽하게 지원되는지 지원 카메라 목록을 살펴봅니다. 무선 연결에 대한 자세한 방법은 support.captureone.com이나 카메라 제조사 사용 설명서를 참고합니다.

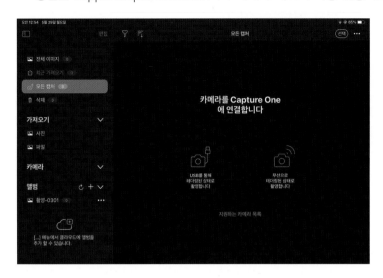

3 **테더링 촬영 시작** : 카메라 연결 성공 메시지가 나타나면, 촬영할 앨범을 설정하고 촬영을 진행합니다.

4 **사진 가져오기** : 이미 촬영한 사진을 가져와서 캡쳐원 아이패드용에서 편집이 가능합니다. 아이패드 자체 사진/카메라롤 또는 메모리 카드 리더기, 외부 저장장치, USB 케이블을 이용하여 카메라에서 사진을 직접 가져올 수도 있습니다.

5 **사진 선택** : 별 등급 지정 및 컬러 태그 등으로 사진을 선택합니다.

© 안재철

6 **사진 정렬** : 왼쪽 상단에서 [사진 정렬 옵션]을 선택합니다. 예를 들어, [등급 및 화살표 아래 방향] 을 선택하면 캡처원 아래쪽에 별 등급 5개 사진부터 순차적으로 표시합니다.

7 **스타일 & 프리셋 적용** : 원하는 스타일 또는, 프리셋을 적용합니다.

8 **크롭 및 회전, 키스톤 보정** : 크롭과 회전을 통해 사진의 구도를 잡습니다. 건축 사진과 같이 기울기 가 왜곡된 경우 키스톤으로 왜곡을 보정합니다.

9 **사진 편집** : 사진 보정 작업을 진행합니다. 왼쪽의 [흑백, 화이트 밸런스, 노출, HDR, 선명도, 디헤이 즈, 컬러 에디터, 비네팅] 툴을 이용하여 각각의 작업을 진행할 수 있습니다.

▲ HDR 보정의 예

10 **리파인** : [샤프닝, 노이즈 감소, 필름 입자, 모아레] 툴을 이용하여 보정을 진행합니다.

▲ 필름 입자의 예

11 **사진 내보내기**

· 오른쪽 상단에서 [선택]을 눌러 내보낼 사진을 선택합니다. 하단에 파란색 체크로 나타납니다.

- 위쪽 방향 화살표 모양의 [공유]를 선택하면 [내보내기] 창이 나타납니다. [내보내기] 창에서 파일 이름, 형식, 워터마크 등 여러 가지 설정을 미치고 오른쪽의 [내보내기]를 클릭합니다.

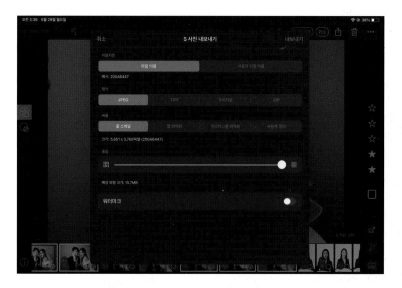

- 준비되면 아이패드에 다음 내용이 나타납니다.

- **복사** : 내보낸 사진을 클립보드에 복사하여 아이패드의 문서에 붙여넣을 수 있습니다.
- **이미지 저장** : 사진 애플리케이션에 저장합니다.
- **연락처에 지정** : 연락처 중 하나의 프로필 사진으로 지정합니다.
- **인쇄** : 로컬 프린터에서 사진을 출력합니다.
- **공유 앨범에 추가** : iCloud 계정을 통해 공유 앨범에 내보낼 사진을 추가할 수 있습니다.
- **파일에 저장** : 내보낸 사진을 파일에 저장하여 iCloud 계정으로 나중에 다른 장치에서 엑세스할 수 있습니다. 외부 장치에도 저장하려면 이 옵션을 선택합니다.

12 클라우드로 PC용 캡쳐원과 동기화하기

아이패드에서 촬영하거나 작업한 사진을 PC용 캡쳐원과 클라우드를 이용하여 동기화가 가능합니다.
클라우드 전송 기능을 사용하려면 PC용 캡쳐원과 아이패드용 캡쳐원은 같은 이메일 계정을 사용하는
것이 중요합니다.

• 앨범을 만들고 클라우드로 전송할 사진들을 추가합니다.

• 앨범을 선택하고 앨범 이름 오른쪽의 ▦ 아이콘을 클릭하여 [클라우드에 저장]을 선택합니다.
이제 클라우드로 사진 업로드가 시작됩니다.

• 상단 중앙의 앨범 이름을 클릭하면 업로드 진행 상태를 표시합니다.

• 이제 클라우드 전송된 사진을 다운로드할 PC용 캡쳐원을 실행하고 새로운 세션을 만듭니다.

• 캡쳐원 메뉴의 [파일] 〉 [클라우드에서 가져오기]를 클릭합니다.

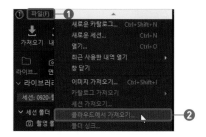

• [클라우드 전송] 창이 나타나면, 아이패드에서 전송한 앨범을 선택합니다. 저장 경로에는 캡쳐원 PC 에서 생성한 세션의 '촬영 폴더'를 선택하고 주황색의 [Import]를 클릭합니다.

• [활성화] 창이 나타나며, 사진을 가져옵니다.

• 성공적으로 가져왔다는 메시지가 표시되며 가져오기가 완료됩니다.

• 이제 아이패드에서 작업했던 내용과 같은 상태에서 보정 작업을 계속 진행할 수 있습니다.

© 안재철

아이폰용 캡쳐원 사용 방법

아이폰용 캡쳐원은 아이패드용과 거의 유사한 기능을 갖습니다. 스튜디오가 아닌 환경에서 작업하는 패션, 제품 및 인물 사진가에게 이상적이며 촬영과 즉시 클라이언트나 스탭들은 실시간 사진 공유를 이용하여 피드백을 받을 수 있습니다.

아이폰용 캡쳐원은 카메라에서 휴대폰으로 사진을 빠르게 가져올 수 있는 최고의 도구이며 사진 작업을 전달하기 위해 보다 빠르고 효율적인 방법을 제공합니다.

테더링 촬영

스마트폰에서 설정하여 USB 또는 무선 와이파이로 아이폰용 캡쳐원에서 직접 테더링 촬영이 가능합니다.

유선 테더링을 위하여 아이폰X 이상이 필요합니다. 아이폰에 USB 케이블 연결을 위하여 Light-nin-USB 또는 Lightning-USB 3 카메라 어댑터가 필요합니다. 안전성을 위해 Apple 정품 어댑터 사용을 권장합니다.

유무선 테더링 촬영이 가능한 카메라 지원 목록 및 자세한 촬영 설정 방법은 제작사 홈페이지 (captureone.com)에서 캡쳐원 모바일 서포트 항목을 참고해 주세요.

이미지 관리

- **파일 지원** : RAW, DNG, HEIF/HEIC, JPEG RGB, PNG RGB, TIFF RGB
- **사진 가져오기 및 사진 정리** : 아이폰에 연결된 카메라, USB 드라이브, 메모리 카드 등을 통해 사진을 가져옵니다. 앨범을 만들어서 사진 라이브러리를 관리합니다.

- **검토** : 사진의 별 등급과 컬러 태그를 이용하여 사진을 선택할 수 있습니다.
- **스타일** : 아이폰용에 내장된 기본 스타일을 사용하거나 PC용 캡쳐원에서 제작된 사용자 스타일을 가져와서 활용할 수 있습니다.

- **크롭** : 회전, 키스톤
- **조정하기** : 흑백, 화이트 밸런스, 노출, HDR, 선명도, 디헤이즈, 컬러 에디터, 비네팅
- **샤프닝** : 샤프닝, 노이즈 감소, 필름 입자, 모아레

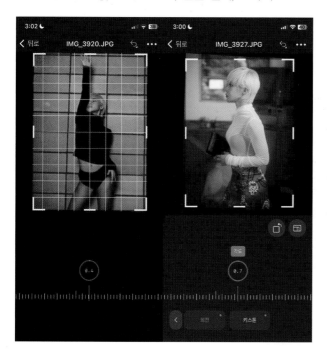

- **내보내기** : JPEG, TIFF, EIP를 포함한 다양한 형식의 파일로 내보낼 수 있습니다. 작업물을 보호하기 위한 텍스트 워터마크를 추가할 수도 있습니다.

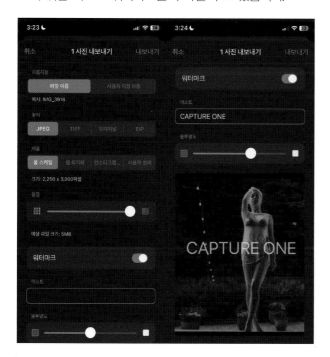

- **클라우드 전송** : 별 등급 및 컬러 태그가 있는 보정 사진의 앨범을 아이폰에서 클라우드로 업로드합니다. PC용 캡쳐원에서 앨범을 다운로드하여 PC에서 계속 편집이 가능합니다.
- **온라인 공유 (LIVE)** : 캡쳐원 라이브는 다른 사람과 사진을 공유하면서 촬영한 사진을 쉽게 검토할 수 있도록 사진을 보고 평가하고, 태그를 지정하고, 댓글을 달 수 있습니다. [액세스 관리]를 이용하여 이메일로 상대방을 초대할 수 있으며, 초대할 때 상대방에게 사진 보기만 가능한 권한 또는 댓글이나 사진 등급 및 댓글 작성이 가능한 권한을 부여할 수 있습니다.

 • 아이패드, 아이폰용은 하나의 구독으로 두 가지 모두 사용 가능합니다.
- 시스템 요구 사항은 iOS 15 이상이어야 하며, 아이폰 X 이상을 권장합니다.
- 하드웨어 제한으로 Lightning-USB-C 어댑터는 지원되지 않으므로 USB-A 어댑터만 지원합니다.
- 기존 PC에서 만들어진 스타일을 에어드롭하여 아이폰용 캡쳐원으로 가져올 수 있습니다.

02 Calibraite(x-rite) 컬러 차트로 카메라 프로파일 만들기

 캡쳐원은 캡쳐원에 지원되는 모든 카메라 모델에 대하여 각각의 카메라별로 직접 제작한 카메라 ICC 프로파일을 제공하고 있습니다.

맞춤 카메라 ICC 프로파일 생성하는 방법

카메라 ICC 프로파일은 [스타일] 탭 〉 [기본 특성] 〉 [ICC 프로파일] 〉 [모두 표시]를 이용하여 확인 가능합니다(자세한 사항은 본문 '02 스타일과 프리셋 〉 기본 특성'을 참고해 주세요).

캡쳐원에서 가져온 이미지는 자동으로 카메라 모델에 맞는 ICC 프로파일이 선택됩니다. 그러나, 캡쳐원에서 제공하는 카메라별 ICC 프로파일뿐만 아니라 컬러 차트와 카메라 캘리브레이션 소프트웨어로 사용자 프로파일을 제작하여 캡쳐원으로 다시 맞춤 프로파일을 불러올 수 있습니다.

준비물 : Calibrite(x-rite) 컬러 차트, ColorChecker Camera Calibration V2.3(mac), V2.2(win)

※ 주의 : 캡쳐원에서 모든 컬러 차트와 호환되지 않으므로 컬러 차트를 구매하기 전 제조사 사용 설명서 및 캡쳐원 호환성을 확인하고 구매하기 바랍니다. 캘리브레이션 소프트웨어는 무료입니다.

▲ Calibrite(x-rite)社의 ColorChecker Passport Photo 2 제품

1 촬영 현장의 광원에서 컬러 차트를 놓고 촬영합니다. 조명이 바뀌지 않도록 유의하고 광원의 위치에 신경을 씁니다.

2 [스타일 툴] 탭 〉 [기본 특성] 탭 〉 [ICC 프로파일] 〉 [효과] 〉 [컬러 보정 안 함]을 클릭합니다.

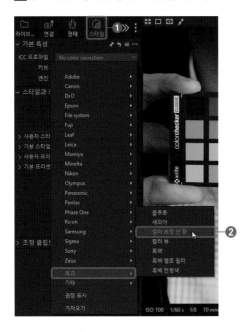

3 [스타일] 탭 〉 [기본 특성] 〉 [커브]에서 [선형 응답]을 선택합니다.

4 컬러 차트가 표시되도록 적당히 크롭합니다.

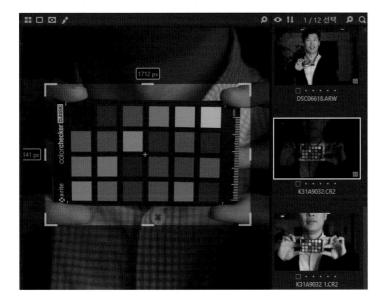

5 [내보내기]를 클릭하면 [이미지 내보내기] 창이 나타납니다. [형식 & 크기] 툴에서 [형식]을 'TIFF, 16 bit'로 설정합니다. [옵션]은 '비압축'을 선택하고, [ICC 프로파일]은 '카메라 프로파일 포함'을 선택합니다. [해상도]는 '300px/in'과 [배율]은 '고정'을 유지합니다.

6 [형식 & 크기] 설정이 완료되었으면 이미지 내보내기를 진행합니다.

7 Calibrite(x-rite) 홈페이지에서 컴퓨터 OS에 맞는 가장 최신 버전의 ColorChecker Camera Calibration 소프트웨어를 설치하고 실행합니다(소프트웨어는 무료입니다). ColorChecker Camera Calibration 소프트웨어가 실행되면 상단 오른쪽에서 'ICC-TIFF'를 선택합니다. 캡쳐원에서 내보내기한 16bit TIFF 파일을 소프트웨어 중앙으로 드래그합니다.

8 컬러 차트 이미지가 나타나면 사각형 모서리의 점을 조정하여 위치를 정밀하게 조정합니다. 위치를 올바르게 조정했으면, 아래쪽의 [프로파일 만들기]를 클릭합니다.

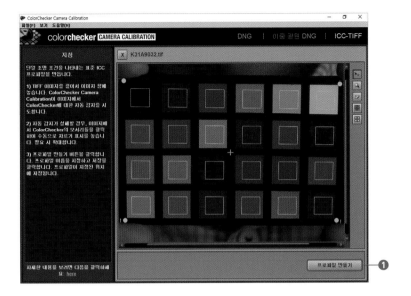

9 카메라 ICC 프로파일 생성이 진행되고 [ICC 프로파일 저장] 창이 나타나면 [저장]을 클릭합니다.

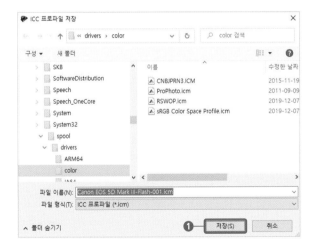

10 [ICC 프로파일 저장] 진행 상태 창이 나타납니다.

11 프로파일 만들기 성공 메시지가 나타납니다.

12 캡쳐원에서 커스텀 ICC 프로파일을 불러오기 위하여 캡쳐원을 재실행합니다. [스타일 툴] 탭 〉[기본 특성] 탭 〉[ICC 프로파일] 〉[기타] 〉[저장한 ICC 프로파일]을 선택합니다.

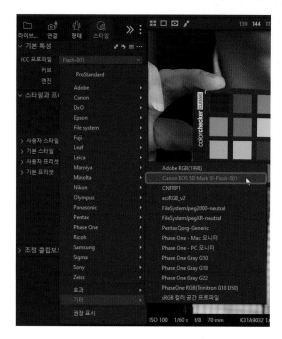

13 새로운 사용자 프로파일과 기존 카메라 프로파일을 비교해 봅니다.

Tip 컬러 차트를 사용하여 생성한 프로파일이 반드시 더 나은 컬러와 톤을 보장하는 것은 아닙니다. 촬영 분야와 조명, 카메라 등의 환경에 따라 다양한 변화와 차이가 발생할 수 있습니다.

자주 묻는 질문

01 라이선스 문제

정품 라이선스를 등록할 때 주의 사항 및 문제 발생 시 해결 방법을 알아봅니다.

이메일 주소 관리

캡쳐원을 구매하면 제작사 홈페이지(captureone.com)에 이메일 가입 및 로그인을 통해서 라이선스를 등록하고 관리하게 됩니다. 따라서 계속해서 사용하는 이메일을 사용해야만 합니다(이메일이 삭제되지 않도록 주의합니다). 추후 홈페이지에 로그인한 후 개인정보 변경에서 이메일을 변경할 수 있지만, 원래의 이메일에 접속할 수 있어야만 이메일 변경이 가능하므로 최초 등록 시 이메일 설정이 중요합니다.

회사나 스튜디오에서 캡쳐원 사용 담당자가 바뀌는 과정에서 이메일이 삭제되거나 접속할 수 없는 경우들이 자주 발생하게 됩니다. 이럴 경우 홈페이지(captureone.com)의 고객 지원팀에 이메일 변경을 요청해야 하는 번거로움과 며칠 이상의 시간이 필요하므로, 이런 사고가 발생하지 않도록 이메일 관리에 유의해야 합니다.

이 버전에서 더 이상의 무료 업그레이드를 사용할 수 없습니다

내가 보유한 라이선스보다 상위 버전의 캡쳐원을 설치했을 때 표시되는 메시지입니다. 라이선스에 맞는 캡쳐원으로 재설치하거나 캡쳐원 라이선스를 업그레이드해야만 합니다.

활성화 제한에 도달했습니다 - 라이선스 초기화 방법

캡쳐원은 컴퓨터에 활성화할 수 있는 라이선스의 동시 사용 카운터가 제한되어 있습니다. 활성화 제한 메시지가 표시되어 더 이상 캡쳐원 라이선스 등록이 되지 않는다면 라이선스 제한을 초기화해야만 사용이 가능합니다. 초기화 방법은 본문 PART 01의 '02 캡쳐원 설치 : 라이선스 초기화'를 참고해 주세요.

이 라이선스 코드는 이 버전의 캡쳐원에는 유효하지 않습니다

이 또한 설치한 캡쳐원의 버전이 구매한 캡쳐원 정품 라이선스보다 상위 버전일 경우 표시되는 메시지입니다. 예를 들어, 평생 버전 v16.2.x를 구매했는데, v16.3.x와 같이 소수점 한자리 이상의 차이가 발생할 경우 라이선스 활성화 과정에서 발생하며, 구매 시 활성화했던 캡쳐원 버전에 맞게 재설치해야 합니다.

라이선스 활성화 오류

라이선스 활성화 과정에서 오류가 발생하는 경우, 우선 해당 컴퓨터가 네트워크상에서 정상적으로 캡쳐원 서버에 액세스되는지 확인해 봅니다.

인터넷에서 다음의 링크를 접속했을 때 'Activation service is alive.'라는 메시지가 표시되어야 정상입니다.

https://activation.phaseone.com/Errors/ServiceStatus.aspx

캡쳐원 본사 서버 자체가 원인일 경우 메시지가 다르게 표시될 수 있으며 서버 문제가 해결될 때까지 기다려야 할 수 있습니다.

사용자의 컴퓨터나 네트워크 환경의 원인으로 활성화가 되지 않을 수도 있습니다. 인터넷 연결 여부, 방화벽에서 연결 차단(특히 백신 소프트웨어), VPN 사용에 따른 오류 등으로 활성화를 차단시킬 수 있으므로 원인을 찾아야 합니다.

라이선스 활성화 과정 반복

캡쳐원을 실행할 때마다 라이선스 활성화 과정이 반복되는 경우가 있습니다.

맥용 캡쳐원에서 자주 발생하는 데, 사용자가 최초 캡쳐원을 설치하는 과정에서 설치 파일을 디렉토리로 드래그하지 않을 때 발생하는 문제입니다. 본문 〈기본편 02. 캡쳐원 설치〉에서 '설치 방법 – Mac'의 캡쳐원 아이콘 드래그 항목을 참고해 주세요.

02 테더링 문제 : 테더링 인식 및 안정성

캡쳐원 테더링 촬영에 문제가 발생하면 촬영의 흐름과 커뮤니케이션이 끊기므로 프로 사진가는 청난 스트레스를 겪게 됩니다. 캡쳐원에서 중요한 기능 중 하나인 테더링 연결 촬영에 문제가 발생했다면, 단계별로 파악하여 논리적 접근이 필요합니다.

1. 케이블을 최초로 연결했는데 처음부터 카메라 인식이 안 되는지?
2. 정상적으로 테더링 촬영 중 어느 날 갑자기 연결이 중지되거나, 연결이 자주 끊기는 것인지?

케이블을 구매하여 연결했지만, 처음부터 테더링 인식이 안 됩니다

캡쳐원 버전 및 카메라 지원 목록 확인

제작사 홈페이지(captureone.com)의 Support 메뉴에서 검색어 입력란에 'camera model'을 검색하면 캡쳐원에서 테더링 지원하는 카메라 모델에 따라 지원되는 시작 버전과 지원 범위를 확인할 수 있습니다.

예를 들어, 소니 a1 카메라는 캡쳐원 21(V14.1.0) 이후부터 지원되기 시작했다는 의미입니다. 그리고 테더링 촬영과 라이브 뷰 및 무선 촬영을 지원한다고 명시되어 있습니다.

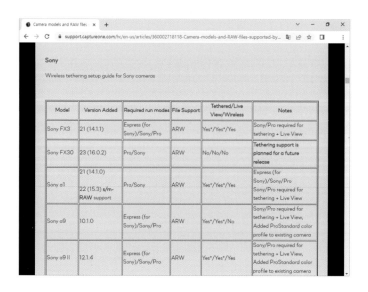

캡쳐원 환경 설정 확인

캡쳐원의 [환경 설정] 〉 [촬영]에서 적절한 카메라 유형이 활성화되어 있는지 확인합니다.

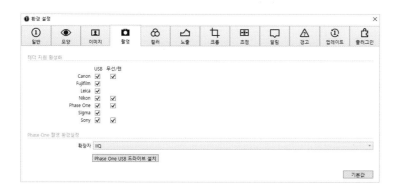

카메라 USB 설정 확인

어떤 카메라 브랜드는 본체나 캡쳐원에서 특별한 설정 없이 곧바로 인식되지만, 특정 카메라의 경우 카메라 본체의 [메뉴] 〉 [설정]을 통해 USB 테더링과 관련된 설정을 해야만 테더링 인식이 되는 경우가 많습니다.

특히 소니의 대부분 카메라는 USB 연결 설정 부분을 반드시 'PC 원격'으로 설정해 놓아야만 테더링이 인식됩니다. 기본값이 '대용량 저장장치'로 되어 있는 경우가 많으므로 테더링 촬영을 진행하려면 반드시 'PC 원격(PC REMOTE)'로 변경해야 합니다.

모델에 따라 'PC 원격' 설정 메뉴의 위치가 다르므로 카메라 제조사에서 제공하는 설명서를 꼭 살펴보기를 바랍니다.

USB 케이블 규격 확인

카메라에서 제공하는 정확한 규격의 케이블을 사용했습니까? 때때로 HDMI와 USB를 혼동하는 초보자가 있습니다. 또한 카메라 모델에 따라 USB 규격이 다르므로 카메라 설명서를 참조하여 정확한 지원 규격을 확인해 주세요.

케이블 길이 확인

안정적인 테더링 촬영을 위한 권장 케이블 길이는 보통 3M 이하를 권고합니다. 그러나 촬영 편의성을 위하여 보통 4.5M 케이블을 사용하거나, 연장선을 사용하여 10M까지 사용하는 경우가 많습니다.

특히 무전원 방식의 연장선을 사용하는 경우 카메라와 컴퓨터에 따라 신호 문제로 인한 인식 오류가 발생하는 경우가 흔하므로, 연장선을 제거하여 연결해 봅니다.

USB 허브/젠더 및 USB 주변장치 제거

사용 편의를 위하여 USB 허브나 젠더를 사용하여 USB 케이블을 연결했다면, 허브나 젠더를 모두 제거하고 테더링 케이블을 컴퓨터로 직접 연결해 봅니다.

또한 USB를 이용하여 외장 하드 디스크와 같은 USB 주변장치가 연결되어 있다면 모두 종료하고 제거합니다. 드물지만 USB 주변기기가 테더링 연결 및 전송 신호에 영향을 줄 수 있기 때문입니다.

컴퓨터 USB 포트 변경

사용 중인 컴퓨터의 USB 포트에 문제가 생겼을 수도 있으므로 케이블이 꽂혀 있는 컴퓨터 쪽의 USB 포트를 다른 USB 포트로 변경하여 연결해 봅니다.

특히 데스크탑 PC 사용자라면 케이블을 컴퓨터 본체의 전면부나 상부의 USB 포트에 연결했는지 확인합니다. 데스크탑 PC의 본체 전면부 및 상부 USB 포트는 컴퓨터 메인보드와 케이블로 연결되어 있어 신호가 약한 경우가 많습니다. 따라서 테더링 케이블을 컴퓨터 본체 뒷면의 메인보드 USB 포트에 직접 연결해 보십시오. 카메라 전원을 껐다가 켜면 장치 관리자가 반응하면서 카메라 모델이 표시되는 경우도 많습니다.

컴퓨터 변경

컴퓨터 시스템의 문제가 원인일 수도 있으므로, 다른 컴퓨터에 캡쳐원을 설치하여 같은 카메라와 케이블을 연결하여 인식을 확인합니다. 다른 컴퓨터에 연결해 보는 것은 하드웨어적인 문제인지 소프트웨어적인 문제인지를 빠르게 확인해 볼 수 있는 가장 쉬운 방법의 하나입니다.

응용 소프트웨어 종료 또는 삭제

Canon EOS Utility, Sony Imaging Edge, Nikon Camera Control 등의 소프트웨어가 실행 중인지 확인합니다. 또는 삭제해 봅니다. 해당 소프트웨어에서 테더링 연결 관련 드라이버를 우선적으로 점유하거나 충돌하여 캡쳐원 인식 문제에 영향을 줄 수 있습니다.

Google 드라이브나 Dropbox 서비스를 사용하는 경우 종종 카메라 연결을 차단할 수 있으므로 안정적 연결을 위하여 응용 프로그램을 닫습니다.

Mac 시스템 환경 설정 점검

Mac OS 사용자의 경우 시스템 환경 설정에서 캡쳐원에 적절한 접근성과 하드 디스크 접근 권한이 있는지 확인합니다.

[시스템 환경 설정] 〉 [보안 및 개인정보 보호정책] 〉 [개인정보 보호] 잠금을 클릭하고 비밀번호를 입력하여 창을 잠금 해제하세요. [+] 버튼을 클릭하여 캡쳐원을 추가합니다. 접근성 및 전체 디스크 액세스 옵션 모두에 대해 이 작업을 수행합니다.

컴퓨터 자체의 카메라 인식 확인

만약 캡쳐원에서 카메라 인식이 계속 확인되지 않고 있다면, 캡쳐원의 연결과 별개로 컴퓨터 시스템 자체가 카메라를 인식하고 있는지 살펴볼 필요가 있습니다.

컴퓨터 시스템의 인식은 캡쳐원을 실행하지 않더라도 먼저 인식해야 하므로 여기서 인식되지 않는다면 캡쳐원과 관련 없는 카메라/컴퓨터/케이블의 하드웨어적인 문제점 또는 컴퓨터 OS 시스템의 문제일 확률이 매우 높습니다.

Mac 사용자는 메뉴 막대에서 [Apple 아이콘 선택] 〉 [이 Mac에 대하여] 〉 [시스템 리포트] 〉 [USB 섹션]을 선택합니다. 카메라가 목록에 표시되지 않는 경우 목록을 새로 고칩니다.

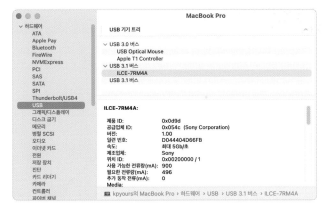

▲ 소니 A7R IV A 카메라 인식 화면

Windows 사용자는 제어판의 장치 관리자에서 휴대용 장치에 카메라 연결을 확인해야 합니다. 카메라와 컴퓨터가 연결된 상태에서 카메라 본체의 전원을 껐다가 켜봅니다. 컴퓨터에 정상적으로 연결된다면 전원을 켠 순간 장치 관리자가 깜박거리고 잠시 후 휴대용 장치 항목에 카메라 모델명이 표시되어야만 합니다. 참고로 윈도우 OS에 따라 장치 관리자의 이미지 장치로 표시될 수도 있습니다.

▲ 소니 A7R IV A 카메라 인식 화면

메모리 카드 제거 또는 삽입

특정 카메라의 경우 메모리 카드가 제거 또는 삽입되어야 테더링 인식될 수 있습니다. 드문 경우 가득 찬 메모리 카드를 카메라에 삽입하여 테더링 연결하면 오류의 원인이 될 수도 있습니다.

테더링은 되지만 연결이 자주 끊깁니다

USB 케이블 단락 의심

테더링 케이블의 끝부분은 계속 휘어진 상태로 촬영하므로 단락의 위험성이 매우 높습니다. 따라서 케이블 단락이 원인인지 확인을 위해 여분의 다른 케이블로 교차 테스트해 봅니다.

또한 케이블의 스트레스를 보호하는 액세서리를 사용하거나 갑작스러운 케이블 파손에 대비하여 여분의 케이블을 항상 준비해 놓는 것이 중요합니다.

USB 허브나 젠더, 컴퓨터 포트 등의 확인

앞서 언급한 USB 허브나 젠더는 모두 제거하고, 컴퓨터 USB 포트를 바꿔봅니다.

케이블 길이 및 연장선 확인

여분의 케이블로 테스트해 보고, 특히 연장선을 사용한다면 연장선을 제거하고 테스트해 봅니다.

카메라 본체 전원 설정 확인

카메라 본체에 전원 관련 절전 기능이 활성화되어 있다면 기능을 비활성합니다. 또한 케이블로 배터리 충전 기능이 활성화되어 있다면 충전 기능을 비활성화합니다.

USB 주변장치 제거

컴퓨터 본체에 여러 가지 USB 장치들이 연결되어 있다면 안정성을 위해 불필요한 장치들을 촬영 전에 제거합니다. USB 주변장치는 테더링 신호를 약하게 할 수 있는 원인이 될 수 있습니다.

저장 폴더 위치 확인

세션이나 카탈로그를 만들어 촬영할 때, 컴퓨터 내부의 하드 디스크로 저장 폴더 위치를 지정합니다. 외장하드나 클라우드 기반에 저장 폴더를 지정할 경우 전송 및 데이터 안정성에 문제가 발생할 수 있습니다.

무선 테더링 인식이 되지 않습니다

액세스 포인트 변경

무선 테더링은 라우터(공유기) 설정이나 방화벽 문제 등 환경적인 변수가 많아서 원인을 찾기 곤란한 경우가 많습니다.

라우터나 공유기를 사용하는 경우, 액세스 포인트를 카메라로 변경하여 컴퓨터(캡처원)와 카메라를 다이렉트로 직접 연결을 시도해 봅니다.

카메라 모델에 따라 제조사에서 제공하는 사용자 설명서와 support.captureone.com을 방문하여 무선 테더링 설정 안내에 따라 순서대로 진행해 봅니다.

Windows 사용 시 Bonjour 설치 확인

Bonjour는 같은 네트워크에서 기기들과 서비스가 서로를 탐색할 수 있도록 고안된 Apple 표준 기반 네트워크 기술입니다.

윈도우용 캡처원은 Apple에서 제공하는 Bonjour 소프트웨어가 설치되어 있어야만 무선 테더링이 지원됩니다. Capture Pilot 또한 마찬가지입니다.

03 사진 저장 방식(동시 저장) 설정

캡쳐원을 테더링 촬영할 때 안전한 백업을 위하여 메모리 카드에도 동시에 저장을 원하는 사용자가 많습니다. 캡쳐원은 원래 카메라에 메모리 카드가 삽입된 상태에서 USB 테더링을 연결하면 저장 경로의 우선권이 PC로 되어 촬영과 동시에 PC로 저장되게 되어 있습니다.

그러나, 최근 캡쳐원 22, 23 버전부터 캐논, 니콘 카메라를 중심으로 컴퓨터와 메모리 카드 동시 저장이 지원되기 시작했습니다. 또한 일부 소니와 후지필름 카메라 모델도 지원하고 있지만, 특정 모델로 제한되어 있으며 각각의 사용 방법 또한 카메라 설정이나 카메라 펌웨어 등에 따라 다르므로 제조사 사용 설명서 또는 캡쳐원 홈페이지의 고객지원(support.captureone.com)에서 확인해야 합니다.

니콘, 캐논

캐논 전 모델

[연결 툴] 탭 〉 [카메라 설정] 〉 [Shoot] 〉 [Save to]에서 저장 방법을 선택합니다.

니콘 전 모델

[연결 툴] 탭 〉 [카메라 설정] 〉 [Camera Information] 〉 [Recording Media]에서 저장 방법을 선택합니다.

소니, 후지필름

일부 카메라 모델에 따라 카메라 본체에서 개별 설정하거나 자동 지원할 수 있습니다. 지원되는 카메라 모델이 제한되어 있으며 개별적으로 카메라 본체마다 설정 방법이 다르고 펌웨어에 따라서도 다르므로 제조사 사용 설명서와 최신 펌웨어를 확인해 주세요.

예를 들어, 소니 카메라는 본체의 'PC 원격' 설정에서 가능합니다.
[PC 원격] 〉 [정지 이미지 저장] 〉 [PC+카메라] 선택

참고) 일부 후지필름, 예) GFX100s
[연결 툴] 탭 〉 [카메라 설정] 툴 〉 [FUJIFILM GFX100S] 〉 [Save to SD card]에서 저장 방법을 선택합니다.

참고) 일부 소니, 예) A7R IV
카메라 바디 메뉴에서 설정합니다. [네트워크] 〉 [PC 원격] 〉 [PC 원격 기능] 〉 [정지 이미지 저장]에서 저장 방법을 선택합니다.

04 일괄 적용 문제

캡쳐원은 촬영 후 사진 보정 단계에서 한 장의 보정값을 다른 사진에 일괄 적용할 수 있는 기능이 편리하고 빠르게 구현되어 있습니다. 그러나 종종 일괄 적용 및 전체 내보내기가 안 되거나 크롭/키스톤 등의 기능이 일괄 적용되지 않는 경우가 발생합니다.

일괄 적용 또는 전체 내보내기가 안 되는 경우

'모든 선택 편집' 기능이 비활성화되어 있기 때문입니다. 메뉴의 [이미지] 〉 [모든 선택 편집]을 체크 표시하여 활성화합니다. 일괄 적용 및 내보내기가 정상 작동하는지 확인합니다.

크롭/키스톤이 일괄 적용되지 않는 경우

캡쳐원은 특정 버전 이후부터 '크롭 및 키스톤' 보정값이 전체 일괄 적용에서 제외되어 있습니다. 종종 사용자가 크롭이나 키스톤 보정을 다른 사진에 적용하고 싶을 때 적용이 되지 않아서 캡쳐원의 오류로 혼동하는 경우가 많습니다.

이 문제의 원인은 캡쳐원의 조정 기본 설정값이 '크롭을 제외한 조정값'으로 되어있기 때문에 설정값을 '조정값'으로 변경해 줘야 하며 방법은 다음과 같습니다.

[스타일 툴] 탭 〉 [조정 클립보드] 툴에서 ▇▇ 아이콘을 클릭하여 [자동 선택] 〉 [조정값]을 선택합니다. 이제 캡쳐원 오른쪽 상단의 [복사/적용]을 통해 다른 사진에도 크롭/키스톤 적용이 작동하는지 확인합니다.

05 사용자 지정 파일의 백업 및 복원

캡쳐원은 다양한 사용자 맞춤 지정 값이 특정 경로에 저장되어 있습니다. 예를 들어, 사용자 스타일, 사용자 프리셋, 사용자 작업 공간, 사용자 지정 단축키, LCC 파일 등 사용자가 직접 제작한 파일을 다른 컴퓨터에서 사용하거나 컴퓨터 포맷이나 파손 등의 위험에서 보호하기 위하여 백업해 둘 필요가 있습니다.

이러한 사용자 맞춤 파일의 백업 경로는 다음과 같습니다. 다른 컴퓨터에서 새로운 캡쳐원을 설치하면 아래의 백업 경로와 같은 경로에 파일을 복사하면 새로운 캡쳐원에서 같은 사용이 가능합니다.

Mac 사용자

1 캡쳐원이 실행되어 있다면 종료합니다. 캡쳐원의 사용자 지정 파일은 라이브러리 폴더 경로의 하위에 숨겨져 있습니다. 따라서 숨겨진 라이브러리 폴더로 이동하는 간단한 방법은 다음과 같습니다. [Finder] 창을 열고 기본 메뉴에서 [이동]을 클릭하고 키보드 Option 을 누릅니다. 숨겨진 [라이브러리] 항목이 나타납니다.

2 보기 옵션을 '계층'별로 설정하고, 다음의 경로를 찾습니다.

• HD/사용자/사용자 이름/라이브러리/Application Support/Capture One/Styles

3 사용자 지정 폴더 및 중요한 파일들을 백업합니다. 주목할 만한 사용자 지정 파일의 중요한 폴더는 다음과 같습니다.

• **KeyboardShortcuts** : 사용자 단축키
• **Normalizations** : 색상 표준화 지정값
• **Plug-ins** : 플러그인 파일
• **Presets60** : 사용자 프리셋
• **Skin Tones** : [컬러 에디터] 툴에서 보정한 피부톤
• **Smart Adjustments** : 스마트 조정값
• **Style Brushes** : 사용자 스타일 브러시
• **Styles** : 사용자 스타일
• **Templates** : 세션 및 카탈로그 탬플릿
• **Workspaces** : 작업 공간

Windows 사용자

1 캡쳐원이 실행되어 있다면 종료합니다. 파일 탐색기를 시작하고 [보기]를 클릭하여 숨김 파일 폴더를 볼 수 있도록 [숨긴 항목]을 체크합니다.

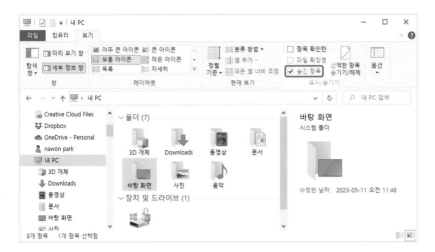

2 다음의 경로를 찾습니다.

- 내PC/로컬 디스크(C:)/사용자/사용자 이름/AppData/Local/CaptureOne

Tip 맥용과 마찬가지로 사용자 스타일, 사용자 프리셋, 스타일 브러시, 작업 공간, 내보내기 레시피 등과 같이 자주 사용하는 중요한 파일을 찾아서 백업합니다.

06 캡쳐원의 이상 증상

때때로 캡쳐원을 사용하면서 예상하지 못한 문제가 발생하기도 하는데, 캡쳐원의 일반적인 버그인지 내 컴퓨터에서만 발생하는 특이한 증상인지를 판별하여 적절한 대처를 해야합니다.
만약, 혼자의 힘으로 해결이 어려우면 캡쳐원 구매처의 고객센터에 접수하여 전문가의 도움을 받도록 합니다.

캡쳐원 프리뷰 이상 현상, 강제 종료 현상 · Open CL 비활성화

- 캡쳐원의 뷰어 창에서 보이는 프리뷰 사진이 이상하게 나타납니다.
- 캡쳐원이 갑자기 너무 느려졌습니다.
- 캡쳐원이 비정상적으로 종료되어 버립니다.
- 기타 등등

캡쳐원 사용 중 위와 같은 이상 증상이 발생했을 때, 캡쳐원의 환경 설정에서 Open CL 기능을 비활성화해 볼 필요가 있습니다. 캡쳐원의 Open CL 지원은 그래픽카드 드라이버와 밀접한 연관이 있습니다. 캡쳐원의 성능을 향상시키기 위한 기능이지만, 드라이버의 호환성이나 시스템의 문제로 인하여 이상 현상을 유발시킬 수도 있기 때문에, 해당 기능을 비활성화하여 확인해 볼 필요가 있으며 방법은 다음과 같습니다.

1 캡쳐원에서 환경 설정을 불러옵니다.

- **윈도우** : 메뉴의 [편집] 〉 [환경 설정]
- **맥** : 메뉴의 [CAPTUREONE] 〉 [기본 설정]

2 첫 번째 [일반]에서 [Hardware Accleration(OpenCL 사용)](윈도우), 또는 [하드웨어 가속](맥)을 찾습니다.

3 [디스플레이]와 [처리]를 모두 '안 함'으로 변경한 후 캡쳐원을 종료하고 재실행합니다. 캡쳐원의 이상 증상이 사라졌는지 확인합니다.

테더링 촬영 시 사진이 저절로 크롭되고 사진이 조금씩 비뚤어 집니다

촬영 시 캡쳐원의 '자동 정렬' 기능을 꺼야 합니다. 캡쳐원 사용 시 무의식중에 특정 옵션을 선택하는 경우가 있습니다. 그 중 대표적인 기능이 '자동 정렬' 기능인데, 이 기능은 테더링 촬영 시 삼각대를 사용하지 않고 손으로 카메라를 들고 촬영할 때 캡쳐원이 자동으로 수평을 잡아주는 기능입니다.

따라서 조금씩 수평이 어긋날 경우 캡쳐원은 스스로 수평을 잡으면서 자동으로 크롭이 되는 것입니다. 원치 않는다면 반드시 [자동 정렬]의 체크를 해제해 주세요.

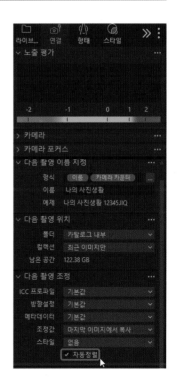

캡쳐원 사용 시 피해야 할 텍스트 문자

일반적으로 캡쳐원에서 세션이나 카탈로그의 이름, 컬렉션 이름 등을 지정할 때 잘못된 문자를 사용하는 경우 경고를 표시할 것입니다.

캡쳐원을 사용할 때 특히 수직 막대 모양의 파이프 문자 |나 /(Mac), ₩(윈도우) 및 특수 기호 등을 사용하면 파일 경로에 영향을 주거나 소프트웨어의 충돌, 다른 예기치 않은 동작을 초래할 위험이 있으므로 사용하지 않도록 주의해야 합니다. 또한 파일명이나 폴더의 이름을 지정하거나 변경할 때 (점) 문자를 사용하지 않는 것이 좋습니다.

07 캡쳐원 재설치를 위한 완전 삭제 방법

다른 컴퓨터에서 이상이 없는데 특정 컴퓨터의 캡쳐원에서만 오류가 계속 발생하거나 재설치를 해도 문제가 반복되는 경우, 캡쳐원을 완전히 삭제해 볼 필요가 있습니다.

캡쳐원 완전 삭제는 윈도우의 제어판에서 단순히 캡쳐원을 삭제하거나, 맥의 응용 프로그램에서 캡쳐원만 삭제하는 것이 아니라 숨겨진 폴더와 파일까지 찾아서 이전의 정보들을 모두 삭제하고 처음부터 새롭게 설치하는 것을 의미하며 삭제 방법은 다음과 같습니다.

Windows용 삭제 방법

1 기존 캡쳐원을 실행하여 라이선스를 비활성화합니다(홈페이지(captureone.com)에서 라이선스 초기화가 가능하므로 이 과정은 건너뛰어도 무방합니다).

2 프로그램 프로세스 중지

해당 응용 프로그램이 실행되거나 종료되지 않는 등의 문제가 발생할 경우, 작업 관리자를 이용하여 응용 프로그램의 프로세스를 종료합니다.

작업 관리자는 Ctrl + Alt + Delete 를 동시에 누른 다음 [작업 관리자]를 선택하면 됩니다. [프로세스] 탭에서 'CaptureOne.exe'를 선택하고 [작업 끝내기]를 클릭합니다.

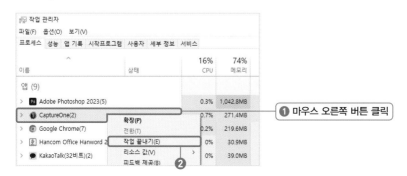

3 파일 탐색기를 시작하고 보기를 클릭하여 숨김 파일 폴더를 볼 수 있도록 [숨긴 항목]을 체크합니다. [제어판] 〉 [프로그램 및 기능] 〉 [프로그램 제거 또는 변경]에서 캡쳐원을 선택하고 마우스 오른쪽 버튼을 클릭한 후 [제거]를 진행합니다.

4 프로그램을 삭제 후 다음의 경로에 남은 폴더가 존재한다면 삭제합니다.

- C:/Program Files/Phase One/Capture One X [캡쳐원 20, v13.0.4 이전 버전]
- C:/Program Files/Capture One/Capture One X [캡쳐원 20 이후, v13.1.0 이후 버전]

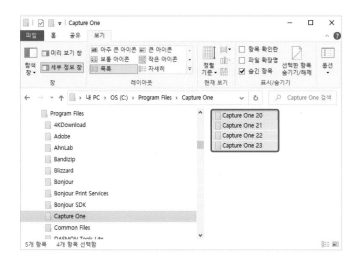

5 다음 경로의 'Capture One' 폴더에서 중요한 사용자 지정 파일 등은 모두 백업한 후 삭제를 진행합니다

• C:/사용자(Users)/사용자명(User Name)/App Data/Local/Capture One

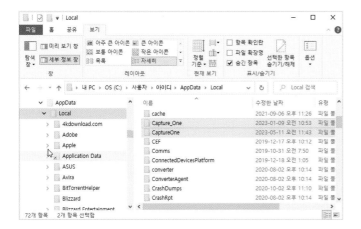

6 다음 경로의 환경 설정 파일들을 삭제합니다.

• C:/사용자(Users)/사용자명(User Name)/AppData/Local/Phase_One

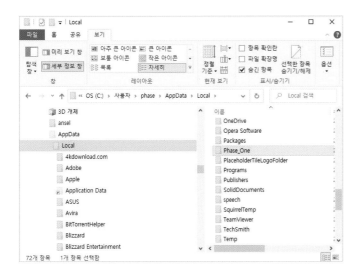

Mac용 삭제 방법

1 기존 캡처원을 실행하여 라이선스를 비활성화하고 캡처원을 종료합니다(홈페이지(captureone. com)에서 라이선스 초기화가 가능하므로 이 과정은 건너뛰어도 무방합니다).

2 캡처원 응용 프로그램을 'Applications' 폴더에서 휴지통으로 드래그합니다.

3 더 이상 필요하지 않은 경우 '그림' 폴더에 있는 기본 문서(세션/카탈로그)를 삭제합니다(중요한 파일이 들어 있다면 백업을 진행합니다).

4 캡쳐원의 사용자 지정 파일은 라이브러리 폴더 경로의 하위에 숨겨져 있습니다. 따라서 숨겨진 라이브러리 폴더로 이동하는 간단한 방법은 다음과 같습니다. [Finder] 창을 열고 기본 메뉴에서 [이동]을 클릭했고 Option 을 누릅니다. 숨겨진 '라이브러리' 항목이 나타납니다.

5 폴더 경로를 찾기 쉽도록 맥의 파인더 보기 옵션을 '계층'별로 설정합니다. 다음의 경로를 찾아 'Preferences' 폴더에서 captureone 및 phaseone이 포함된 문자열을 찾아 삭제합니다.

- HD/사용자/사용자 이름/라이브러리/Preferences

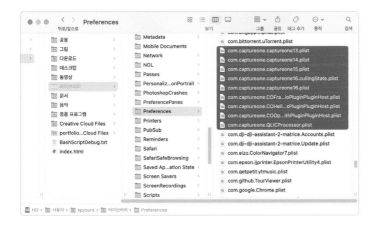

6 'cfprefsd'라는 모든 .plist 파일의 캐시를 유지 관리하는 데몬이 백그라운드에서 실행 중이기 때문에 환경 설정 파일을 영구적으로 삭제할 수 없는 경우가 있습니다. 이럴 경우 맥의 터미널 소프트웨어에서 명령어를 이용하여 삭제가 가능합니다. [응용 프로그램] 〉 [유틸리티] 〉 [터미널]로 이동하여 터미널을 실행할 수 있습니다.

다음 명령을 복사하여 터미널에 붙여넣고 각 줄 끝에서 [Enter↵]를 누릅니다. 이 작업을 수행할 때는 캡처원을 닫아야 하며, 명령이 적용되려면 몇 초를 기다려야 합니다. 기본 설정은 해당 버전의 캡처원에 따라 다릅니다. 따라서 가지고 있는 특정 버전의 캡처원에 대한 명령만 다음과 같이 입력하면 됩니다.

```
defaults delete com.phaseone.captureone7
defaults delete com.phaseone.captureone8
defaults delete com.phaseone.captureone9
defaults delete com.phaseone.captureone10
defaults delete com.phaseone.captureone11
defaults delete com.phaseone.captureone12
defaults delete com.captureone.captureone13
defaults delete com.captureone.captureone14
defaults delete com.captureone.captureone15
defaults delete com.captureone.captureone16
```

참고 사항 : .captureone13 은 캡처원 20이고 .captureone15 는 캡처원 22입니다.

7 다음 경로의 'Capture One' 폴더에서 중요한 사용자 지정 파일 등은 모두 백업한 후 삭제를 진행합니다(Application Support 내의 Capture One 폴더 삭제).

- HD/Users/사용자 이름/Library/Application Support/Capture One

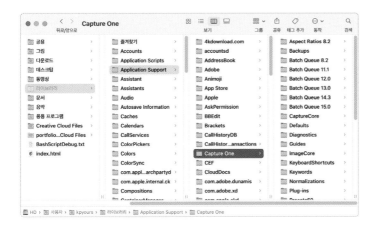

8 '공유' 폴더의 'Capture One' 폴더를 삭제합니다.

08 캡쳐원 다운로드

캡쳐원 최신 버전 또는 이전 버전의 설치 파일 다운로드는 홈페이지(captureone.com)에 로그인하여 가능합니다.

1 웹 브라우저에서 홈페이지(captureone.com)에 접속하고, 맨 오른쪽에 사람 모양(음)의 아이콘을 클릭합니다.

2 로그인 창이 나타나면 이메일 주소와 암호를 입력하고 로그인합니다.

3 로그인이 성공하면 'Welcome 사용자 이름'이 나타납니다

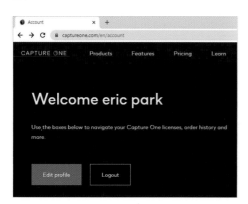

4 Welcome 메시지 바로 아래 [Download Capture One]을 클릭합니다.

5 맨 상단에서 가장 최신 버전의 윈도우용/맥용 다운로드가 가능합니다. 파란색 [Download]를 클릭하면 잠시 후 설치 파일의 다운로드가 시작됩니다.

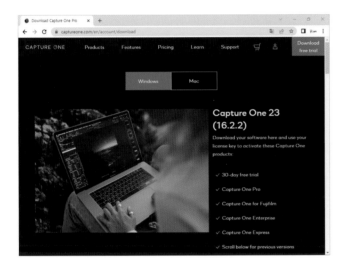

6 마우스로 스크롤하여 아래로 내려가면 'Previous versions' 화면이 보입니다. 이전의 버전들이 출시 순서대로 표시되어 윈도우용/맥용 설치 파일 다운로드 및 설치 요구 사항을 확인할 수 있습니다.

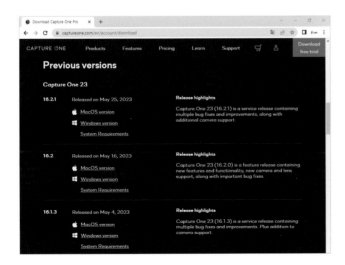

7 더 아래로 스크롤하여 내려가면 캡쳐원 21, 20, 12, 11, 10의 이전 버전이 보이며, 버전별로 가장 마지막에 개발된 버전을 다운로드할 수 있습니다.

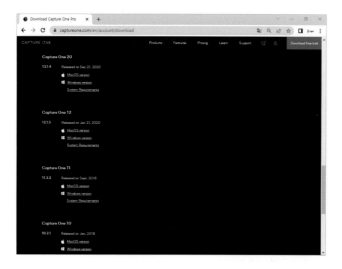

Tip 캡쳐원 제작사 홈페이지(captureone.com)의 화면은 본 예제 화면과 다를 수 있으며, 언제든지 변경될 수 있습니다.

캡쳐원은 홈페이지 기능이나 판매 정책, 서비스 정책 등이 자주 변경되는 편입니다. 따라서 제작사 홈페이지를 방문하여 새로운 정보나 기능 등을 살펴보는 것이 좋습니다.

또한 최근 개발된 캡쳐원 모바일(아이패드/아이폰 전용 캡쳐원)의 경우 지속적인 버전 업데이트를 이용하여 성능과 기능이 개선되고 있으므로, 모바일 사용자는 정기적으로 방문하여 기능과 사용 방법을 숙지할 것을 권장합니다.

사진가를 위한
캡쳐원
가이드북

1판 1쇄 발행   2023년 12월 22일

저   자 | 박무웅, 홍명희
발 행 인 | 김길수
발 행 처 | (주)영진닷컴
주   소 | (우)08507 서울특별시 금천구 가산디지털 1로 128
         STX-V 타워 4층 401호
등   록 | 2007. 4. 27. 제 16-4189호

©2024. (주)영진닷컴

ISBN | 978-89-314-6976-9